검사의 락

"

67세에 의사로서의 인생을 정리한 수필집 '소의 눈물'을 발간한 아버지. 69세에 시조집 '사모곡'을 내시며 문인으로 등단하신 어머니. 오늘도 작가를 꿈꾸고 있는 나의 딸 여고생 곽선준 양. 이 책을 내도록 용기를 준 나의 아내, 그리고 여중생 곽예준 양, 나의 모든 가족, 그리고 검찰 가족에게 이 책을 바칩니다.

"

검사의 락

초판 1쇄 발행 2014년 6월 9일
초판 2쇄 발행 2014년 7월 1일

지 은 이 곽규택
발 행 인 권선복
편   집 김정웅
디 자 인 최새롬
마 케 팅 서선교
전 자 책 신미경
발 행 처 도서출판 행복에너지
출판등록 제315-2011-000035호
주   소 (157-010) 서울특별시 강서구 화곡로 232
전   화 0505-613-6133
팩   스 0303-0799-1560
홈페이지 www.happybook.or.kr
이 메 일 ksbdata@daum.net

값 15,000원
ISBN 979-11-5602-059-2 13350

Copyright ⓒ 곽규택, 2014

* 이 책은 저작권법에 따라 보호받는 저작물이므로 무단전재와 무단복제를 금지하며, 이 책의 내용을 전부 또는 일부를 이용하시려면 반드시 저작권자와 〈도서출판 행복에너지〉의 서면 동의를 받아야 합니다.

도서출판 행복에너지는 독자 여러분의 아이디어와 원고 투고를 기다립니다. 책으로 만들기를 원하는 콘텐츠가 있으신 분은 이메일이나 홈페이지를 통해 간단한 기획서와 기획의도, 연락처 등을 보내주십시오. 행복에너지의 문은 언제나 활짝 열려 있습니다.

긍정과 열정으로 채운 15년 검사 일기

검사의

곽규택 지음

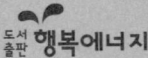

서문

　검사 생활 15년. 짧지 않은 시간이었습니다. 제가 초등학교에 입학하여 대학 4학년 사법시험에 합격할 때까지 걸린 시간이 15년이었으니, 저의 모든 학창시절을 합친 시간만큼 검사 시절을 보냈습니다. 어려서부터 희망했던 검사로서의 직職이었기에 누구보다도 열심히, 그리고 즐거운 마음으로 그 길을 걸어왔습니다. 그러나 순탄하지만은 않았습니다. 검사로 첫발을 내디딜 무렵에 터진 '대전 법조비리 사건'을 시작으로, 검사로서의 길을 마무리하기 직전 발생한 '검찰총장 혼외자 의혹 사건'까지, 해마다 한두 건씩 검사로서 한숨짓게 만드는 일들이 끊이지 않았습니다.

　하루는 야근을 마치고 늦게 귀가한 저에게 큰딸이 물었습니다. "아빠, 검사란 직업은 어떤 직업이에요?" 학교에서 직업에 관한 탐구 과제물을 내준 모양입니다. 아빠의 직업, 검사란 직업에 대해 자부심을 갖고 자세히 설명을 해 주었습니다. 그러면서도 검사로서의 직업이 자칫 부끄럽게 여겨질 수 있는 여러 사건들을 딸이 잘 모르는 것 같아 다행이라는 생각도 들었습니다. '스폰서 검사', '벤츠 여검사', '브로커 검사', '성추문 검사', '해결사 검사'까지. 다른 사람들이 쳐다보는 검사의 모습은 이런 부끄러운 용어들로 정의되지 않을까 두려운 마음이 들었습니다.

그러나 평검사로 10년, 부장검사로 5년을 쉴 틈 없이 달려온 지난 길을 돌아보면 그렇지만은 않았습니다. 나에게 주어진 사건이 당사자로서는 일생에 한 번 겪을 중요한 사건이라는 생각으로 하루하루 열심히 사건을 파헤쳐가는 것이 대부분 검사의 삶입니다. 한사코 범행을 부인하는 범죄인과 씨름하여 죄에 합당한 벌을 받게 하고, 범죄 피해자의 편에 서서 복잡한 기록과 싸우는 직업. 그리고 그 속에서 보람을 찾고 동료들과 애환을 나누는 것이 대다수 검사들의 생활입니다. 저는 이런 평범한 검사의 이야기들을 딸에게 더 들려주고 싶었습니다. 짧은 말로써 설명하기 힘든 검사 시절의 인상 깊었던 사건들, 그리고 나의 검사 생활을 돌이켜 '열정적'으로 또 '긍정적'으로 살고자 했던 순간들을 다시 글로 써보게 되었습니다. 이런 이야기들을 써서 모아보니 검사들이 어떤 보람으로 살아가는지 궁금해하는 분들, 또 검사란 직업을 꿈꾸면서 검사로서의 삶을 궁금해하는 분들에게 들려드릴 만한 이야기들이 부족하나마 한 권의 책으로 나오게 되었습니다.

한나라의 왕부가 '잠부론'에서 말한 '一犬吠形, 百犬吠聲' (일견폐

형, 백견폐성 – '한 마리 개가 그림자를 보고 짖자, 백 마리 개는 그 소리에 따라 짖는다.')처럼, 검사로서의 본 모습이 아니라 어두운 그림자나 다른 사람의 이야기 때문에 검사 전부가 함께 욕을 먹는 경험을 여러 차례 해왔습니다. 사람들은 묻습니다. 무슨 낙으로 검사 생활을 그렇게 열심히 하느냐고. 사회적으로 지탄의 대상이 되는 1%의 검사나 1%의 사건들 때문이겠지요. 그러나 99%의 검사들이 99%의 사건들을 처리하면서 얻는 '락樂'이 왜 없겠습니까?

검사들은 매일매일 재미있고, 때론 슬프고, 때론 황당하기도 한 이야기들에 묻혀 삽니다. 웬만큼 검사 생활을 했다면 책 한 권의 '썰'을 풀 이야기들은 누구나 가지고 있을 것입니다. 저는 이제 검찰을 떠나면서, 15년 검사 시절 동안 열정적으로 일하고 긍정적으로 삶의 모습을 바라본 저의 이야기, '검사의 락'을 들려드리고자 합니다. 이 이야기를 듣고 저의 가족이, 저의 친구들이, 그리고 검사의 본 모습을 궁금해하는 분들이, 조금이나마 검사가 어떤 낙으로 살아가는 사람들인지 이해해 주신다면 더할 나위 없이 감사하겠습니다.

2014. 5.
부산에서

차례

서 문 07

1 '열정'으로 일하고

1. 김경준 송환 작전(1) – 왜 하필 지금? 15
2. 김경준 송환 작전(2) – 숨바꼭질 22
3. 김경준 송환 작전(3) – D-day 31
4. 굴레치기 43
5. 공판의 추억 51
6. 불에 탄 '꿈의 궁전' 59
7. 사체는 말한다 68
8. 공안검사의 비애 75
9. Common Goals (공통의 목표) 84
10. 가방모찌(1) 97
11. 가방모찌(2) 104
12. 벤츠를 뺏어라 114
13. 복수 123
14. 단골손님 130
15. 검사는 외로워 139
16. 협상의 유혹 152

2 '긍정'으로 살아간다

17. 초대 직선제 학생회장   *165*
18. 귀순용사의 꽃다발   *174*
19. X세대   *185*
20. 고시생에서 사법연수원생으로   *193*
21. 39개월 군 생활   *201*
22. 사투리의 묘미   *210*
23. 검사와 시나리오   *218*
24. 고소하는 마음   *226*
25. 용서하는 마음   *233*
26. 구치소에서 하룻밤을   *239*
27. 고향의 봄   *247*
28. 부러진 칼   *255*
29. 인연   *262*
30. 박수 칠 때 떠나라   *271*
31. 슬픈 수사   *286*

출간 후기   *300*

말콤 글래드웰의 '아웃라이어'란 책에서 '1만 시간의 법칙The 10,000-Hour Rule'을 봤던 기억이 난다. 심리학자와 신경과학자들의 연구 결과, 어느 분야에서 전문가가 되려면 1만 시간의 숙련 기간이 필요하다는 것이다. 예술가든, 운동선수든 하루에 3시간씩 10년을 연습해야 그 분야에서 탁월한 기술을 발휘할 수 있다고 한다. 하루에 8~9시간씩 범인들의 진술과 씨름하는 검사들의 업무량에 대비한다면, 한 달에 어림잡아 200시간씩 4년을 단련하면 검사로서의 업무능력이 갖춰 진다고 하겠다. 검사들이 첫 임지에서 초임 2년간, 금초와 작초의 단계를 밟고 나면, 비교적 소규 모 지청으로 옮겨 또 2년간 속칭 '2학년 검사' 생활을 하게 된다. 이렇게 4년간은 특별한 전문분야 없이 오만 종류의 사건을 다 다뤄보는 시기를 거치게 되는데, 그렇게 1만 시간을 보내면 어느덧 '칼이 가장 잘 드는' 시기인 '3학년 검사'(세 번째 임지로 부임한 검사)가 된다. 3학년 시절이 되면 검사는 어느 정도 자기 전문분야가 생기게 된다. 공안이나, 특수, 또는 강력, 아니면 기획 분야 등 으로 전문화의 길을 가게 되는데, 어느 분야에서나 이 1만 시간 동안 갈고 닦았던 경험이 큰 원천 이 됨은 물론이다.

1
'열정'으로 일하고

김경준 송환 작전(1) – 왜 하필 지금?

"미국이라면 전세기를 쓸 텐데." 김경준 송환을 위해 미국 법무부 담당자와 접촉하던 워싱턴 주재 법무협력관. 미국 측에 김경준 송환과 관련된 보안유지 협조를 당부하던 중, 미국 담당자가 씁쓸하게 내뱉은 말이라고 전해 주었다. "곽 검사, 김경준 송환하다가 공항이나 비행기에서 난리가 나면 나라 망신당하게 생겼습니다."

2007년 대선 정국. 당시 야당이던 한나라당 이명박 후보를 둘러싼 이른바 'BBK 의혹'이 최고의 대선 이슈로 자리 잡았다. 이명박 후보와 박근혜 후보와의 당내 경선에서부터 제기된 의혹은 2007년 연말 정국에 그야말로 '태풍의 눈'이 되었다. 그 의혹의 핵심 열쇠를 쥐고 있다는 김경준. 미국으로 도피한 지 6년 만에 대선 정국의 주인공(?)으로 자리 잡으며 국내 송환을 앞두게 되었다. 연일 이명박 후보의 관련 의혹을 쏟아내는 여당과, 김경준이 대선을 앞둔 시점에 자진해서 귀국한 것은 여당의 공작이라는 야당의 반박. 대선을 둘러싼 모든 이슈를 김경준의 BBK 의혹이 뒤덮은 상황이었다. 마치 다음 대통령은 김경준의 입에 달린 것처럼, 여야나 언론 모두 김경준의 송환만을 목매어 기다리고 있었다.

 법무부도 비상이 걸렸다. 여당은 김경준이 입국하여 이명박 후보가 BBK 의혹에 관련된 것을 말하는 순간 이명박 후보가 자진 사퇴해야 할 것이라며 기세등등했다. 야당은 야당대로 김경준을 '제2의 김대업'이라고 부르며 송환과정에서 김경준의 일방적 주장이 언론을 통해 흘러나가도록 법무부가 방치한다면 '정치 검찰'로 규정하겠다고 윽박지르고 있었다. 이러한 여야의 공방은 뚜렷한 대선 이슈가 없던 상황에서 언론에게 더할 나위 없는 호재가 되었고, 김경준의 송환 일정을 둘러싼 치열한 취재 경쟁이 시작되었다. 김경준의 송환, 법적인 용어로는 '범죄인인도'를 담당하고 있는 법무부로서는 이러한 상황이 고역이 아닐 수 없었다. 김경준이 입국한 이후의 수사야 서울중앙지검이 담당하게 될 것이니, 입국 이후의 상황은 서울중앙지검으로 미루거나 '수사 중인 사항'이라는 이유로 입을 다물어 버리면 그만이다. 그러나 김경준의 송환 일정이나 송환 배경, 송환을 둘러싼 미국 측과의 협의 과정 일체에 대해서는, 법무부가 여야나 언론으로부터의 집중적인 공격과 취재 전쟁의 표적이 되었다.

 '왜 하필이면 지금이야…' 나는 2007년 여름 서울서부지방검찰청에서 법무부 국제형사과로 발령받았다. 그해 6월부터 당시 한-미 FTA의 쟁점 중 하나였던 공정거래법상 '동의명령제'의 도입 여부와 관련된 업무를 담당하기 위해 연말까지 한시적으로 국제형사과에 파견되었다가, 여름 인사에서 국제형사과에 근무하던 검사가 사직 의사를 밝혀 이례적으로 정식 발령을 받은 상태였다. 국내법에 처음 도입되는 '동의명령제'에 대해 맨땅에서부터 공부를 시작하랴, 서부지검에서 수사에 참가했던 금융감독원 부원장 사건의 공판 업무도 담당하랴, 사실 국제형사과의 업무에 대해서는 신경도 쓰지 못하고 있었다. 그나마 정식 발령을 받은 8월 이후부터 겨우 범죄인인도나 국제형사사법공조와 같은 국제형사과의 '본업'에 대한 공부를 시작하였던 참이었다. 국제형사과의 업무는 검사로서 터득해 온 기존의 업무와는 완전히 다른 업무들이었기 때문에 사용하는 용어부터 생소했고, 조약이나 관련 법률의 이해, 실무 절차의 숙지 등을 위해서는 1년 정도는 굴러야 기본적인 업무 수행이 가능한 분야였다. 그래서 일반 검찰청에서는 2년 단위로 검사가 인사이동을 하게 되지만, 국제형사과는 3년 근무를 원칙으로 하고 있었다. 그런 전문 분야에 발을 내딛기 시작한 지 불과 3개월 만에, 역사적으로 전무후무할 '헤비급 범죄인'의 송환업무를 내가 담당하게 된 것이었다.

김경준 송환을 코앞에 둔 11월 2일, 법무부 국정감사는 김경준 송환과 관련된 질문으로 시작하여, 김경준 송환과 관련된 질문으로 끝이 난 국정감사였다. 대선 직전 법무부 국정감사는 보통 대선 정국을 둘러싼 여야 간의 정치적 공방이나 정치인을 둘러싼 수사 현안, 또는 공정한 선거관리를 위한 대책 등이 질문의 주를 이룬다. 이런 업무를 담당하는 검찰국의 형사기획과나 공공형사과(지금의 공안기획과)가 주로 국정감사 대응에 나서기 마련인데, 이번 국정감사는 오로지 국제형사과와 관련된 질문만 쏟아졌다. 국정감사 전날부터 질문에 대비하느라 밤을 새고 국정감사 당일에도 법무부 장관 바로 뒤에서 답변지를 작성하느라 정신이 몽롱해진 나에게, 다른 과 선배 검사들은 "국제형사과 개설 이래 최고의 전성시대를 맞았다."며 놀려 댔다.

정말이지 김경준은 왜 하필 이 시점에 들어와서 이렇게 온 나라를 난리법석으로 만들었을까? 김경준이 '옵셔널벤처스코리아' 대표이사로 있으면서 회사자금 380여 억 원을 횡령했다는 혐의 등으로 수사를 받게 되자 미국으로 도주한 것은 송환으로부터 6년 전인 2001년 12월. 서울중앙지검은 수사를 시작한 지 2년 만인 2004년 1월 미국에 공식적인 범죄인인도 청구를 하게 된다. 범죄인인도 청구는 통상 두 가지의 전제 조건이 충족되어야 가능하다. 국내에서 구속영장이나 체포영장이 발부되어 어느 정도 혐의가 입증된 상태여야 하고, 도피한 외국에서 소재지가 확인되어야 절차의 진행이 가능하다. 이런 조건들이 충족되어 김경준은 인도 청구 4개월만인 2004년 5월 미국 현지에서 체포되었고, 범죄인인도가 확정될 때까지 LA 소재 메트로폴리탄 구치소Detention Center에 구금되는 신세가 되었다. 범죄인을 청구국에 인도하는 것이 타당한지는 청구를 받은 국가의 법원에서 재판절차를 거쳐 결정된다. 미국 법원에서는 한-미 범죄인인도 조약이나 미국 국내법상의 인도거절사유에 해당하는지 여부 등을 확인하고 이에 대한 범죄인의 주장이 있는 경우 그 심리에 상당한 시간이 소요되기도 한다.

김경준은 애초에 한국으로 송환되지 않기 위해 최선을 다했다.

자신은 정치범이라는 주장에서부터 조약과 미국 국내법상 다양한 인도거절사유를 주장하였다. 이런 이유로 김경준에 대해서는 1년이 넘는 장기간의 재판을 거쳐 2005년 10월 캘리포니아 중부 연방지방법원에서 범죄인인도 결정이 내려졌다. 그런데, 김경준은 미국 법원에 인신보호청원 Habeas Corpus을 제기하여 그 결정에 불복하는 재판을 또 다시 진행하게 되었다. 우리나라뿐만 아니라 대부분의 국가에서는 범죄인인도 결정에 대하여는 단심제를 유지하고 있으나, 미국의 경우 사유를 불문하고 인신구속에 대한 적정성을 다툴 수 있는 인신보호청원 절차가 범죄인인도 결정의 상급심으로 작용하고 있다. 다시 1년이 지나 2007년 1월에 인신보호청원 1심은 기각되었는데, 김경준은 또 항소를 제기하여 항소심 절차가 진행 중이었다. 김경준이 별달리 승소 가능성이 없어 보였던 인신보호청원 절차와 항소까지 진행한 것으로 보면 국내로의 송환을 어떤 수단을 써서라도 미뤄보고자 했던 것은 분명하다.

이처럼 한국으로 오기 싫어했던 김경준이 돌연 2007년 10월 3일 인신보호청원 항소를 스스로 취하해 버리는 '돌발 상황'이 발생했다. 김경준이 항소를 취하함에 따라 같은 달 18일 미국 연방법원의 항소각하 결정이 내려졌고, 이제 미국 국무부의 승인만 받으면 언제든지 한국으로 송환될 수 있는 상태가 되었다. 상황이 급변한 것이었다. 인신보호청원의 항소와 상고 절차까지 고려하면, 한국으로의 송환은 빨라도 2008년 말쯤, 그러니까 새로운 대통령이 취임하고도 1년 가까이 지나야 하는 상황이었으나, 김경준은 대선을 2개월 앞둔 결정적 시점에 자신 스스로를 대선 정국의 한가운데로 내던지는 승부수를 던진 셈이었다. 상황이 이러하니, 대선 정국의 주도권을 쥐고 있던 야당으로서는 김경준의 급작스러운 입국에 정치적 배경이 있다는 주장을 하지 않을 수 없었다. 김경준의 입국에 여당이 관여되어 있다는 야당의 이른바 '기획입국설'은 그 후 5년이 지난 차기 대선까지도 그 진위를 둘러싼 정치적·법적 공방이 계속될 정도로 뜨거운 감자가 되었다. 기획입국설이 진실인지 여부는 오로지 김경준만이 알 수 있는 것이지만, 곰곰이 생각해보면 가장 '핫'한 시기에 스스로 송환을 결정한 것은 무엇보다도 자신에게 가장 유리한 시기를 고른 김경준의 선택의 결과였다고 생각된다.

만일 자신이 귀국하여 이명박 후보의 관련성을 떠들어대서 여당 후보가 승리하는 데 일조한다면, 자신은 대선의 '1등 공신'이 될 수 있고, 법원으로부터 중형을 선고받더라도 자신의 '은혜를 입은' 정부로부터 이른 시기에 미국으로의 수형자이송 승인을 받아 내거나, 아니면 사면이라는 은전까지 기대할 수 있는 입장에 놓일 수 있다. 반대로 야당의 이명박 후보가 당선되더라도 자신에게 손해가 날 것은 없다. 어차피 한국으로 송환되어 중형이 선고될 것이라는 결과가 보이는 상황에서 형의 집행기간에 포함되지도 않는 미국에서의 인신보호청원 절차를 지루하게 끌기보다는 한국으로 빨리 송환되는 편이 구금기간을 조금이나마 줄일 수 있고, 그렇다면 야당 후보와도 어느 정도 '딜'을 해 볼 수 있는 시기에 귀국하는 것이 낫다고 생각했을 것이다. 김경준의 입장에서는 자신의 몸값을 키워 협상력을 높이려면 이

보다 좋은 시기가 없었을 것이고, 대통령이 된 상대방보다는 대통령이 되려는 상대방과의 협상이 얻을 것이 많다는 결론이었을 것이다.

이런 김경준의 입장을 고려한다면, 재판 결과야 어떻든 자신을 최대한 이슈화시켜야 할 필요가 있음은 자명한 것이었다. 자, 이제 송환 장면을 상상해 보자. 김경준은 어떻게든 "이명박 후보가 BBK 의혹의 핵심이고, 나는 하수인 정도에 불과하다. 그것을 밝히려고 스스로 귀국한 것이다."라고 언론에 대고 불을 지르고 싶은 심정일 것이다. 그런데, 귀국을 하는 순간 수감이 될 것이고, 재판 과정에서도 언론 인터뷰의 기회는 기대하기 어려울 것이며, 재판이 확정되면 장기간 교도소에 있어야 할 것이니, 언론에 대고 직접 자기 주장을 할 수 있는 기회는 없을 수도 있다. 결국, 가장 극적으로 자신을 띄우려면 자신의 얼굴이 언론에 확 노출되는, 즉 미국 공항에서 한국행 비행기에 몸을 싣는 순간, 도열해 있는 한국 취재진에게 '양심선언'을 하는 것이 최상의 방법일 것이다. 아니면, 한국행 비행기 안에서 자신을 열심히 취재하기 위해 함께 비행기에 동승한 기자들에게 자신의 입장을 하나하나 설명해 주는 방법이거나.

김경준 송환 작전(2) – 숨바꼭질

　어떤 경우이든, 김경준의 얼굴과 말이 매스컴을 쫙 타는 순간, 김경준의 말이 곧 진실인 것처럼 각인될 상황이었다. 그 이후의 검찰 수사나 재판은 아무리 공정하게 한다 해도 유력 대통령 후보 죽이기가 되거나 유력 대통령 후보를 위해 희생양을 만들어가는 절차로 비춰질 수밖에 없을 것이다. 어느 쪽이든 법무부나 검찰은 여야로부터의 모진 비난과 압박을 받게 될 것은 분명하다. 조금 더 영화적 상상력을 발휘하여, 공항이나 비행기 안에서 김경준에게 어떤 테러라도 가해진다면? 그래서 김경준이 장시간 수사나 재판을 받을 수 없는 상황이 된다면? 여야는 서로 테러의 배후가 상대방이라는 공방을 하게 되어 대선 정국은 암흑 속으로 빠져들 것이고, 송환을 담당한 법무부 담당자들은 줄사표를 내야 할 상황이 될 것이다.

　결국, 무슨 수를 써서라도 김경준을 노출시키지 않고 조용히 귀국시켜 수감시키는 것이 법무부로서는 '지상과제'가 되었다. 법무부의 범죄인인도 담당라인은 검찰국장-국제형사과장-검사-사무관-수사관으로 구성되어 있었는데, 당시 법무부장관은 김경준의 국내 송환과 관련된 모든 권한을 검찰국장에게 일임하였고, 법무부장관도 대외적으로 철저히 함구할 테니 송환 날짜와 도착 여부만을 보고하도록 지시하였다. 당시 법무부장관은 정권교체를 불과 몇 개월 남겨둔 시점에서 임명되었는데, '실세형'이 아닌 '관리형'이라는 평가를 받는 분이었다. 그런 면에서 정치적으로 자유로울 수 있었고, 대학교 총장까지 지내신 연세 지긋한 분의 경륜은 어려운 시기에 '정치적 중립'이라는 빛을 발할 수 있었다. 검찰국장을 비롯한 담당라인은, 안전한 신병 호송과 향후 국내 수사에 대한 공정성 시비를 차단하기 위해서는 보안 유지가 생명임을 재확인하였다. 문서와 관련된 보안은 물론, 담당라인 외에는 일체의 정보를 차단하기로 하였다. 공문으로 처리해 오던 것을 구두 보고로 대체하기로 하였고, 수사를 담당할 서울중앙지검이나 대검찰청과도 일체의 연락이나 협의를 하지 않기로 하였다. 정보는 나눌수록 노출되기 쉬운 것이다. 따라서 보고 및 지시 체계도 법무부 담당라인 하나로 통일시키고, 법무부 담당라인 이상의 보고는 검찰국장이 전적으로 책임지기로 하였다.

10월 18일 미국 법원의 결정이 있은 후, 언론의 취재 경쟁은 불이 붙었다. 김경준의 국내 송환 날짜 자체가 특종감으로 자리 잡았고, 언론에서는 나름의 근거를 대며 송환날짜를 점치는 기사들이 줄을 이었다. 미국 법률상 김경준은 미국 법원의 결정으로부터 2개월

이내에 한국에 송환되어야 하므로, 대통령 선거일이었던 12월 19일 전에 김경준이 송환되는 것은 분명했다. 미국 국무부의 송환명령은 전례에 비춰 법원 결정 이후 1개월 정도 소요되었고, 미국 법무부와의 송환관련 실무협의에 10일 정도 소요되었던 것을 감안하면, 법무부에서는 빨라도 11월 하순을 송환시기로 예상하였고, 언론도 법무부의 예상을 토대로 11월 하순을 송환시기로 보도하였다. 그런데, 미국 국무부는 전례와는 달리 10월 30일에 전격적으로 송환명령장을 발부하였다. 미국 국무부의 이례적인 신속한 결정이었는데, 이는 국내 정치에 미국의 역할이 쟁점화되는 것을 우려하였거나, 좀 더 실무적으로 말한다면, 한국 언론의 취재 경쟁에 하루라도 덜 시달리기 위한 결정이었을 것이다. 이제 김경준의 송환은 11월 10일에서 15일 사이중에 이뤄진다는 것이 언론 입장에서도 명확해진 셈이었다.

국제형사과에는 기자들로부터의 송환 날짜 확인 전화가 빗발치기 시작했다. 국제형사과장과 담당 검사였던 나는 하루에도 수십 통씩 기자들의 전화를 받았다. 국내에 언론사가 이렇게 많았던가. 연신 "말해 줄 수 없다. 알려 줄 수 없다."라는 말을 되풀이했으나 기자들도 각종 유도심문을 동원해 가며, 한마디라도 더 듣기 위해 같은 질문을 반복했다. 아마추어같이 김경준이 언제 국내에 오느냐를 직접 묻는 기자는 없었다. "지금 LA 구치소에 있으니, LA 공항에서 출발하겠네요? 범죄인 송환할 때는 국적 항공기 이용이 원칙이죠? LA에서 서울로 오는 비행기는 KAL과 아시아나가 모두 있던데, 예약은 하셨나요? 비행기 탑승구에서 신병 인수를 받던데, 그때부터 체포시한이 시작되는 거 맞죠?" 기자들도 어디서 많이 들었는지 범죄인인도 절차를 훤히 꿰고들 있었다. 질문은 점점 더 세련되어져 갔고, 몇 마디 잘못 대답했다가는 내 말이 그대로 기사화될 판이었다. 기자들도 결국은 11월 10일에서 15일 사이에 LA공항에서 진을 치고 있을 것이 뻔했고, 김경준이 국내로 송환되는 비행기편만 확인되면 우르르 동승하여 김경준에게 카메라를 들이댈 판이라는 것은 '안 봐도 비디오'인 상황이었다. 기자들에 시달리다 못한 국제형사과장은 언론에 대고 '한 마디도 할 수 없음을 양해해 달라.'고 읍소할 지경이었다. 미국 주재 법무협력관은 아예 워싱턴 대사관에 출근도 하지 않고 핸드폰도 끈 채로 언론과의 접촉을 피하면서 한국에 있던 나와는 시간을 정해 두고 통화를 하는 단계에 이르렀다. 언론에서는 "김경준 송환을 위해 워싱턴 법무협력관이 LA로 갔다."는 오보까지 나올 정도로 담당자들의 일거수일투족에 매달렸다. '아, 정말 전세기를 띄울 형편이라도 되면 좋으련만.' 김경준의 국내 송환과 관련된 철저한 보안 유지를 당부하던 법무협력관에게 미국 법무부 국제과 담당검사가 "그 정도의 사안이면 왜 한국에서는 전세기를 띄우지 않느냐."고 했다는 말이 실감 났다.

전세기를 띄울 수 없다면, 출발 공항과 항공편이 특정되는 상황에서 김경준의 송환이 노출되지 않는다는 것은 불가능해 보였다. 불가능을 가능으로 만드는 일이 내게 주어진 셈이었다. 우선 출발 공항을 바꾸는 방안을 검토해 보았다. 김경준이 수감되어 있는 LA에서 국내 항공사 노선을 이용하려면 샌프란시스코도 고려해 볼 수 있었다.

검찰국장과 국제형사과장도 LA에서 김경준을 태우는 척하면서 샌프란시스코로 방향을 트는 방안도 검토해 보도록 지시했다. 그러나 LA에 있는 기자들은 눈을 감고 있는가. 연방구치소에서 김경준이 출발한 것이 확인되면 무슨 수를 쓰든 김경준의 행방을 추적할 것이고, 샌프란시스코로 이동하는 김경준과 수사관이 카메라에 잡히는 순간, 외국 고속도로에서 한바탕 추격전을 치를 수도 있는 상황이었다. LA에서 샌프란시스코가 지도에서 보는 것처럼 그렇게 가까운 거리도 아니다. LA나 샌프란시스코의 지리도 잘 모르는 한국 수사관들에게 이런 모험을 맡기는 것은, 보안을 생각하다 더 중요한 안전을 희생해야 할 각오가 되어야 했으나, 그것은 감내하기 어려운 모험이었다. 나는 상부에 보고하고 샌프란시스코에서의 송환은 연막용으로만 사용할 수 있을 뿐, LA에서 송환하는 방침은 변경할 수 없다고 보고했다. 이렇게 된 이상, LA 공항까지는 이제 확정이 되었고, 어떻게든 공항 내에서 그리고 항공기 안에서 김경준의 노출을 방지할 묘책을 찾아야 했다.

일단 LA 공항에서 한국으로 오는 국내 항공사 노선을 알아보았다. 다행히 LA와 인천 간에는 하루에도 몇 편씩의 노선이 배정되어 있었고, 시기상으로도 11월 중순은 1년 중 가장 비수기에 속하는 때였다. 그래서 여러 명의 좌석을 다수의 노선에 중복 예약하는 것이 가능했다. 보안 유지를 위해 발권할 때까지는 가명에 의해 예약하기로 하고 11월 13일부터 17일까지의 KAL과 아시아나 항공 노선에 몇 편씩 6~7명의 가명으로 좌석을 예약해 두었다. 그리고, 어디가 취약

지점인지, '딥 쓰롯deep throat'이 어디인지 확인하기 위하여 두 가지 노선을 준비하였다. 먼저 11월 15일 목요일 17:20 도착 대한항공편에 대한 예약 협조 공문을 대한항공 측에 발송하였다. 비밀이 잘 유지가 되면 그 비행기를 타면 되고 이 공문이 노출되면 공문의 경로에 '새는 구멍'이 존재하고 있음을 미리 확인하기 위해서였다. 그런 다음, 과천 정부종합청사에 위치하여 법무부 해외 출장 항공편을 자주 담당하였던 KAL 정부종합청사 출장소에 전화하여 공문상의 날짜와는 다른 11월 17일 토요일 06:10 도착편으로 예약해 둔 것이 실제 송환팀이 사용할 노선이니 보안유지에 협조를 해 달라고 이야기해 두었다. 평일보다는 토요일이, 그리고 저녁보다는 새벽에 도착하는 편이 노출 위험이 적다고 판단하였고, 공문은 아무래도 노출될 위험이 많음을 우려한 대비였다.

'새는 구멍'은 머지않아 확인되었다. 송환 예정일로 비밀리에 정해 둔 11월 17일의 8일 전인 11월 9일, 당시 야당 사무총장은 언론에 대놓고 "김경준이 11월 17일 토요일 새벽에 입국할 것이다."라는 내용을 공표해 버렸다. '오호라, 새는 구멍이 항공사 쪽이었구나.' 야당 사무총장의 발표는 보안에 취약한 부분이 항공사 라인이라는 것을 확인해 주는 계기가 되었다. 당시 김경준의 송환은 워낙 민감한 문제였으므로, 법무부에 출입하던 국정원 연락관이나, LA 총영사관에서 통상 범죄인인도 업무를 돕던 파견 경찰영사에게도 비밀을 유지하고 있었다. 공문에 기재된 항공편이 노출이 되었다면 우리 내부나 국정원, 경찰 쪽에서 비밀이 샜다는 이야기인데, 별도로 전화 통보한 항공사 출장소의 항공편이 노출되었다면, 이는 항공사를 의심할 수밖에 없는 정황이었던 것이다. 이제 항공편은 아시아나로 정할 수밖에 없었다.

나는 다음날 아침 아시아나 과천 출장소장을 조용히 만났다. 이제 이 사람을 믿는 것에 모든 것을 걸어야 할 상황. 나는 솔직하고, 진지하게 모든 상황을 설명해 주었다. 그리고 "소장님께서도 김경준이 조용히 국내로 송환되는 것이 맞다고 판단하신다면 도와주십시오."라고 요청했다. 당시 아시아나 출장소장은 다행히도 전직 국회의원 보좌관 출신으로 정치적 감각도 있는 사람이었고, 우리 국제형사과의 수사관과 동향 출신으로 친분도 있는 사람이었다. 출장소장은 "도와 드려야지요."라고 낮은 목소리로 말하고는, 자신의 경험을 최대한 살려 보안을 유지할 수 있는 방법을 자세히 설명해 주었다. 뜻이 있는 곳에 길이 있다고 했던가. 보안 유지가 왜 중요한지, 다른 항공편을 왜 사용할 수 없는지, 이번 송환이 얼마나 민감한 것인지 열변을 토한 나에게, 출장소장은 '벙커'라는 기상천외한 방법을 제공해 주었다. 해외 노선을 취항하는 항공 노선은 법률상 승무원에게 일정한 시간 잠을 잘 수 있도록 조치해야 하고 이를 위해 여객들의 좌석과 분리된 공간을 마련해 두어야 하는데, 이것을 '벙커'라고 했다. 일반 승객들은 잘 모르고 있지만, 항공기 뒤편 화장실과 조리시설이 있는 곳 아래에 조그마한 방이 있고, 여기 설치된 2층 침대에서 승무원들이 돌아가며 잠을 잔다는 것이다. 출입문이 마치 벽처럼 되어 있어 일반 승객들은 보고도 알아차리지 못한다는 것이다. 나는 '그래, 이거다!'

하고 소리를 지를 뻔했다. 김경준이 송환된 이후 언론에서도 이 항공기 내의 '벙커'에 대해 크게 보도한 적이 있었는데, 외국 항공노선을 몇 차례 이용해 본 나도 금시초문인 비밀 장소를 확보하게 된 것이었다. 아시아나 출장소장은, 다만 '벙커'는 법률적으로 승무원들이 사용하는 공간이기 때문에 호송팀과 김경준이 이 공간을 사용하려면 승무원들의 양해와 기장의 허락이 있어야 한다는 전제를 달았다. 나는 그 양해와 승낙은 우리 팀에서 어떻게든 받도록 하겠다고 대답했다.

항공사가 정해졌고, 비행기 안에서 김경준을 '은닉'시킬 장소도 확보했다. 이제 정말 호송팀이 사용할 항공 노선을 정하고 이를 비밀로 유지하는 일이 남았다. 나는 이왕 17일이 송환되는 날짜로 언론에 보도된 이상 이를 마치 사실인 것처럼 별다른 반응을 보이지 않으면서, 외교부와 인천공항 등 국내 유관기관에도 17일을 송환 날짜로 전제하여 공문을 발송하였다. 그리고 내부적으로는 하루를 앞당긴 16일 금요일 저녁 6시 30분 도착 아시아나 항공편으로 노선을 변경, 확정했다. 이 편도 가명으로 예약이 되어 있는 상태였고, 아시아나 출장소장의 협조를 얻어 LA 현장에서 비행기 탑승 직전 실명으로 바꾸기로 조치를 해 두었다. 그리고 호송팀은 평소 3~4명 정도의 수사관을 동원하던 것을 변경하여 총 8명의 수사관으로 구성하되 언론에 사전 노출되거나 예기치 못한 사고에 대비하여 4명씩 2개 팀으로 운영하도록 계획을 세웠다. 법무부 소속 사무관 1명과 수사관 2명, 그리고 수사를 맡게 될 서울중앙지검 수사관 5명으로 구성하기로 하고, 법무부 사무관 외에는 노선에 대한 비밀을 유지하였다. 나는 서울중앙지검 소속 수사관들을 미리 만나 노선은 아직 확정되지 않았다고 설명해 주고, 다만 언제든지 출발이 가능하도록 항공기 안까지 들고 탈 수 있는 수화물 가방에 각자 필요한 물품을 넣어 사전에 사무실에 준비해 두도록 조치했다. 법무부로부터 출발이 통보되면 언제라도 공항으로 출발할 수 있도록 준비해 줄 것, 미국에 도착해서는 법무부 소속 수사관의 통솔에 철저히 따라 주고 호텔에서 나오지 말 것, 역시 출발 통보를 받으면 즉시 대응할 수 있도록 준비할 것을 당부했다. 서울중앙지검 담당 수사관들에게도 노선과 동선을 비밀로 유지하는 것이 안전하다고 판단했고, 법무부 소속 수사관은 1명만 동행할 것이라고 설명해 줬다. 사무관과 다른 수사관 1명의 존재에 대해서는 일부러 알려주지 않고 '아군'끼리도 서로의 존재를 모르도록 연막을 쳤다. 이제부터 본격적인 '숨바꼭질'이 시작된 것이다.

김경준 송환 작전(3) - D-day

드디어 호송팀이 한국에서 출발하는 디데이D-day로 정한 13일. 선발대 역할을 맡은 법무부 소속 사무관과 수사관은 책상 위에 업무관련 서류들을 그대로 둔 채 개별적으로 점심시간을 이용하여 공항으로 출발하였다. 기자들이 국제형사과를 돌며 직원들이 자리를 비웠는지 여부를 체크하면서 국내 호송팀의 출발 여부를 확인하고 있었으므로 최대한 비밀을 유지하기 위한 조치였다. 그리고 이들 두 명이 먼저 출발했다는 것은 서울중앙지검 수사관들에게 알려주지 않았다. 미리 현지에 가서 사전답사를 충분히 한 후, 이들의 존재와 동선, 미국 출발 시간을 모르고 있는 서울중앙지검 수사관들을 이끌고 '작전 수행'하는 역할을 하도록 맡긴 것이다. 법무부 호송팀 2명은 미국 도착 즉시 사전에 약속한 대로 미국 연방 마샬US Marshal 담당자들을 만나 협조를 당부했다. 우선, 김경준에 대한 항공권 발권, 이민국 여권검색 등 절차를 사전에 완료하여 공항 내에서 지체되는 시간을 최대한 줄이고, 항공기 입구까지 미국 측 책임 하에 호송하되 승객들이 탑승하기 전에 미리 신병인도를 완료하기로 약속하였다. 또한, 김경준 본인에게도 송환일자를 비밀로 유지해 줄 것을 당부하고, 김경준이 구치소 내에서 가족에게 전화하는 시간대를 확인하여 한국으로 출발하는 미국 날짜인 15일 오전에는 가족들과의 통화가 끝난 후 송환 절차에 착수하도록 요청하였다. 국내 언론에서는 이미 김경준이 가족들에게 '나의 전화 연락이 없으면 그날 한국으로 호송되는 것으로 알라.'라고 이야기해 두었다는 보도가 나온 상태였고, 따라서 15일 오전에 김경준이 가족들과 통화를 하지 못한다면 즉시 가족들과 언론에 김경준의 출발 시점이 노출될 것이 우려되었기 때문이다. 다행히 김경준은 매일 오전 8시에서 9시 사이에 가족들과 통화하는 것이 확인되었고, 이에 따라 통화가 끝난 직후 김경준을 데리고 구치소를 출발해 줄 것을 미국 측에 요청하였다.

국내에서는 13일부터 김경준과 호송팀이 언제 미국을 출발할 것이라는 추측성 보도가 난무하기 시작하였고, 법무부에는 일부 언론사의 보도내용 확인을 요청하는 다른 언론사의 확인 요구가 쇄도하였다. 법무부에서는 김경준과 호송팀에 대한 테러 우려 등 신변 안전을 이유로, 언론은 물론 대검찰청 등에도 호송일정 공개와 확인을 거부하면서 보안 유지에 주력하였다. 미리 미국에 도착한 법무부 호송팀 2명은 사전에 계획한 바와 같이 아시아나 항공사 LA지점의 지점장 등을 만나 이번 호송의 중요성을 설명하고 항공사의 전적인 협조를 당부하였다. LA 공항에 이미 한국 기자들이 진을 치고 있음이 확인된 이상 공항 건물 내 탑승구를 이용할 경우 언론에 김경준에 대한 기자회견장을 제공하는 것이나 다름이 없었다. 그래서 항공사의 협조를 얻어 평소 '브릿지'를 이용하여 탑승객을 항공기에 태우던 방식을 변경하여 항공기를 활주로 원격지에 정박시키고 버스를 이용하여 탑승객을 태우는 방식을 사용하기로 하였다. 지점장은 벙커 사용 문제에 대해서는 기장의 결정권한이라고 하면서 벙커를 사용하는 경우에도 승무원들에게 일정시간 휴식공간을 제공하여야 하므로 호송팀이 처음에는 벙커에 있다가 항공기가 이륙하면 벙커에서 나와 가장 뒤편 좌석에 착석해야 할 것이라고 언급하였다. 이럴 경우 기내에서 무리한 취재 경쟁으로 자칫 안전사고가 나거나, 김경준이 미리 준비한 '원고'를 읽어 나가는 상황을 최대한 방지하기 위하여 LA 공항에 상주하고 있는 기자들의 명단을 미리 확인하여 기자들이 비행기에 탑승하면 호송팀의 좌석과 최대한 멀리 떨어진 곳에 좌석배정을 해 줄 것을 당부하였다. 그리고 김경준과 호송팀의 항공권은 탑승 수속 시에만 실명으로 바꿨다가 검색대 통과 직후부터는 가명으로 계속 유지해 줄 것을 당부하였다. 이 방법은 후에 언론사의 보도 후기에도 나오는 것인데, 기자들은 계속하여 탑승자 명단을 확인하고 있다가 김경준이 타는 비행기에 동승하려고 계획하고 있었지만 가명 사용으로 인해 김경준이 탄 비행기를 놓쳐 버렸다는 이유로 항공사측에 엄청난 항의를 하였다고 한다. 당시 LA 공항에는 40여 명의 국내 취재진이 출국장에 대기하고 있다가 한국으로 가는 항공기 표를 구입, 일단 항공기에 승선했다가 김경준이 없을 경우 이륙 직전 하선하는 사태가 반복되고 있던 중이었으니, 이를 놓친 기자들의 분노가 오죽했겠는가. 지금도 법무부에 협조해 주다가 봉변(?)을 당한 항공사 측 관계자에게 깊이 감사드린다.

    법무부 선발대가 현지에서 최종 작업을 진행하고 있을 무렵, 서울중앙지검 소속 수사관들 5명과 법무부 소속 수사관 1명으로 구성된 후발대는 미국 현지 시각 14일 오전에 LA 공항에 도착하여 미리 연락해 둔 LA 총영사관 직원의 안내로 호텔로 이동하였다. 물론 아직도 이들은 자기들이 김경준 호송팀의 전부로 알고 있었고, 이들과 접촉하는 영사관 직원도 마찬가지였다. 이제 사전에 미국이나 항공사 측과 협의를 진행하던 법무부 선발대와 이들 후발대를 서로 연결시키고, 사전에 입수된 정보를 종합하여 당일 호송 작전에 대한 최종적인 결정을 지시할 단계가 되었다. 나는 서울중앙지검 수사관들과 함께 있던 법무부 수사관에게 디데이인 미국 시각 15일 아침 6시에 숙소에서 미팅을 갖도록 하고 그 자리에서 김경준이 당일 송환된다는 사실과 법무부 선발대가 사전에 미국 측과 협의를 마친 상태임을 알려 주도록 지시했다. 그리고 호송팀은 2개 조로 나누어 움직이고 언론에 노출된 조는 다시 호텔로 돌아와 별도로 귀국하고 언론에 노출되지 않은 조가 법무부 선발대와 공항에서 만나 호송을 맡도록 했다. 법무부 선발대에는 LA 공항에서 국내 항공사가 운항하지 않는 입국장을 접선 장소로 선택하여 그곳에 호송팀이 집결하도록 하고 항공사 직원의 도움을 받아 국내 취재진이 없는 장소를 이용하여 항공기까지 버스로 이동하도록 지시하였다. 또한 호송팀이 사용할 12:10 출발 항공편에 일반 탑승객보다 먼저 탑승할 수 있도록 기장과 승무원이 먼저 탑승하는 11:00에 호송팀도 함께 탑승하여 미국 측으로부터 김경준의 신병을 인수받고 그때부터 무슨 수를 써서라도 기장을 설득하여 최대한 '벙커'에 김경준과 호송팀 전원이 숨어있도록 지시하였다.

송환 날짜로 정한 미국 시각 15일 아침, LA 공항에서는 한바탕 숨바꼭질이 펼쳐졌다. 당시 국내 취재진은 한국 항공사들이 이용하는 출국장에 진을 치고 있어 이를 피하기 위해 입국장으로 호송팀을 분산시켜 오도록 한 다음 항공기까지 이동할 버스 승강장을 집결 장소로 선택하였다. 법무부 선발대가 먼저 도착하여 아시아나 항공사 직원의 안내로 수속을 거친 후 버스 승강장으로 이동하였다. 그리고 그날 아침에서야 당일 한국으로 송환한다는 지시를 받고 호텔을 나선 서울중앙지검 수사관들이 3명씩 집결지로 모였다. 그런데, 이 중 한 팀이 공항에 나와 있던 한국 기자들의 카메라에 잡히고 마는 일이 생겼다. 이들 3명은 입국장으로 오려고 했으나, 미국 택시 기사가 출국장에 하차 시켜버린 것. 마침 출국장에서 서성이던 한국 기자들이 양복을 차려 입은 이들 3명을 수사관으로 의심하면서 노련하게 한국말로 "라이터 좀 빌려 달라."고 하였고, 수사관 중 한 명이 자연스럽게 라이터를 건네주자 기자들은 한국인 수사관으로 확신을 하고 사진을 찍은 것이다. 이들 3명의 수사관은 황급히 기자들을 따돌리고 집결 장소인 버스 승강장으로 달려갔다. 혹시 일정이 완전히 노출된 것은 아닐까? 마침 아시아나 지점장은 버스 승강장에 모여 있던 수사관들에게 "MBC 기자에게서 전화가 왔다. 김경준을 태운 차량이 아침 일찍 연방구치소에서 나온 것을 봤다고 한다. 오늘 김경준이 아시아나 항공으로 한국으로 호송되는 것이 아니냐고 물었다."고 다급히 상황을 전했다.

이때가 아침 9시경. 상황을 보고받은 나는 이때까지의 모든 계획이 물거품이 되지 않을까 걱정이 되었다. 나는 차분히 김경준이 구치소에서 가족과 전화를 끝낸 9시 이후에 호송하기로 한 미국 측과의 사전 약속을 상기시키며, 법무부 수사관들에게 미국 측 호송책임자에게 사실관계를 즉시 확인하도록 했다. 미국 호송책임자는 단호하게 말했다. "무슨 소리냐. 우리는 아직 구치소에서 출발하지도 않았다. 기자들이 하는 이야기는 그냥 떠보는 소리일 뿐이다!" 나는 호송팀 일부가 카메라에 찍혔다 하더라도 아직 김경준의 동선이나 출발 항공편이 노출되지는 않은 것으로 판단하였고, 원래 계획에 따라 움직이도록 지시했다. 노련한 기자들의 취재에 순진하게 넘어갈 뻔한 지점장을 안심시키고 호송팀은 미국 측 호송팀과 미리 약속한 장소에서 10시 45분 아주 조용히 김경준과 첫 대면을 하게 되었다.

오전 11시. 비행기 출발 1시간을 앞두고 선임기장과 캐빈 매니저, 승무원들이 아시아나 항공기 OZ 201편 기내로 입장함과 동시에 미국 호송팀과 한국 호송팀이 동시에 기내에 입장하였다. 항공기에서 김경준에게 미란다 원칙을 고지하고 신체검색과 소지품 검사를 마친 후 체포영장을 집행하였다. 미국 측 수갑을 풀고 한국 측에서 준비한 수갑을 채운 다음 신병인도인수증을 교환하고 미국 측 호송팀은 항공기에서 하선하였다. 김경준의 소지품은 간단했다. 눈에 띄는 것은 한미 범죄인인도조약 영문본을 소지하고 있었으며, 비행기에서 읽을 소설책 한 권이 있었는데, 그 소설책은 〈The Last Tycoon〉이었다고 한다. 비행기에 탈 때 김경준의 노출은 피할 수 있었으므로, 호송팀의 남은 과제는 비행기 내에서 김경준을 노출시키지 않기 위해 선임 기장으로부터 '벙커'의 사용 승낙을 받는 것이었다. 김경준을 한국 도착할 때까지 벙커 안에 두는 것이 가장 안전하다고 판단한 호송팀은 기장에게 벙커에서 나오지 않고 인천까지 갈 수 있도록 협조를 요청했다. 그러나 기장은 "벙커 사용은 가능하지만 비행기가 22만 피트 상공에 올라가기 전까지는 벙커에 산소 공급이 되지 않아 질식사 우려가 있습니다. 승객 탑승 후 항공기 문을 닫으면 일단 벙커에서 나와 예정된 좌석에 착석하고, 비행기가 이륙해서 22만 피트 상공으로 오를 때까지 30분 정도를 착석해 있도록 하시지요. 벙커 내에 산소공급이 이뤄지면 다시 벙커로 들어가도록 합시다."라고 제안했다. 벙커 내에서 승무원들과 연락을 취할 수 있음을 확인하고, 일단 11:30분 호송팀 전원과 김경준은 벙커 안으로 들어갔다. 벙커는 2.5평 정도의 넓이에 높이가 160센티미터 정도로 침상은 8개가 있었다. 성인 남자 9명이 2.5평의 방에 있는 것 자체만으로도 질식할 것 같은 분위기였다.

승객들의 탑승이 시작된 시각. 예상대로 한국 취재진 5~6명 정도가 동승한 것 같다는 연락을 받았다. 벙커 바깥 분위기를 전달해 온 기장의 연락에 의하면 한 방송국 기자가 동승을 했고, 그 외에도 기자로 보이는 사람들이 탑승객을 확인하고 있는 것 같다는 전언이었다. 벙커에서 나가는 순간 노출은 피할 수 없는 상황인 듯했다. 벙커 내에서는 이륙 직후 벙커에서 나갈 순서와 김경준의 계호 방법 등을 논의하기 시작했다. 벙커에서 나오는 순간 김경준이 노출된다면 이후 벙커 사용도 어려울 수밖에 없고, 한국으로 가는 13시간 동안 취재를 막기 위해 치열한 한판 싸움을 벌일 수밖에 없는 상황이 예견되었다. 호송팀은 바짝 긴장했다. 이때 선임 기장의 인터폰이 왔다. "벙커에서 나오시면 기자들 때문에 난리가 날 것 같습니다. 비행기를 22만 피트 상공까지 가급적 빨리 상승 비행할 테니, 벙커에서 나오지 말고 인천까지 가십시다. 문제가 생기면 신속히 연락 주십시오." 벙커에서 나가지 않아도 된다는 안도감은 들었으나, 22만 피트 상공까지 올라가는 데 걸린 30분의 시간이 이처럼 길게 느껴진 적이 없었다는 것이 호송팀의 후일담이었다. 호송팀은 벙커에 화장실이 없는 관계로 '큰 일(?)'이 생기지 않도록 비행시간 내내 샌드위치 1개와 약간의 음료수만 먹었다. 그리고 '작은 일'은 빈 생수병을 공급받아 내부에서 해결하기로 하였다. 인천 도착 때까지 2리터 생수병 6개가 채워졌다고 한다. 벙커는 성인 남자가 제대로 설 수도 없는 높이였는데, 김경준이 자신은 고개를 들지 않으면 소변이 나오지 않는다고 호소하여 벙커 출입문으로 통하는 계단으로 올라가서 소변을 보도록 했다. 벙커 계단에서 아래쪽으로 생수병을 대고 소변을 보아야 하니 사방으로 튈 수밖에 없었고, 호송팀 수사관들은 그 아래에서 눈높이로 튀는 물방울을 피하며 곧 대한민국을 뒤흔들 범죄자의 '특이한 모습(?)'을 지켜볼 수밖에 없었다.

한국 시간 11월 14일부터 국내에서는 김경준 송환에 대한 철저한 보안유지에 불만을 품은 일부 언론사들이 법무부와 검찰에 거듭 송환일정 공개를 요구하였다. 당시 검찰총장은 송환 안전을 위해 일정을 공개할 수 없다고 밝히면서도, 김경준이 비행기에 안전히 탑승한 이후에는 이에 대한 확인을 해 주고 국내 도착 직후 언론에 공개하기로 발표하였다. 나는 호송팀으로부터 비행기에 안전하게 탑승한 상황과 벙커까지 무사히 들어간 상황까지 연락을 받고 후속 조치를 취했다. 서울중앙지검에는 김경준이 예정된 17일보다 하루 앞선 16일 저녁 6시 30분에 도착하기로 되었고, 항공기에 무사하게 탑승했으니 인천공항에서부터 서울중앙지검까지 계획된 호송 절차를 앞당겨 준비하라고 연락하였다. 그리고 비행기가 이륙한 한국 시각 16일 05:00경, 미국 시각 15일 12:00경부터 언론의 보도를 주시하였다. 역시 일부 언론에서는 김경준이 16일 저녁에 도착하는 아시아나 항공편으로 국내에 송환될 것이라는 짤막한 속보가 뜨기 시작했다. 나는 검찰국장까지의 보고만 책임지고 있는 상황이었으므로, 그 이후의 보고 체계나 언론 보도 경위를 상세히 알 수는 없으나, 아마도 서울중앙지검에서 나의 통보를 받은 직후 검찰총장에게 보고하였고, 검찰총장은 사전 약속에 따라 언론에 확인해 준 것이 아닌가 생각된다.

LA 현지에서 이런 확인을 받지 못하고 있던 국내 취재진 중 일부는 그날 오전에 출발했던 KAL 항공기에 김경준이 없었음을 확인하고, 아시아나 항공편을 강하게 의심하여 비행기까지 동승했던 기자들도 있었는데, 이들도 비행기 안에서 벙커 안에 꽁꽁 숨어있는 김경준을 확인할 수는 없었다. 다만, 일부 방송사에서는 김경준이 타고 있을 것이라는 강한 의심을 하고 특종으로 김경준과 함께 자사 방송국 취재진이 비행기에 동승했음을 보도하였다. 그런데, 비행기 안을 아무리 살펴보아도 김경준이나 호송팀으로 보이는 사람을 발견하지 못하자, "이 비행기 안에서도 김경준을 발견할 수 없다."고 방송국 본부에 보고하였다. 국내에서 이 소식을 접한 언론사에서는 다시 법무부로 "이 비행기에 김경준이 타고 있는 것이 맞느냐. 우리를 속인 것이 아니냐."고 항의를 하기 시작했다. 사전에 보고를 받은 검찰국장은 "비행기에서 내리는 모습을 공개하겠다. 비행기에서 나오는 김경준을 확인하게 될 것이다."라고 여유 있게 확인해 주었다. 한국 시각 11월 16일 18시 30분. 인천공항에는 수사관들에게 둘러싸인 김경준이 처음으로 모습을 드러냈다. 호송과정은 전혀 노출되지 않은 채 갑자기 국내 언론 카메라에 등장한 김경준. 김경준이 언론에 대고 자신의 입장을 떠들어대는 상황은 발생할 틈도 없었다. 그 이후 수사과정이나 재판과정에서도 김경준의 '폭탄선언'은 언론에 잡히지 않았다. 계획대로 조용한 송환이 성공적으로 끝난 것이다.

이후 대선이 종료될 때까지 김경준의 수사를 둘러싼 보도는 연일 언론을 장식하였다. 언론에서는 이례적으로 호송 과정이 전혀 노출되지 않았다는 점에 대해서도 큰 관심을 갖고 보도하였다. LA공항에서 며칠이나 진을 치고, 비행기 안까지 따라 들어가 보기도 했지만 결국 보도에 실패하였다는 보도 후기를 내는가 하면, "기상천외 첩보작전", "007 뺨치는 철통 보안", "법무부, 검찰, 아시아나의 LA공항

007작전" 등의 제목을 써가며 자신들이 놓친 특종을 아쉬워했다. 김경준이 탑승한 비행기에 동승까지 하였다가 아깝게 특종을 놓친 방송사에서는 상세한 보도 후기를 내면서, '피 말리는 탑승 취재' 과정을 보도하고 '절반의 특종'으로 끝났음을 못내 아쉬워했다.

약 2개월에 걸친 '김경준 송환작전'은 그렇게 끝이 났다. 나는 큰 사건을 수사할 때보다 더 긴장감을 갖고 있었던 탓에 "국정원이나 군 특수부대가 한 것보다 더 잘했다."는 주위의 칭찬보다는 김경준이나 우리 호송팀이 무사히(?) 귀국하였다는 안도감이 더 위로가 되었다. 호송팀에 참여했던 수사관들이나 아시아나 출장소장과 소주잔을 기울이면서 후일담을 나누었고, 지금도 이들과는 '백송회'를 조직하여 가끔 만남을 갖고 있다. 김경준 송환을 준비할 때 우리끼리 회의하는 것도 보안에 신경이 쓰여 과천 정부종합청사 인근의 '백송가든'이라는 식당에서 자주 식사를 겸한 회의를 가졌던 것을 기념하여 정한 이름이다. 나는 그해 연말에 뉴욕으로 출장을 갈 기회가 생겼다. 아시아나 항공편으로 이동하던 중 나는 '벙커'가 실제로 어떻게 생겼는지 궁금해졌다. 승무원에게 간단하게 자초지종을 이야기하고 벙커를 구경하고 싶다고 이야기했다. 그러나 승무원은, 언론에서 하도 '벙커'에 대한 이야기가 많이 나와 벙커를 일체 공개하지 말라는 특별한 지시가 있었다고 하면서 보여 줄 수 없다고 친절하게 말해 주었다. 그러면서 앞으로는 어떤 경우에도 승무원 외에는 벙커를 사용할 수 없을 것이라고도 했다. 승무원이 아닌 사람이 이제 벙커를 사용할 기회는 없을 것 같았다. 다음에 어떤 범죄인을 데려오는 경우에도 이 벙커의 사용은 어려워지겠다는 생각이 들었다. '미국 검사의 이야기처럼 우리가 전용기를 사용할 정도의 범죄인 송환은 이제 없겠지.' 하는 생각이 들면서도, 단 한 번의 기회를 요긴할 때 잘 써먹었다는 생각으로 웃음이 나왔다.

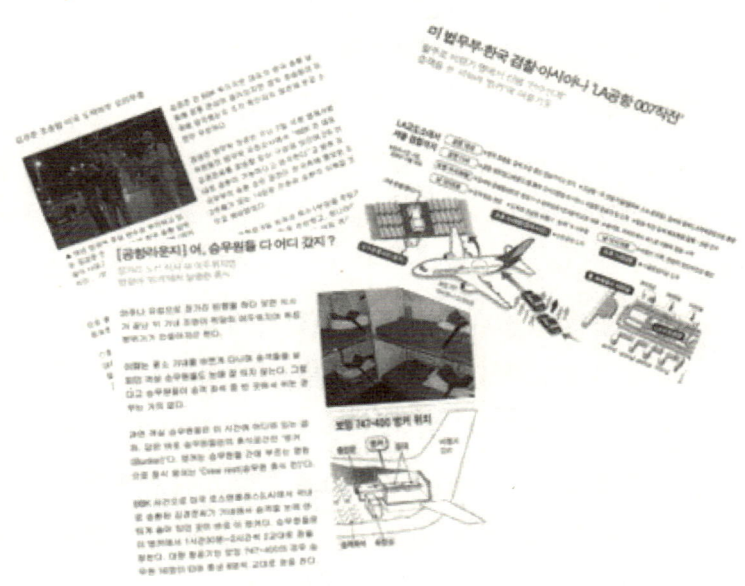

굴레치기

"검사님, 그놈 잠시만 풀어 주시면, 데리고 다니면서 다른 소매치기들도 싹 검거하겠습니다." 강력계 형사가 내 방에 찾아왔다. 내가 담당하고 있던 사건으로 구속 중인 '굴레치기'의 달인을 잠시 풀어 주면, 범인이 제보하는 다른 일당들도 검거해 보겠다고 했다. 나는 선배 검사에게 물어보았다. "이런 경우도 있나요?" 선배 검사는 말했다. "다 옛날 방식이야. 그러다가, 그놈마저 놓치면 곽 검사가 옷을 벗어야 할걸."

    초임 검사 몇 달간은 불안과 혼돈의 연속이다. 모든 사건이 새롭고 어디서부터 시작해야 할지 막막하다. 검사로 처음 부임하면 2년간 지검 단위의 검찰청에서 근무를 하게 되는데, 그 기간을 초임 검사라고 부른다. 작년에 임관한 검사를 '작초(작년 초임)', 금년에 임관한 검사를 '금초(금년 초임)'라고 흔히 구분 짓는다. 나는 서울지검(지금의 서울중앙지검) 형사6부 소속 검사로 금초 생활을 시작하였다. 금초 입장에서는 작초도 대단히 높아 보이고, 모든 사건의 처리를 몸에 익힌 듯이 우러러 보인다. 사실, 금초 시절에는 모든 업무를 처음부터 배워야 하기 때문에, 사건 처리 하나하나를 옆방에 있는 '작초'에게 들고 가 의논을 하고 묻기 일쑤이다. 가장 기본적인 서류 양식도 그 작성 방법과 형식부터 익혀야 하고, 각종 절차도 처음부터 배워야 하기 때문에, 사법연수원에서 완성된 기록을 보고 공소장이나 조서를 써보던 것과는 차원이 달랐다.

검사 시보 생활이나 군법무관 생활을 하면서 익혔던 것들도 막상 검사가 되어 보니 검사가 처리하는 업무의 한 조각이나 겨우 맛보았다고 할 수준이었다. 사법연수원에서 배운 기록에는 여러 개의 법적 쟁점이 있어 기존 판례에 맞게 그 쟁점을 해결해 나가는 연습을 주로 했다. 또 군법무관 시절에는 탈영이나 폭행 사건 정도가 다뤄본 사건의 대부분이었다. 그러나 검사가 된 다음부터 다루는 현실에서의 사건은 사실관계부터가 복잡하기 그지없고, 사람의 말을 직접 듣고 그 진실성을 판단하는 기술이 있어야 해결되는 것들이었다. 지금은 초임 검사들에게 구속 사건을 배당하더라도 비교적 단순한 사건부터 배당을 하고, 6개월 정도 지나서야 제대로 된 구속 사건이 배당된다. 그러나 1999년 당시 서울지검에서는 금초들에게도 두터운 구속 사건이 종종 배당되었다. 특히, 나는 군법무관 3년을 마치고 임관한 경우였기 때문에 다른 선배들과 별반 다를 바 없는 구속 사건들을 처음부터 배당받아야 했다.

내가 처음 담당한 구속 사건은 '도박 개장' 사건이었다. 당구장에서 상습적으로 도박판이 벌어진다는 정보를 입수한 경찰이 당구장을 급습했다. 현장에 있던 판돈을 거둬들이고 도박을 하고 있던 한 명과 당구장 주인을 체포했는데, 다른 도박꾼 4명은 현장에서 놓치고 말아 기록상엔 '성명불상자'로 표시되어 있었다. 당구장 주인은 한사코 자기는 도박과 관련이 없고 손님들끼리 잠시 도박을 한 것뿐이라고 주장했다. 심지어 경찰이 현장을 덮쳤을 무렵 자기는 당구장 앞 가게에 있었기 때문에 도박을 하는 것도 몰랐다는 주장이었다. 당시만 해도 '도박 개장' 사건은 주된 범인이 구속되는 사건이었고 당구장 주인은 폭행 등 만만찮은 전과도 달고 있었기 때문에, 부인에도 불구하고 당구장 주인은 구속되었다. 그런데, 기록상 도박 개장의 혐의를 입증할 증거는 별로 없었다. 현장에서 잡힌 도박꾼 한 명도 우연히 당구장에 갔다가 도박판이 벌어지고 있어 잠시 거기에 끼었던 것이고, 주인 얼굴은 보지 못하였다는 것이다. 다른 '성명불상자'를 잡아서 도박을 하게 된 경위나 당구장 주인에게 도박판을 제공한 대가로 어떻게 '데라'를 떼 줬는지를 입증해야 할 판이었다.

경찰 단계에서 구속된 피의자를 검사가 증거가 없다는 이유로 구속 취소하여 풀어주는 것은 그때나 지금이나 매우 드문 경우이다. 특히, 금초가 이렇게 사건을 처리했다가는 '수사에 대한 의지 부족' 소리를 듣기 십상인 상황이었다. 당시에는 휴대폰을 일반적으로 쓰던 시기도 아니라 당시 현장에 있던 '성명불상자'를 특정해 내기란 쉬운 일이 아니었다. 나는 옆 방 선배에게 기록을 갖고 갔다. 선배는 기록을 보더니 의외로 간단하게 말했다.

"야, 현장 덮쳤던 경찰 불러서, 도망간 놈 한두 명 빨리 데리고 오라고 그래."

경찰의 사람 잡아 오는 기술은 역시 대단했다. 당시만 해도 검사의 지휘를 받은 경찰이 범인을 추가 검거하는 것은 당연한 것으로 여겨졌던 시절. 도박 현장을 단속했던 경찰은 수소문 끝에 도망갔던 도박꾼 1명을 더 데리고 왔다. 이 사람으로부터 당시 몇 차례 같은 당구장에서 도박을 한 사실이 있었고, 그때마다 주인에게 '데라'를 지급해 왔다는 진술을 받아낼 수 있었다. 나는 여기에 추가로, 도박 당시 당구장 주인이 가 있었다고 주장하는 앞집 가게 주인까지 확인하여 당구장 주인이 거짓말을 하고 있다는 정황도 확보했다. 당구장에 경찰이 들이닥쳤던 무렵, 당구장 주인은 그 가게에 온 사실이 없다는 것이었다. 결국 당구장 주인은 '도박 현장'에 있었는데, 경찰이 급습하자 다른 도박꾼들 사이에 끼어 현장에서 도주하려다가 붙잡힌 것으로 확인되었다. 나는 '성명불상자' 중 1명을 실명으로 바꿔 입건하고 당구장 주인은 구속 상태에서 기소할 수 있었다. 결재를 했던 부장검사가 칭찬해 주었다. 경찰에서 성명불상자로 온 것을 검사가 실명을 확인하여 입건한 것은 의욕이 있는 '금초'니까 가능하다면서 사기를 북돋워주었다. 지금 생각하면 별것도 아닌 도박 개장 사건이었지만, 어쨌든 나는 첫 번째 구속사건을 그런대로 잘 처리했다는 용기를 가질 수 있었다. 며칠 뒤 또 특이한 구속사건이 배당되었다.

속칭 '굴레치기'의 대가라는 소매치기범이었다. 술 취해 쓰러져 있는 사람에게 접근하여 몰래 지갑을 빼내 가는 '아리랑 치기'나, 술 취한 사람을 뒤에서 폭행하고 지갑을 빼앗아간다는 '퍽치기'는 들어봤어도, '굴레치기'는 처음 듣는 용어였다. 굴레치기는 사람이 많은 혼잡한 버스나 지하철 안에서 목걸이를 하고 있는 여자에게 접근하여 순간적으로 '니빠(조그만 절삭기)'로 목걸이를 끊어 순식간에 채가는 수법이었다. 심지어 이 소매치기범은 이빨로도 목걸이를 끊어 순간적으로 입속으로 목걸이를 빨아들인 다음 현장을 떠나는 식으로도 굴레치기를 한다는 '초절정 고수'라는 경찰의 설명이 있었다. 경찰은 이 굴레치기의 달인을 며칠간 따라다니면서 잠복해 있다가 지하철 안에서 범행하는 모습을 보고 뒤따라가 범인을 덮쳤다. 다행히 이 범인에게서 '니빠'는 뺏을 수 있었지만, 목걸이는 발견하지 못했다. 경찰의 추측인즉, 현장에서 검거될 때 순간적으로 다른 곳에 버렸거나 검거 직전에 현장에 있던 다른 공범에게 주었을 것이라는 것. 어쨌거나 전과도 있는 이 소매치기범은 범행 일체를 부인하고 있었다. 증거라고는 '니빠' 하나뿐, 경찰은 범행 현장을 목격했다고 하나 범행 시각으로부터 조금의 시간이 흘러 범인을 검거한 탓에 혼잡한 지하철 안에 있던 피해자와 피해품은 확보하지 못한 상황이었다. 범인을 검거했던 강력계 형사는 나에게 찾아와 범인을 며칠간만 풀어 주면 잘 설득해서 범행도 자백 받고 일당도 검거해 오겠다고 구속 취소를 건의했다. '금초'로서 아직 구속된 피의자를 내 손으로 풀어 줘 본 적이 없었기 때문에 나는 역시 선배들에게 이런 경우도 있냐고 물어봤다. 선배들은 하나같이 "강력계 실적 올려 주려다가 곽 검사가 혼자 뒤집어쓴다."며 만류했다. 심지어 어떤 선배는 "요즘 그런 이유로 풀어 주는 경우는 없어. 경찰이 곽 검사가 금초란 걸 아니까 그런 소리 하는 거지."라며 따끔히 충고해 주었다.

나는 슬쩍 약이 올랐다. 경찰에게는 풀어 줄 수 없다고 통보해 주고, 굴레치기 달인의 부인에도 불구하고 기소할 수 있는 방법을 찾아 나가기로 했다. 나는 과거 이 범인의 전과기록을 모두 찾아 동일한 범행 수법 전과자임을 확인했다. 실제로 이 범인은 지하철 안에서 목걸이를 하고 있는 여자 뒤로 접근하여 순식간에 목걸이를 채가는 수법을 사용했는데, 어찌나 빠른지 피해자조차 자기 목걸이가 풀리는 것도 모른 경우가 허다했다. 그리고 나는 선배들에게서 배운 대로, 이 범인이 검거된 후 구치소 안에 있으면서 면회 온 사람들과 나눈 대화를 관찰하기 위해 '접견기록부'를 확인해 보았다. 지금은 면회객들과의 대화 내용이 녹음, 녹화도 되지만 당시만 해도 교도관이 일일이 수기로 쓴 것이었기 때문에, 나는 휘갈겨 써진 접견기록부를 눈이 빠지도록 살피면서, 혹시나 일당들이 찾아왔거나 기소하는 데 도움이 될 만한 내용은 없는지 살펴 나갔다. 일당으로 보이는 사람들이 면회를 온 흔적은 없었으나, 면회 온 가족과 나눈 대화에서 내 눈에 확 들어오는 대화가 나왔다.

"검사가 초짜라 잘 몰라. 그냥 버티면 될 것 같기도 해."

내 눈에서는 불이 났다. '금초라고 경찰도 우습게보는데, 너마저 날 우습게보냐.'

나는 그 '달인'을 다시 소환했다. 거듭된 추궁에도 계속 잡아뗐다. 나는 슬쩍 접견기록부를 내밀며, 형광펜으로 밑줄 친 부분을 보여 주었다.

"내가 초짜긴 하지만 이건 좀 너무하지 않소?"

달인은 잠시 말이 없다가 털썩 무릎을 꿇었다.

"검사님, 죽을 죄를 졌습니다. 살려 주십시오."

그래도 그 달인은 자기의 범행을 부인했다. 그렇게 말한 것은 다른 이유 때문이지, 자기 범행을 인정한 취지는 아니라는 것이었다. 나는 종전 전과에 관한 판결문과 수사기록들, 접견기록부 사본을 기록에 첨부하고, 피의자가 부인하는 채로 기소했다. 물론, 달인에게는 실형이 선고되었다. 당시 상습절도범에게 부과할 수 있는 장기간의 보호감호까지 덧붙여졌다. 선배들이 걱정하던 나에게 해주었던 충고가 역시 맞았다. "제일 비겁하고 절대 인정 안 하는 놈들이 소매치기범들이야. 걱정할 것 없어. 부인해도 기소하면 다 유죄 나와."

말콤 글래드웰의 '아웃라이어'란 책에서 '1만 시간의 법칙 The 10,000-Hour Rule'을 봤던 기억이 난다. 심리학자와 신경과학자들의 연구 결과, 어느 분야에서 전문가가 되려면 1만 시간의 숙련 기간이 필요하다는 것이다. 예술가든, 운동선수든 하루에 3시간씩 10년을 연습해야 그 분야에서 탁월한 기술을 발휘할 수 있다고 한다. 하루에 8~9시간씩 범인들의 진술과 씨름하는 검사들의 업무량에 대비한다면, 한 달에 어림잡아 200시간씩 4년을 단련하면 검사로서의 업무능력이 갖춰진다고 하겠다. 검사들이 첫 임지에서 초임 2년간, 금초와 작초의 단계를 밟고 나면, 비교적 소규모 지청으로 옮겨 또 2년간 속칭 '2학년 검사' 생활을 하게 된다. 이렇게 4년간은 특별한 전문분야 없이 오만 종류의 사건을 다 다뤄보는 시기를 거치게 되는데, 그렇게 1만 시간을 보내면 어느덧 '칼이 가장 잘 드는' 시기인 '3학년 검사'(세 번째 임지로 부임한 검사)가 된다. 3학년 시절이 되면 검사는 어느 정도 자기 전문분야가 생기게 된다. 공안이나, 특수, 또는 강력, 아니면 기획 분야 등으로 전문화의 길을 가게 되는데, 어느 분야에서나 이 1만 시간 동안 갈고 닦았던 경험이 큰 원천이 됨은 물론이다. 피의자나 경찰이 검사를 어떻게 보고 있는지, 죄명별로 피의자의 특징은 무엇인지 등을 배우면서 말이다. 당구장 주인에게 속고, 굴레치기의 달인에게 우습게 보였던 것도 지금 생각하면 금초로서 좋은 경험이었다고 생각된다.

1 '열정'으로 일하고

05 공판의 추억

'조폭'이라는 피고인이 안경을 쓰고 아주 점잖게 피고인석에 앉아 있다. 나는 수사검사에게 그 피고인이 원래 안경을 썼었는지 물어보았다. "원래 조폭들은 순하게 보이려고 공판정에서는 안경을 쓰는 거야." 나는 얄미운 마음에 공판정에서 "피고인, 원래 안경을 썼었나요? 지금 재판장님께 순하게 보이려고 갑자기 안경을 쓴 거 아닙니까?"라고 다그쳤다. 재판장이 조용히 말했다. "검사님, 관계없는 질문이니까 그 정도로 하시지요."

왜 그런지 알 수 없으나, 검찰에서는 형사재판을 공판公判이라고 부른다. 아마 민사재판과 구별되게 부르기 위한 것이 아닐까 싶은데, 그래서 법정에 들어가 재판을 담당하는 검사도 '공판검사'라고 부른다. 일반인들은 수사를 한 검사가 재판까지 담당하는 것이라고 생각하지만, 대다수의 사건은 수사를 한 검사와 공판을 담당하는 검사가 다르다. 계속해서 법정에 나가야 하고, 공판 업무는 수사 업무와는 성격이 확연히 다른 업무이기 때문에 효율성을 고려한 것이다. 중요한 사건을 제외하고는, 법원의 형사재판부에 따라 배치된 공판검사가 그 재판부에서 진행되는 모든 사건의 공소유지를 담당하게 된다.

큰 지검 단위에서는 공판부가 별도로 설치되어 있고, 작은 지청 단위에서는 공판검사만 별도로 지정되게 되는데, 공판검사는 보통 6개월 또는 1년 정도 공판업무만을 전담하게 된다. 공판검사는 다른 검사들이 기소한 사건을 모두 검토한 다음 공판에 임하게 되므로, 공판을 담당한 기간 동안에는 다른 검사들이 수사한 기록을 면밀히 살펴볼 수 있는 좋은 경험을 쌓을 수 있다. 부장검사가 되어 결재를 하기 전 단계에서, 다른 검사들의 수사기록을 접할 수 있는 기회가 주어지는 시기는 공판검사 때가 거의 유일하다. '수사통'으로 이름을 날리고 있는 선배 검사들이 수사한 기록을 살펴보다 보면 무릎을 치면서 탄복하는 경우가 많다. 수사기록이 물 흐르듯이 정연하고 논리적이며 빈틈이 없다. 공판검사 시기에는 다른 검사들의 기록을 보면서 공부하는 시기라는 선배들의 말이 틀린 것이 아니라는 생각이 들었다. 반면, 어떻게 이런 사건이 결재를 거쳐 기소되었을까 하고 의문이 드는 사건들도 있다. 불안한 마음에 열심히 법정에서 증거를 대 보지만, 이런 기록은 역시 무죄가 선고되기 일쑤다. 이런 경험도 공판검사로서 '공부'할 수 있는 좋은 기회가 된다.

공판검사는 다음에 열릴 재판의 기록들을 미리 꼼꼼히 살피고 공판에 필요한 사항을 준비한 다음 법정에 들어간다. 기록만 봐서는 잘 이해되지 않는 부분이 있으면 수사검사에게 직접 물어보기도 하지만, 대부분은 '공판카드'라는 것을 통해서 사건의 대략을 짐작할 수 있다. 수사검사와 공판검사를 연결해 주는 것이 바로 이 '공판카드'인데, 여기에는 수사검사의 구형량이 적혀 있고, 예상되는 피고인의 변명, 그에 대한 대응 수단이 들어 있다. 특이한 사건인 경우 수사검사의 자세한 해석이 들어있기도 한데, 쉽게 말해 수사검사로서 '사건을 보는 눈'이 요약되어 있는 것이 공판카드이다. 서울중앙지검에서 공판부에 근무하던 시절, 특이한 사건의 공판을 담당하게 되었다. 미성년인 여자아이 두 명이 한 조가 되어 소매치기를 했던 사건이다. 열일곱 살의 두 여자아이는 정상적으로 컸다면 고등학생이었을 나이였지만, 이 둘은 일정한 직업 없이 함께 떠돌아다니며 소매치기를 하다가 검거가 된 상태였다. 보통 미성년자들인 경우 전과가 없다면 웬만해선 구속이 되지 않는다. 간혹 전과가 많고 중한 범죄일 경우 구속되거나 소년원에 보내지는 '보호처분'을 받기도 하지만, 여자아이들이라면 어지간해선 구속이 되지 않고 선처를 받는 경우가 많다. 그러나 내가 공판을 담당하게 될 이 두 여자아이들은 그 이전에도 비슷한 전과가 있어 이번에는 구속을 면하지 못했다.

미성년 여자 2인조 소매치기라…. 좀처럼 접하기 어려운 형태의 사건이라 어떻게 소매치기를 했는지 기록을 유심히 살펴보았다. 아직 얼굴은 직접 확인하지 못했지만, 이들은 외모에 따라 각자의 역할을 분담한 것으로 보였다. 좀 곱상하게 생긴 아이가 예쁘게 차려입은 상태로 사람들이 붐비는 버스나 지하철역 안에서 중년 남성들의 관심을 끌고 있는 사이, 좀 남자같이 생긴 다른 여자아이는 그 짧은 틈을 노려 중년 남성들 품에서 지갑을 빼내가는 수법을 쓰고 있었다. 나는 수사검사의 의견이 궁금하여 공판카드를 살펴보았다. 수사검사는 짤막하게 "두 피고인은 동성애자로 보임"이라고 부기해 두었다.

동성애자? 나는 공판정에 들어설 두 여자아이의 외모가 더욱 궁금해졌다.

2000년 가을로 기억되는 첫 재판 기일. 지금은 검사가 법원에 기소를 하면 일단 공소장과 구속영장 등 몇 개의 필수 서류만 먼저 법원으로 보내고, 증거기록은 재판과정에서 증거조사를 마친 후 제출되지만, 당시에는 수사기록 전체가 일괄적으로 재판이 열리기 전에 법원에 제출되는 방식이었다. 그래서 담당 판사도 미리 기록을 읽고 법정에 들어오게 되고 사건의 대체적인 윤곽을 파악한 상태로 재판에 임하게 된다. 당시 판사도 이 사건 기록은 미리 보았을 것이지만, 공판카드는 보지 못하였기 때문에 이들이 '동성애자'로 의심(?)이 되는 커플인지를 알지는 못할 것으로 생각되었다. 다만, 기록상 보이는 특이한 수법, 그리고 이들이 이곳저곳을 떠돌아다니며 함께 생활하는 사이였기 때문에 눈치가 빠른 판사라면 그런 의심도 품었을 수는 있을 것이다. 내가 미리 기록을 본 바로는 특별히 이 여자아이들이 범행을 부인하고 있는 것은 아니어서 첫 재판 기일에 범행을 인정하고 비교적 싱겁게 재판이 끝날 것으로 생각했다. 또 동성애 관계란 것이 형량에 특별히 영향을 줄 요소도 아니기 때문에 공판검사인 내가 동성애 관계인지 여부를 캐물을 수도 없는 상황이었다. 다만, 궁금한 점은 남자 역할을 했다는 여자아이와 중년 남성의 시선을 끌었던 여자아이의 외모, 그리고 이들이 동성애자라는 것이 공판 과정에서 확인되어 수사검사의 예상이 확인될 수 있을까 하는 점이었다.

법정에 들어선 두 여자아이. 예상대로 한 아이는 가냘파 보이는 몸매에 앳된 외모였고, 다른 한 아이는 일견 남자처럼도 보이는 씩씩한 외모를 하고 있었다. 나는 첫눈에 남자들 앞에서 예쁜 외모로 서성거리는 아이가 누구인지, 그때 지갑을 빼가는 아이가 누구인지 마치 현장을 보듯 알 수 있었다. 만일 이들이 동성애 관계라면 누가 남자 역할을 하는 아이인지도 금방 알 수 있었다. 그러나 공판정에서 검사가 이 여자아이들에게 동성애자들이냐고 물을 수는 없는 노릇. 나는 일단 공소사실에 맞춰 범행 사실에 대한 심문을 해 나갔다. 먼저 가냘픈 여자아이를 상대로 물었다.

"피고인은 옆에 있는 다른 피고인과 공모하여 사람이 많은 지하철역에서 다른 사람의 지갑을 훔친 사실이 있지요?"

그러자 갑자기 이 여자아이는 느닷없이 울음을 터뜨리며 크게 소리쳤다.

"사랑한 것도 죕니까! 흐흑…."

이 무슨 황당한 대답인가. 나는 순간 터져 나오려고 한 웃음을 겨우 참았다. 이 사건과 관계없는 다른 사건을 방청하기 위해 법정에 온 방청객들이야 이들의 외모만 봐서는 남자와 여자처럼 보였을 것이기 때문에 별다른 반응이 없었지만, 얼른 판사를 보니 판사도 나처럼 웃음을 참느라 힘든 눈치였다. 판사도 기록을 보며 이들의 관계를 의심하고 있었던 모양이다. 동성애자라는 의심은 자연스럽게 확인되었다.

"어허, 지금 그걸 묻는 게 아니잖아요." 판사가 울고 있는 여자아이를 달랬다.

나의 이어지는 심문에 대해 그 여자아이는 울음을 들이키며 모든 범죄사실을 인정했다. 그리고 남자처럼 생긴 여자아이도 간단한 대답으로 범죄사실을 인정했다.

나의 심문이 끝나고 판사는 이 여자 피고인들에게 마지막 진술 기회를 줬다. "마지막으로 하고 싶은 말이 있는가요?" 판사의 질문에 남자처럼 생긴 여자아이는 굵직한 톤으로 대답했다.

"이 아이는 내가 시키는 대로 한 것뿐이니까, 선처해 주십시오!" 역시 남자다운 최후 변론이었다. 남자 친구(?)의 비장한 말에 다른 여자아이는 다시 어깨를 들썩이며 말없이 눈물을 닦았다.

이런 경우는 공판카드를 통해 수사검사와 공판검사 간의 의사소통이 잘 이뤄진 경우이다. 간혹 공판카드의 기재와는 다른 상황이 법정에서 생기는 경우도 있다. 한번은 흉악한 조폭 행동대장이 칼부림을 한 사건의 공판을 담당한 적이 있다. 공판카드만 봐서는 누가 봐도 섬뜩하게 생긴 피고인이 법정에 들어와야 하는데, 정작 법정에 들어선 피고인은 온순해 보이는 외모였다. 헤어스타일도 '깍두기형'이 아닌 데다가 얌전하게 뿔테 안경까지 쓰고 있었다. 나는 첫날 재판을 마친 다음 수사검사인 선배에게 그 녀석은 조폭처럼 생기지 않았더라고, 조폭과는 어울리지 않게 안경까지 썼더라고 이야기해 주었다. 조폭 사건을 많이 다뤄본 그 선배는 빙긋이 웃으며 "원래 조폭들이 재판정에서는 순한 양같이 하고 있어. 그 녀석 원래 안경도 안 썼는데, 쇼를 좀 하는 모양이네."라고 대답했다. 나는 그 녀석이 얄미워 다음 재판이 열린 날 왜 갑자기 안경을 쓰게 되었는지를 집요하게 캐물었다. 피고인은 대답을 얼버무렸는데, 재판장은 내가 왜 그런 질문을 하는지 이해 못 하겠다는 분위기였다. 재판이 끝나고 나는 재판장에게 "조폭들이 법정에서만 안경을 쓰고 나타난다네요. 양형에 참고하시라고 말씀드린 겁니다."라고 살짝 귀띔해 주었다.

그로부터 10여 년이 지난 후 나는 신문기사에서 그때의 상황과 너무나 흡사한 장면이 미국에서 벌어진 것을 보고 그날의 공판 광경을 떠올리며 혼자 웃었던 적이 있다. 조폭을 많이 수사해 본 우리나라 검사들은 십수 년 전부터 감으로 알고 있는 사실을 미국에서는 '새로운 경향'으로 소개된 기사였다.

지난 27일 미국 워싱턴 DC의 한 형사법정에 2010년 5명의 목숨을 앗아간 총격사건에 연루된 20대 초반의 흑인 강력범 피의자 5명이 들어섰다. 그런데 약속이나 한 듯 모두 큼직한 검정 뿔테안경을 쓰고 나타났다. 담당 검사는 피의사실 심문과 별도로 피고인들이 착용한 안경에 대해 질문을 던졌다. "피고인들이 이전에 안경 쓴 모습을 본 적이 있는가?" 출석한 증인과 피고들은 모두 "없다."고 대답했다. 검사는 재판장에게 "저건 가면이다. 피고들이 모범생처럼 위장해 배심원단의 판단에 영향을 미치려고 하는 것"이라고 지적했다. 피해자 유족들도 "죄인이 안경만 쓰면 보이스카우트가 될 줄 아느냐."며 비난했다.

흉악범 용의자들이 변호인의 조언에 따라 근육량을 줄이거나 머리를 단정하게 깎고 헐렁한 옷을 걸치는 등 '순진하고 약해 보이는 외모'로 법정에 나오는 일은 있지만, 뿔테안경은 전에 없던 '새로운 법정 패션'이라는 것이다. 뉴욕의 한 형사사건 전문 변호사는 워싱턴포스트 인터뷰에서 "나도 의뢰인들에게 법정출두 시 안경 착용을 적극 권한다. 안경의 효과는 단정한 넥타이보다 훨씬 크다."며 "내 경험으론 재판 결과(형량)에 영향을 준다."고 말했다.

　　실제 미국법심리학저널에 발표된 2008년 연구에 따르면 가상 형사사건에서 안경착용의 효과는 백인보다 흑인에게 컸다. 흑인 용의자에게 안경을 씌웠을 때 사람들은 이들이 맨얼굴일 때보다 '좀 더 지적이고 정직하며 덜 위협적'이라고 인식한다. 백인의 경우엔 안경 착용이 이미지에 미치는 영향은 미미했다. ("흑인 강력범 5명, 법정서 약속이나 한 듯…" 제하의 2012. 3. 29. 조선일보 보도)

　　법정에 선 피고인들은 흉악한 살인범이든 강간범이든 대체로 고분고분한 순한 양처럼 행동한다. 판사나 검사에게 바락바락 고함을 쳐 대는 특이한 피고인도 가끔은 있지만, 대체로 자신의 잘못을 인정하고 선처를 호소하는 쪽을 택한다. 그래서 형사재판은 영화에서와는 달리 별로 재미가 없다. 사건 내용을 모르고 재판 과정을 본다면 졸리기 딱 좋은 분위기가 되기도 한다. 그래서 공판과정에서 크게 기억에 남는 사건은 없었지만, 지금도 법정을 떠 올리면 "사랑이 죄냐."고 울음을 터뜨리던 그 소녀의 모습과 얌전히 안경을 쓰고 있던 그 조폭의 얼굴이 떠오른다.

불에 탄 '꿈의 궁전'

지청장으로부터 급한 연락이 왔다. "우리 전담 배치표에 '방·실화'가 빠져 있네. 할 수 없지. 강력을 담당하는 곽 검사가 이 사건 담당 좀 하시게." 출근 전 여관 화재사건으로 6명이 죽고, 30여 명이 부상을 당했다는 아침 뉴스를 봤던 기억이 났다. '윽, 한 달 정도 밤을 새게 생겼구나.'

초임 2년간의 근무를 마치면, 검사는 큰 규모의 지검을 떠나 지방 소도시에 위치한 '지청'에서 '2학년 검사' 생활을 맞이한다. 지청은 3~4명 정도의 검사가 근무하는 소규모에서부터, 부장검사까지 배치되어 있는 검사 8~9명 정도 규모의 '부치지청'('部'가 설치되어 있는 지청을 이르는 검찰청만의 용어)까지 다양한 형태다. 이 지청들에는 대부분 검사가 2학년 검사이면서도 담당해야 할 전담 업무가 여러 개가 있다 보니 대체로 석순에 따라 전담 업무를 맡게 된다. 다 비슷비슷한 정도의 근무 경력과 업무 능력을 갖고 있기 때문에, 특별히 개별 검사의 업무 능력이나 희망을 고려하기보다는 기수에 따라 전담업무가 정해지는 것이 보통이다. 대체로 가장 선임 검사가 공안이나 기획 업무를 맡고, 그 다음 기수 검사는 특수, 그 다음은 강력이나 마약 부분을 전담 업무로 맡게 된다. 그 이외의 지적재산권, 교통, 환경, 소년 등등 잡다한 전담 업무들은 적당히 배분하는 식으로 검사들이 분담한다. 그러다 보면 자연스럽게 군법무관을 거쳐 검사가 된 경우에는 이들 지청에서는 비교적 기수가 높은 검사가 되기 때문에 공안이나 특수 업무를 담당할 기회가 생긴다. 검사가 3명 정도인 지청이라면 군법무관 출신의 2학년 검사가 공안을 맡게 되고, 바로 검사로 임관했던 검사들은 특수와 강력을 담당하게 되는 것이 보통이다. 내가 2학년으로 근무한 천안지청의 경우, 부임 당시에는 지청장과 부장검사 1명에 검사가 7명 근무하는 이른바 '부치지청' 체제였다.

천안지청 근무 첫해에는 '송치 강력'이라고 하는 전담 업무를 맡았다. 나보다 1년 선배이면서도 법무관을 거쳐 검사로 임관한 선배 2명이 공안과 특수를 나눠 맡고 있었고, 후배였지만 1년 먼저 천안지청에 와 있던 검사가 강력·마약 업무를 전담하고 있어 나는 자연스레 '송치 강력' 업무를 맡게 되었다. '송치 강력'이란 조직폭력배나 마약사범과 같이 검사가 직접 인지하여 수사를 하는 강력 사건이 아니라, 경찰에서 조사를 마치고 송치가 된 강력 사건을 일컫는 말이다. 그러니까, 살인사건, 강도사건, 화재사건 등과 같이 강력 사건에 속하면서도 경찰에서 주로 초동수사가 시작되는 분야의 사건들인데, 검사들은 별로 달가워하지 않는 전담 업무에 속한다. 일단 마주 대해야 하는 범인들 자체가 '강력한' 사람들이거나 사이코 기질이 있는 사람들이고, 보아야 하는 기록도 피가 흥건한 현장 사진이거나 시커멓

1 '열정'으로 일하고

게 불탄 현장 사진들이 덕지덕지 붙어 있는 경우가 대부분이기 때문이다. 더군다나 '송치 강력'사건은 사안의 결과가 중한 만큼 사회적 관심은 많으면서도 범죄인들이 부인하는 경우가 많고, 경찰에서는 짧은 수사 기간 때문에 수사가 제대로 안된 부분도 많아 검사들의 손이 많이 가는 이른바 '깡치' 사건들이 종종 있다. 이런 사건이 유죄가 나면 당연한 것으로 받아들여지지만 무죄라도 날 경우 검사가 받는 스트레스는 엄청나다. 예전 '부산 어린이 유괴 살인사건'이나 '이태원 살인사건'에서 무죄가 선고되었을 때, 담당 검사들이 얼마 못 가 사직을 했던 것은 이런 이유들 때문이다.

하루는 출근 직전 아침에 '천안에 있는 여관에서 불이 나 투숙객 6명이 사망하고, 30여 명이 부상당하는 대형 화재 사건이 발생했다.'는 속보가 나왔다. 나는 순간적으로 '아이고, 송치 강력을 담당하는 나한테 사건이 떨어지겠구나.'라는 직감이 들었다. 아니나 다를까, 출근 후 바로 지청장의 연락이 왔다. 지청장실로 가보았더니 지청장과 부장검사가 앉아 있었다. 방화나 실화 사건도 보통은 전담 검사가 따로 정해져 있는데, 당시 천안지청 배치표에는 방·실화 전담 검사가 빠져 있었다. 하기야, 소규모 지청에서는 대형 화재사건이 드물기 때문에 방·실화 사건을 전담하는 검사를 따로 둘 필요는 없을 정도였긴 했다. 화재가 발생한 직후 당직 검사가 사체에 대한 검시檢屍는 끝낸 상태였는데, 이후 사건 수사를 담당할 검사를 누구로 할지 지청장과 부장검사가 의논 중이었다. 지청장은 송치 강력을 담당하고 있는 나에게 이 사건을 맡도록 지시했다. 투숙객이 6명이나 숨진 대형 화재사건이니 경찰 수사단계부터 적극적으로 지휘를 하라는 사항을 덧붙였다. 이른바 '천안 신부동 모델 화재사건'. 경부고속도로를 타고 가다 천안 톨게이트 인근에서 휘황찬란한 조명을 내뿜고 있는 모텔촌을 볼 수 있는데, 그중 하나인 '꿈의 궁전'이라는 모텔에서 화재가 발생했던 것이다. 당시 인기를 끌었던 드라마의 이름을 따 모텔 이름을 지은 모양인데, 참으로 묘한 이름이었다.

경찰 수사단계에서부터 두 가지 문제가 발생했다. 우선, 화재의 원인만으로는 모텔 주인을 처벌하기가 애매한 상황이었다. 화재는 지하에 있던 보일러가 폭발하여 발생한 것은 분명했으나, 보일러 전문기사들이 동원되고도 폭발의 원인은 규명하기 어려운 상황이었다. 이 보일러의 폭발 원인이 밝혀져야 모텔 주인이든 누구든 처벌할 수 있겠지만, 보일러가 전소된 상황이어서 화재 원인 규명이 어렵고, 어떤 방화나 관리자의 과실에 기인했다고 인정할 증거는 없었다. 결국 화재의 원인인 보일러의 폭발은 '원인 불상의 이유'로 정리될 수밖에 없었다. 또 다른 문제는, 화재 발생 직후부터 숨진 피해자의 유가족들이 모텔 주인의 처벌과 피해 보상을 요구하며 시청 앞에서 농성을 하기 시작했다는 점이었다. 모텔 주인에게 명확한 형사상 책임을 물을 수 있을지 여부도 애매한 상황인데, 흥분한 피해자 유족들은 벌써부터 구속 수사하라는 요구까지 들고 나왔다. 피해자들의 사망 원인이 모텔 주인의 과실에 기인한다는 것이 분명히 밝혀지지 않으면 처벌은 물론 피해자 유족들에 대한 보상도 막연한 상황이었다. 수사 초기 확보된 모텔 등기부등본에 의하면 모텔은 주인이 2명으로 공동 소유한 형태였다. 한 명은 천안에 거주하면서 모텔을 관리하고 있었으나 화재 당시에는 현장에 없었고 종업원만 있었던 상태였다. 나머지 한 명은 그나마 천안에도 거주하지 않고 지분만 갖고 있었다. 경찰에서는 일단 천안에 거주하며 모텔을 관리하고 있던 지분 소유자만 형사 입건했다.

이때 또 하나 문제가 불거져 나왔다. 천안지청을 출입하면서 친분이 있던 지방지 기자가 급히 나를 찾아왔다. "검사님, 이거 아셨어요? 그 모텔 다른 지분 소유자가 현직 총경이랍니다. 지금 다른 지역에서 경찰서장으로 있다는데요." 그 기자의 말을 토대로 확인해 보니, 천안에 거주하지 않으면서 모텔 지분만 소유하고 있다는 사람이 정말 현직 경찰서장으로 확인되었다. 이를 언론에서 먼저 알고 보도한다면, 경찰에서 현직 경찰간부를 은폐하기 위해 다른 지분 소유자만 형사 입건했다는 오해가 생길 수 있고, 또 유가족들은 당장 그 경찰간부를 구속하라고 요구할 상황이었다. 나는 지청장과 부장에게 보고한 후, 경찰에 연락했다. 수사 중인 경찰에서도 다른 지분 소유자가 경찰간부란 사실을 파악하고 있었다. 그런데, 이 사람을 입건해야 할지, 말아야 할지 고민하고 있던 눈치였다. 나는 경찰에 일단 건물 소유주로서 공동 관리자이기 때문에 소방법 위반으로 현직 경찰서장을 입건하도록 지휘했다. 지청장과 부장은 고민에 빠졌다. "모텔 주인도 화재로 모텔을 날린 거 아냐. 그 사람들도 피해자들인데, 화재 발생에 책임이 없다면 처벌이 가능할까. 이 사람들 처벌 못 하면, 피해자 유족들이 검찰청 앞으로 와서 농성할 텐데 말이야. 또 그 경찰서장은 어떡하나. 입건만 하고 기소하지 못하면 경찰 봐주기다 뭐다 소리들이 많을 거고. 참 답답하구만."

내 심정도 마찬가지였다. 나는 그때부터 소방관련 법규를 샅샅이 뒤졌다. 소방법은 참 복잡하기도 하였다. 소방 관련 법률과 하위 명령, 규칙 같은 것을 묶어 놓은 '법령집'만도 국어사전처럼 두꺼웠다. 처음으로 접해보는 화재사건에서 화재의 원인과는 상관없이 건물소유주를 형사 처벌할 수 있는 조항을 찾기 위해 눈에 불을 켜고 법령집을 뒤졌다. 수사중인 경찰과 실시간으로 연락을 하면서 방화책임자인 건물주의 방화 관리 부실로 법률에 위배될 만한 건물 상태가 있었는지 수사하도록 지시했다. 경찰에서의 초동 수사 결과, 일단 건물 지하에서 발생한 화재로 유독성 연기가 순식간에 꼭대기인 6층으로 먼저 올라간 것이, 주로 6층에 있었던 사망 투숙객들의 사망 원인이 되었다는 것이 확인되었다. 그리고 '덕트'라고 하는, 각종 배관과 전선이 지나가도록 만든 공간이 지하실과 6층을 잇는 굴뚝 역할을 하게 된 것이 확인되었다. 거기에다 덕트는 6층에서 큰 구멍이 나 있었던 상태였는데, 지하실에 가득찬 유독성 연기가 굴뚝인 덕트를 타고 올라가다가 이 구멍 때문에 순식간에 6층 객실로 퍼졌던 것이 확인되었다. 아래층에 있던 투숙객들은 보일러 폭발 소리를 듣고 대피를 할 수 있었지만, 6층에 있던 투숙객들은 미처 정신도 차리지 못하고 6층으로 먼저 올라온 연기를 마시고 질식을 했다는 것이 결론이었다. 일단 6층에 나있던 '덕트의 구멍을 방치한 과실'이 유일하게 건물주에게 물을 수 있는 과실로 확인되었다. 나는 머뭇거리던 경찰을 지휘하여 경찰서장을 포함한 건물주 2명을 모두 구속하도록 지시했다. 이례적으로 현직 총경을 경찰에 지휘하여 스스로 구속시키도록 한 것은, 현직 경찰간부가 대형 화재가 난 모텔의 지분 소유자였다는 좋지 않은 여론을 신속히 달래고, 한 점 의혹 없이 수사를 하고 있다는 모습을 보일 수 있어 경찰로서도 좋은 방향이라고 생각했기 때문인데, 법원에서도 사안의 중대성을 고려하여 일단 구속영장은 발부되었다.

나는 경찰에서 사건이 넘어오기 전까지 다시 한 번 소방관계법규를 꼼꼼히 따져 건물 관리의 부실점을 찾기 위해 노력했다. 그리고 과거에 있었던 다른 지역의 화재사건 공소장들을 모두 구해서 건물주의 과실을 어떻게 정리하고 입증할지 열심히 공부했다. 사건이 검찰로 넘어온 이후에는 다시 불이 난 모텔 현장으로 직접 가보았다. 내가 미리 공부했던 것들에 맞춰, 화재 당시 철제 방화문이 층마다 닫혀 있도록 관리가 되고 있었는지, 고층에서 신속히 대피하기 위한 완강기가 설치되어 있었는지, 그리고 이에 대한 관리와 직원 교육을 건물주들이 충실히 하였는지를 일일이 확인했다. 화재가 발생한 지 2주일 정도 되었지만, 매캐한 연기 냄새가 아직도 건물 안에는 가득하였고, 사망자들이 많이 발생한 6층에는 당시의 상황을 대변하듯 미처 피해자들이 챙겨 입지 못한 속옷들도 널브러져 있었다. 모텔의 객실 벽면을 장식했던 야한 그림들도 온통 그을음을 입어 형체를 분간하기 어려웠다. 여기 저기 숨진 피해자들이 발견된 장소가 피해자들이 쓰러져 있던 모습 그대로 하얗게 표시되어 있었다. '꿈의 궁전'이

화재 당시에는 '불의 지옥'이었음을 그대로 느낄 수 있었다. 예상했던 대로, 계단을 층마다 막고 있어야 할 철제 방화문은 열려져 고정되어 있었고, 완강기도 창고 안에 방치되어 있었다. 지하실에서 발생한 화재가 덕트뿐만 아니라 계단을 타고도 급속히 6층으로 올라갔다는 것이 그을음의 방향으로 확인되었고, 완강기나 계단으로 대피할 수 없었던 투숙객들이 그대로 6층에서 사망할 수밖에 없었던 정황도 입증할 수 있었다. 함께 현장에 갔던 소방관들이 어떻게 그렇게 소방관계법을 많이 알고 있느냐고 나에게 되물을 정도로 현장을 일일이 확인했다.

처음엔 구속 자체를 억울하게 생각하던 경찰서장인 피의자도 내가 일일이 건물 상태를 설명해 주면서 이런 부분들이 관리가 제대로 안되었고, 그래서 과실 책임을 면할 수 없다고 지적하자 납득하는 모습이었다. 그리고 차라리 자기가 구속된 것이 피해자 유족들의 분도 삭이게 된 것 같다고 이해하는 분위기였다. 건물 소유주들이 모두 구속되어 기소되자 피해자 유족들은 검찰이나 경찰에 대해서는 아무런 불만도 제기하지 않았다. 보험금과 모텔을 처분하여 어느 정도 피해 보상도 하기로 하고 사건은 마무리되었다. 무엇보다 건물주들이 모두 구속 기소되는 것을 보고 안심(?)을 했던 쪽은 지청장과 부장이었다. "공소장을 보니 완전 똘똘 말아 놨더만. 누가 봐도 유죄라고 생각되도록 수사해 놨어. 처음에는 화재의 원인도 모르는데 건물주들을 처벌할 수 있을까 걱정 많이 했었는데, 곽 검사 수고했어." 처음 맡아보는 대형 화재사건 앞에서 불안했던 나 못지않게, 부장 초임이었던 당시 부장도 내심 불안했던 모양이었다.

2개월 정도를 화재 사건에 파묻혀 있었던 나는 "검사는 사건을 통해서 그 분야에 전문가가 된다."는 선배들의 말이 새삼스레 가슴에 와 닿았다. 대형 건물에서 화재가 나면 연기는 어떻게 퍼지는지, 방화문이나 완강기는 어떻게 설치되고 관리되어야 하는지, 그리고 건물 소유주가 건물 화재로 어떤 민형사상 책임을 져야 하는지 그 사건 하나로 완전히 통달했기 때문이다. 지금도 호텔에 가면 완강기나 방화문 관리 상태를 먼저 살펴보게 되기도 한다. 새까만 그을음에 뒤덮여 있던 그 '꿈의 궁전'을 다시 떠올리면서 말이다.

07
사체는 말한다

살인 사건의 현장을 사진으로 보는 것과 실제로 현장에서 보는 것은 그 느낌이 천지 차이다. 현장에서는 시각으로 느껴지는 두려움보다 후각을 진동하는 냄새와 육감으로 느껴지는 스산한 분위기가 더 공포스럽다. 그리고 현장의 사체는 그 자체로 사건의 단면을 말해 준다. '죽은 자'는 말이 없으나 '사체'는 말을 하는 것이다.

요즈음은 살인 사건이 발생해도 검사가 즉시 현장에 나가 확인하는 경우는 점점 드물어지고 있다. 과거에는 변사체 검시變死體 檢屍, 즉 사망의 원인을 알 수 없는 사체가 발견되었을 때 발견된 현장에 직접 가서 사체를 확인하는 일이 검사에게도 자주 있었다. 2000년대 초반까지만 해도 검사가 변사체를 직접 검시하는 횟수를 통계로 내어 관리했기 때문인데, 혹시 모를 살인 사건의 암장을 방지하자는 취지였다. 특히, 우선 살인 사건으로 판단되는 사체가 발견된 경우에는 강력 업무를 담당하는 검사가 현장에 나가 경찰과 함께 사체를 확인하고 필요한 지휘를 하는 것이 원칙이었다. 내가 천안지청에서 '송치 강력'을 담당하고 있을 무렵에는 부장검사가 강력 업무 경험이 많았던 분으로 특별히 현장에서의 사체 확인과 경찰 지휘가 중요하다고 생각하여, 이 원칙을 가급적 지키도록 검사들을 독려하였다. 초임 검사로 근무하였던 서울지검의 경우, 관할이 워낙 넓고 지휘하는 경찰서도 많기 때문에 검사가 살인 현장까지 나가 지휘하는 경우는 중요 사건에 한정되었고, 그나마도 강력업무를 전담하는 부部가 별도로 있기 때문에 그 부에서 근무하지 않았던 나는 살인 사건의 현장에 나가볼 기회는 없었다. 검사로서 처음 살인사건을 현장에서 접한 것이 천안지청에서였다.

 2001년 봄. 다른 검사들과 저녁 회식 뒤에 한창 2차 술자리가 벌어지고 있을 무렵, 경찰 강력계장의 연락이 왔다. "검사님, 칼에 찔려 숨진 사체가 발견되었습니다. 지금 현장으로 가는 중인데, 현장으로 오시겠습니까?" 근무 시간 이후 살인 사건이 발생하면 강력 담당 검사가 현장에 나가는 경우도 있으나 당직 검사가 현장에 나가는 경우도 있다. 이 원칙에 충실한 강력계장은 당직 검사보다는 강력 전담 검사인 나를 먼저 찾아 연락을 한 것이었다. 같은 술자리에 있던 당직 검사를 쳐다보았다. 술자리는 12시 무렵으로 이어지고 있던 터라, 당직 검사도 거나하게 취해 있는 상태였다. 나도 얼큰한 상태에서 전화를 받았는데, 살인 사건이 발생했다는 소식에 술이 약간 깨고 있었다. 나와 당직 검사는 서로 눈치를 봤지만, 어차피 둘 다 '한 술' 한 상태였기 때문에 누가 가도 형사들이 보기엔 '이 양반 술자리에서 왔구만.' 하는 구강의 신호(?)를 피할 수는 없는 상황. 내가 현장으로 가기로 하고 급히 복귀하여 업무 차량을 타고 살인 현장으로 향했다.

사체가 발견된 현장은 특이하게도 아파트의 엘리베이터 안이었다. 엘리베이터 안에서 중년 여성이 칼에 찔린 사체로 발견되었다는 연락은 받았지만, 현장 상황은 술 취한 나를 당황스럽게 만들었다. 아파트 엘리베이터 안이다 보니, 늦은 시각임에도 아파트 주민들이 모두 나와 현장 주변에 모여서 웅성거리고 있었다. 나는 술로 발그스름해진 볼과 귀를 본능적으로 비비며 빨리 술 마신 티를 없애려고 애썼다. 그날따라 강력계장은 유별나게 "검사님, 오셨습니까!"라는 인사를 우렁차게 했다. 모여 있던 아파트 주민들이 내가 현장에 접근할 수 있도록 길을 내주며 "검사래, 검사."라고 웅성거렸다. 나를 검사라고 알아차린 아파트 주민들이 혹여나 나에게서 술 냄새가 나는 것까지 알아차릴까봐 나는 숨도 내쉬지 않고 똑바로 걷느라 애썼다.

1층에 비상 정지되어 있던 엘리베이터에 접근한 순간이 더 문제였다. 칼로 몸통 여러 군데를 난자당한 중년 여성의 변사체는 온통 피로 범벅이 되어 있었고, 옷은 모두 붉은 색으로 물든 채, 눈도 감지 못하고 숨져 있었다. 엘리베이터 내부 벽도 피로 뒤덮여 있었고, 바닥도 피가 흥건했다. 내 옆에는 강력계 형사들이 함께 있었고, 등 뒤에는 주민들이 바라보고 있다는 것을 알았기 때문에 겁난 표정을 지어서는 안 된다고 생각하고 냉정한 표정을 유지하려고 애썼다. 그러나 문제는 시각적 공포감이 아니었다. 엘리베이터 안이라는 좁은 공간의 특성상 내 코를 엄습한 짙은 피비린내가 술로 가득 찬 내 위장 속까지 순식간에 관통해 오는 느낌이 왔다. 윽, 순간적으로 치밀어 오르는 '오바이트'의 기운. 안 그래도 술 먹고 급히 오느라 속이 울렁

거리는데, 그 냄새는 참을 수 없는 고통을 더해 주었다. '여기서 올리면 난 바보 된다!' 표가 나지 않게 숨을 참으며 속을 진정시키느라 애를 썼다. 옆을 보니 강력계 형사들은 어디서 준비해 왔는지 어느새 마스크를 꺼내 쓰고 있었다.

'참, 용의주도하군.' 내 마스크까지 챙겨 주지 않은 형사들이 야속하게 보였지만, 그래도 현장까지 검사가 왔으니 뭐라도 몇 마디 지휘를 해야 할 상황. 사체를 보아하니 엘리베이터 안에서 칼에 수차례 찔려 즉사한 것은 분명했고, 여러 번 찔린 것으로 보아 원한에 의한 살인 사건임을 직감할 수 있었다. "이 아파트 주민인가요?" "예, 그렇습니다." "가족들은 확인했습니까?" "현재 남편과 연락이 안 되는 상황인데, 아파트 안에서 부부싸움 소리가 들렸다는 주민들 이야기가 있습니다." "남편 신병을 빨리 확인해야겠군요. 주변에서 칼은 수색해 보았습니까?" "예, 주변을 일단 수색해 보도록 하겠습니다." 나는 들이마시는 숨은 최대한 짧게 하면서 경찰관들에게 몇 가지 확인과 지시를 했다. 냉정한 표정과 발걸음을 유지하며 대기하고 있던 업무차량에 올라탄 다음, 나는 급히 주변에 가게를 찾아가자고 했다. 얼른 물을 들이키고 나서야 겨우 속을 진정할 수 있었다. 예상대로 이튿날 남편은 스스로 목숨을 끊은 채 주변 야산에서 발견되었다.

살인 사건 현장은 기록에서 볼 때와 직접 현장에서 볼 때의 느낌이 확연히 다르다. 시각적인 공포보다는, 코와 피부로 느껴지는 매캐한 사체의 냄새와 음산한 분위기가 더 크게 느껴진다. 그리고 말없이 누워있는 사체의 형태와 주변 상황을 보는 순간, 어떤 일이 벌어졌는지가 영화의 한 부분처럼 머리를 지나간다. 가장 기억에 남는 기괴한 분위기의 살인 사건 현장은 검사로서가 아니라 검사 시보로서 경험한 바 있었다. 사법연수원생 신분으로 부산지검에서 검사 시보(법률적 용어로는 검사 직무대리) 생활을 할 무렵, 옆 방 검사가 살인 사건 현장에 가는데 함께 가자고 연락이 왔다. 검사 시보들이 있으면 검사가 변사체 검시나 부검, 또는 살인 사건 현장에 갈 때 교육 차원에서 함께 가는 경우가 많았다. 태어나서 사람의 시체를 직접 보는 것을 처음 경험한 것이 그때였는데, 첫 경험 치고는 아주 제대로 된 경험이었다.

사건 현장은 허름한 단칸방 집 안이었고, 사체 두 구가 아주 오랜 시간이 지난 뒤에 발견된 현장이었다. 침대에서 이불에 덮여 있던 상태로 발견된 여자의 사체는 상당 기간 부패하여 풍선처럼 부풀어 올라 있었고, 온몸이 짙은 초록색으로 변색되어 있었다. 그 옆에서 발견된 남자의 사체는 천장에 줄을 매달아 목을 맨 상태였는데, 옷은 입은 상태였으나 여자의 사체보다는 부패가 덜 진행된 상태였다. 여자가 발견된 침대의 이불을 걷어 내는 순간 코를 찌르는, 아니 코가 콱 막히는 느낌의 냄새를 맡으며 '아, 시체 썩은 냄새가 이런 것이구나.'라는 생각이 들었다. 사체가 부패하면 초록색으로 변한다는 것은 법의학 강의 시간에 들은 바 있었지만 이렇게 짙은, 무서운 초록색으로 변할지는 몰랐다. 몸은 풍선처럼 부풀어 올랐으나, 천 같은 것으로 강하게 묶여있는 목은 부풀지 않아 마치 풍선의 꼭지 같은 모양을 하고 있었다. 목을 졸라 살해한 후 이불을 덮은 것이라는 직감이 들었다. 그리고 그 옆에 목이 졸려 매달린 남자의 사체는 별다른 외상이 없어 보였다. 아마도 남자가 여자의 목을 졸라 살해한 후 자신도 자살하였을 것이라는 느낌이 들었고 그 장면이 영화처럼 머릿속에 떠올랐다. 온 방 안은 시체 썩는 냄새가 진동을 하고 있었는데, 며칠은 굶은 것 같은 그 집 강아지 한 마리가 불안한 눈으로 방을 맴돌며 낑낑거리고 있었다. 녀석은 자기 주인들끼리 벌어진 살인의 현장을 기억이라도 한다는 듯 반쯤 정신이 나간 상태로 먼저 간 주인 곁을 떠나지 못하고 있었다. 내가 처음 보는 기괴하고 음산한 분위기에 압도당하고 있을 때, 그래도 함께 갔던 담당 검사는 몇 가지를 경찰관에게 물었다. "밖에서 누가 침입한 흔적은 없는 것 같군요." "그렇습니다. 아마도 남자가 여자를 살해하고 자기도 자살한 것 같습니다." "둘 사이는 부부입니까?" "정식 부부는 아닌데, 동거를 오래 해 왔다고 합니다." "둘 다 부검하는 것으로 지휘를 받으시지요." "예, 알겠습니다." 이어지는 경찰의 질문. "검사님도 부검 때 오시겠습니까?" 검사는 정중히 사양(?)했다. "현장을 확인했으니 됐습니다."

담당 검사와 나는 현장을 먼저 떠났다. 냉정하게 보이던 검사도 "어휴, 저런 걸 부검할 때 어떻게 봐. 올라오겠다. 정말." 나는 검사에게 "저는 시체란 걸 처음 봤는데, 상태가 심하네요. 저것보다 더한 시체들도 보셨지요?"라고 물었다. 그 검사는 "나도 저렇게 썩은 시체는 처음 봐. 냄새가 진짜 끝내주네."라고 말하며 자기도 이럴 줄 알았으면 현장에 안 왔을 것이라고 했다. "자, 퇴근 시간도 되었으니 밥이나 먹으러 가지. 곽 시보가 시체를 처음 본 날인가? 그럼 곱창 먹으러 가야겠네." 검사들 사이에선 흔히들 첫 부검에 참관하여 부검 장면을 본 다음에는 곱창을 먹는 것이 관행처럼 되어 있다. 왜 그럴까 깊이 생각은 해 보지 않았지만, 아마도 앞으로 부검 장면을 자주 보게 될 테니 가장 비슷하게 생긴 곱창을 맛있게(?) 먹음으로써 공포감을 없애고 적응해 가려는 관행이 아닐까. 그날 검사는 부검은 아니지만 그래도 시체를 처음 봤고, 그것도 부검 장면보다 더 경악스러운 시체를 봤으니 곱창을 먹어야 한다며 나에게 곱창을 사주었다.

　검사와 나는 소주잔을 기울였고, 그 검사는 후배 법조인인 나에게 자상한 교육을 해 주었다. "전에는 검사가 사형 현장에 가는 경우도 종종 있었는데, 그러면 그날은 검사가 집에를 들어가면 안 된다는 거야. 사형 당한 원귀가 옴 붙어서 집으로 같이 들어갈까 봐. 미신이긴 한데, 그걸 핑계로 검사는 밤새 술 먹고 푹 잘 수가 있지. 사형 현장에서 사람 죽는 모습 보고 멀쩡하게 집에 들어가면 잠이 오겠어? 그런 미신에도 장점은 있는 거 같애." 나도 그 말에 공감이 갔다. 그리고 소주를 몇 잔 마시고 나니 자꾸 머리 속에 남아 있던 살인 사건 현장의 잔상도 옅어지는 느낌이었다. 무엇보다도 온몸에 배어 있던 것 같은 시체 냄새가 구운 곱창 냄새에 자리를 양보하고 달아나는 느낌이었다. '이래서 시체를 본 다음에 곱창을 먹는구나.' 잘 익을 때까지 충분히 구워 가며 맛있게 먹었던 그날은 곱창 냄새가 참 향긋하게 느껴졌다.

1 '열정'으로 일하고

공안검사의 비애

"공안검사의 자질은 말이야. 첫째도 대기, 둘째도 대기, 셋째도 대기야." 대전지검 공안부로 일시 파견 근무를 하게 된 나에게, 공안에서 잔뼈가 굵었다는 대전지검 공안부장이 해 준 '공안검사의 자질론'이었다. 나는 공안검사의 자질을 갖추느라 역사의 현장에서 역사를 놓치고 마는 경험을 하였다.

해외 장기연수 대상자로 선발되어 한참 미국 연수를 준비하고 있던 2002년 3월. 대전지검에서 출국 때까지 파견 근무를 하라는 연락이 왔다. 천안지청이 대전지검 산하 기관이긴 하지만, 지청에서 본청으로 파견 근무를 하는 것은 이례적이었다. 당시 대전지검 공안부에 근무하던 검사가 법무부로 파견을 가게 되었는데, 통상은 공안부가 인기 부서이기 때문에 대전지검 내에 있던 형사부 검사를 공안부로 보내고 형사부 검사는 공석으로 운영하는 것이 보통이었다. 그런데, 당시에는 전국적인 철도노조 파업이 진행되고 있었고 곧 지방선거도 치러질 시기였으므로 공안 경력이 있는 지청 검사를 본청으로 보내라고 연락이 온 것이었다. 나는 당시 천안지청에서 2년차 근무를 시작하던 시점으로 그 직전 정기 인사에서 선배들이 떠난 후 처음으로 공안을 담당하고 있던 중이었다. 공안 업무를 맡은 지 한 달 남짓 되던 시기였으므로, 이제 겨우 공안 '흉내'만 내고 있는 상황이었다. 천안지청에서도 당장 검사 1명을 빼앗기는 것이기 때문에 탐탁지 않았고, 나도 4개월 정도 지나면 해외 연수를 가도록 정해져 있었기 때문에 반갑지 않았다. 더군다나 천안지청에서는 아파트 관사에 생활하면서 4살 된 큰 애와 돌도 지나지 않은 둘째와 함께 생활하고 있었는데, 대전으로 파견을 가면 당장 대전에서 천안으로 주말 부부를 하게 될 상황이었다. 집사람 불만도 대단했다. "다른 검사들은 주말 부부를 해도 서울에서 생활하면서 주말 부부를 하는데, 우리는 천안에 생활하면서 또 대전까지 가서 주말부부를 해야 해요? 또 이제 외국 간다고 준비할 것도 많을 텐데, 애기들이랑 나랑만 여기 있으라고?" 이런 저런 사정을 당시 지청장이 대전지검장에게 보고를 했지만, 대전지검장은 외국 나가기 전까지 공안부에서 근무해 보는 것도 좋은 경험이 될 수 있다고 하며 결국 파견 명령을 내렸다.

이왕 공안부에 근무하게 되었으니 이번 기회에 제대로 공안이나 배워보자고 생각하고 나는 대전에서의 4개월 생활을 시작했다. 사실 2학년 검사를 지내면서 지검의 공안부에 근무할 수 있는 기회는 드문 것이었고, 또 이런 우연한 기회에 열심히 하면 공안전담 검사로 경력도 쌓을 수 있을 것이란 밝은 면을 생각하기로 했다. 당시 대전지검 공안부장검사는 서울지검 공안부에서 부부장검사로 근무하는 등 공안 분야에서 장기간 근무해 본, 공안 경험이 풍부한 분이었다.

그래서 공안업무가 어떤 것인지 구수한 전라도 사투리로 차근차근 설명도 잘해 주었다. "공안이란 것이 별것이 없다. 대기하라고 할 때 우직하게 대기 잘하고 있다가 상황보고 하라고 하면 제때 보고해 주는 것이 다여." 부장검사의 가르침대로 공안검사의 업무는 대기에서 시작해서 대기로 끝나고 보고로 시작해서 보고를 끝나는 시스템이다. 특별한 대공 사건이나 학원 소요가 없는 상황이었으므로, 전국적으로 진행 중인 파업 사건이 있으면 지역별 상황을 항시 챙기고 있다가 그때그때 대검에 보고를 하고, 특별한 상황이 발생하면 그 상황이 종료될 때까지 청에서 대기를 하고 있는 것이 주된 업무였다. 공안부에 소속된 검사들 3명이 돌아가면서 아침에는 공안상황보고를 작성하여 지검장에게 보고하고 밤에는 일반 당직과는 별도로 공안 당직을 맡으면서 상황을 챙겼다. 전국적으로 진행되었던 철도노조 파업에 대해서는 각 지역별로 노조의 상황과 집회 내역을 챙기고 있다가 집회가 종료되면 즉시 대검찰청에 상황보고를 한다. 지방선거와 관련된 사건이 발생하면 발생에서부터 수사진행, 기소, 선고 내용을 그때그때 확인하여 보고한다. 이렇게 대기-보고-대기-보고로 이어지는 공안검사 생활을 3개월쯤 하다 보니 어느덧 그 생활도 익숙해져 갔다.

그해 6월 공안검사에게는 또 하나의 일이 생겼다. 바로 2002 한-일 월드컵. 우리나라에서 처음으로 열렸던 월드컵 경기로 전국은 축구 열풍에 휩싸였고, 우리나라 국가대표팀의 경기가 열릴 때면 거리 응원이 전국 대도시를 뒤덮기도 하였다. 한국팀은 예상과 달리 예선 첫 경기부터 깔끔한 승리를 거뒀고, 그 후 미국과 비기고, 강호 포르투갈을 제압하는 등 돌풍을 일으키고 있었다. 전국은 경기를 거듭할수록 응원 열풍으로 뜨겁게 달아올랐고 매 경기마다 거리응원을 위해 거리로 쏟아져 나오는 사람의 숫자가 폭발적으로 늘어났다. 당연히, 혹시라도 있을지 모를 불상사에 대비하여 월드컵 경기가 열리는 도시의 검찰청 공안부는 대회 기간 중 비상근무체제에 들어갔다. 경기가 종료될 때까지 청에서 대기하면서 상황파악을 하고 경기가 종료되는 즉시 돌발 상황이 없는지 여부를 보고하도록 지시가 내려왔다. 당시 대전은 한국팀의 예선전 경기가 열리지 않았기 때문에 대전지검 공안부로서는 특별히 신경을 쓰고 있지는 않았다. 그저 외국팀끼리의 예선전 1경기 정도만 상황을 챙기면 되는 형국이었다. 그런데, 예선 마지막 경기가 끝나면서 상황이 바뀌었다. 한국팀은 예상을 깨고 예선 조 1위를 차지하며 16강에 올랐고, 그 16강 경기가 대전에서 열리게 된 것이었다. 당시 한국팀이 예선을 통과할지 여부 자체가 불분명했을 뿐만 아니라, 예선을 조 2위로 통과했어도 다른 도시에서 16강전을 갖게 되어 있었는데, 전혀 예상치 못한 결과로 대한민국 대표팀의 역사적인 첫 월드컵 16강전이 대전에서 열리는 것으로 뒤늦게 확정된 것이다.

나를 포함한 공안부 검사 3명 모두가 부장님을 모시고 청에서 월드컵 16강전을 시청하면서 대기하기로 했다. 그런데, 16강전이 열리기 바로 하루 전 공안부 검사 하나가 월드컵 16강전 관람 티켓 3장을 들고 나타났다. 대전에서 한국팀 16강전이 열릴 것을 예상하지 못해 티켓이 다 팔리지 않고 있었는데, 한국팀 16강전 개최지로 확정되면서 티켓 쟁탈전이 벌어졌고, 동료 검사는 어렵게 수소문하여 티켓을 거머쥐고 의기양양하게 나타난 것이었다. 평생에 한 번 우리나라에서 월드컵이 열릴까 말까 한데, 그것도 언제 올지 모를 대한민국 대표팀의 16강전을 현장에서 직접 관람할 수 있는 기회란 것은 일생일대의 기회임이 분명했다. 그런데, 문제가 생겼다. 표는 어렵사리 구했지만 3장 밖에 구하지 못했는데, 부장님을 포함한 검사의 숫자는 4명. 결국 한 명은 관람을 포기하고 청에서 대기해야 했고, 그 주에 공안 당직이 나로 지명이 되어 있었기 때문에 내가 청에서 대기해야 할 상황이었다.

표 3장을 테이블에 두고 부장검사실에 4명이 조용히 모여 앉았다. 표를 구해 온 검사는 흥분하면서도 내 눈치를 보며 3장 밖에 구하지 못했음을 아쉬워했다. 나는 당연히 공안 당직인 내가 대기를 할 테니 부장님 모시고 다녀오라고 씁쓸하게 말했다. 그런데, 부장님은 뭔가 결심했다는 말투로 말했다. "곽 검사가 같이 댕겨 오시게. 나는 뭐 축구 별로 안 좋아 항께, 내가 청에 남아 있지. 대신, 축구 끝나기 5분 전에는 청에 들어와서 상황보고 혀야 혀." 나는 사양도 하지 않고 말했다. "부장님, 감사합니다! 끝나기 전에 꼭 들어오도록 하겠습니다!" 아마도 당시 부장은 내가 천안에서 대전까지 파견을 왔는데, 나만 청에 두고 다른 검사들이랑 축구를 보러 가는 것이 못내 미안했던 모양이었다. 아무리 축구를 안 좋아 하는 사람이라도 그런 경기를 놓치고 싶지는 않았을 것인데 말이다. 나는 부장님 마음 바뀌기 전에

얼른 그 기회를 움켜잡았다.

"AGAIN 1966"

당시 한국팀의 경기가 열렸던 축구 경기장에는 '붉은 악마' 응원단이 대형 카드섹션으로 응원 문구를 관중석에 드리우는 것이 큰 인기를 끌고 있었다. 그날 경기장에는 1966년 월드컵에서 북한이 이탈리아를 꺾었던 것을 상기시키며 이번 16강전에서도 대한민국이 이탈리아를 꺾으리라는 기대로 정한 'Again 1966'이 응원 문구로 등장한 것이었다. 정면으로 보였던 이 카드섹션의 장대함과 경기장을 가득 메운 사람들의 함성은, 지금 떠올려 보아도 내 심장소리가 내 귀를 때리게 할 정도로 강렬한 것이었다. 처음 와보는 축구 전용경기장은 TV로 볼 때보다 훨씬 생동감이 넘쳤고, 선수들의 튀는 땀방울과 거친 숨소리도 느껴질 정도의 박진감 있는 모습이었다. 특히, 전 관람석은 붉은 티셔츠를 입고 경기장을 가득 메운 한국 관중들로 인해 온통 붉은 색으로 물들어 있었고, '대~한~민~국!!'을 외치는 거대한 함성 소리가 경기장을 들었다 놨다 하는 분위기였다. 강호 이탈리아를 맞은 한국 대표팀은 이런 분위기에서 불가사의한 힘을 쏟아내며 이탈리아와 대등한 경기를 펼쳐 나갔다. 한 치도 물러서지 않는 공방전이 벌어졌으나, 한국팀은 아쉽게도 이탈리아에게 선취골을 내주고 만다. 후반 종료 시간이 다가올수록 박진감은 더해갔고, 응원소리는 더욱 커져갔다.

나는 한국팀의 만회골이 터지도록 목이 터져라 응원하면서도 자꾸 시계에 눈이 갔다. 5분전까지는 다시 검찰청으로 들어가 상황 종료 보고를 준비하기로 했던 터. 부장님의 목소리가 그 큰 함성 속에서도 귓전을 맴돌았고, '아! 이거 가야하나 말아야 하나.' 나는 갈등을 하기 시작했다. 경기는 막바지로 치닫고 있었다. 이제 경기 종료까지 남은 시간은 5분. 나는 20분 정도 전에 나왔어야 했으나, 계속 자리를 뜨지 못하다가 뒤늦게 마음을 굳게 먹고 자리를 떴다. '공안검사는 대기 하라고 할 때 대기하고 있다가, 신속히 상황 보고하는 것이 기본이야.'라는 부장님 목소리가 점점 크게 귓속을 맴돌고 있었기 때문이다. '그래, 16강전까지 온 것도 기적인데, 설마 경기가 뒤집히겠어? 그것도 이탈리아인데.' 나는 스스로를 위로하며, 두 검사를 남겨 두고 먼저 경기장을 나왔다. 두 검사는 경기에 열중하여 내가 가는 것도 본체만체. 나는 서둘러 경기장을 빠져 나와 택시를 잡으려고 하고 있었다. 바로 그때. 분명히 경기가 종료될 시점이라고 생각되는 순간에, 그야말로 경기장이 무너지는 듯한 함성이 터져 나왔다. 기쁨과 환희의 함성! '아, 우리나라가 한 골 넣었구나!!' 나는 그 함성의 크기로 경기장 안의 상황을 직감할 수 있었다. '아, 이럴 줄 알았으면 일찍 안 나와도 되는 것을…!' 어차피 경기가 종료된 다음 상황보고를 하면 되기 때문에, 연장전이 시작되면 일찍 청으로 복귀할 필요가 없는 상황이었다. 나는 너무 아쉬웠지만, 혼자서 청에서 대기를 하고 있을 부장님 얼굴을 떠올리며 빨리 택시를 잡았다. '그래, 빨리 청에 들어가서 TV로라도 연장전을 보자.'

청에 도착하자마자 부장실로 갔더니, 부장은 와이셔츠 소매를 걸어붙인 채, 빈 짜장면 그릇을 앞에 두고 혼자 처량하게 TV를 보고 있었다. 순간 너무 미안한 마음이 들었다. '이왕 이럴 줄 알았으면 좀 더 일찍 왔을 걸 그랬나…' 부장은 허겁지겁 들어오는 나를 보고 물었다. "잘 봤냐? 연장전 하는디, 더 보고 오지 그랬냐?" 부장의 말에 "하하, 일찍 오려고 미리 경기장 나왔는데, 동점골이 터졌네요. 연장전 들어갈지는 생각도 못 했지요." 나는 조금이라도 부장께 미안한 마음을 달래 보려고, 자리에서 일어났다. "부장님, 커피 드시겠어요? 제가 타 오겠습니다." "그려, 그려." 부장은 연장전이 벌어지는 TV에서 눈을 못 떼며 고개만 끄덕였다. 그때 우리나라에서는 축구를 증오하던 사람이라도 그날 그 경기는 보고 싶었을 것이 분명했다. 부장인들 오죽했으랴. 나는 서둘러 부장실을 나와 부장실 밖에 있는 정수기에서 뜨거운 물을 받고 있었다. 그때 다시 부장의 외마디 전라도 비명 소리가 터져 나왔다. "오메, 오메~ 들어갔어야. 들어가부렀다!!" 내가 방으로 뛰어들어 왔을 때는 안정환 선수가 반지 세레모니를 하며 그라운드를 돌고 있는 상황. 역전골이 터진 것이다. 우리나라가 8강에 오르는 연장전 골든골이었다. 우리나라 스포츠 역사상 가장 극적인 장면!! 나와 부장은 미친 사람처럼 부둥켜안고 뛰었다.

　나는 흥분을 가라앉히고 내 방으로 와 상황종료 보고서를 작성하였다. 내가 현장에 있었기 때문에 현장상황 부분은 쉽게 써 졌다. 보고서를 작성하면서 흥분이 가라앉자 나는 못내 아쉬운 마음이 들었다. 역사적인 동점골과 역전골 장면을 내 눈으로 직접 볼 수 있었는데, 이 보고서 하나 쓰려고 그것을 놓쳤단 말인가! 보고서를 보낼 무렵 흥분한 두 검사가 사무실로 복귀했다. 부장님과 함께 인근 호프집으로 자리를 옮겨 맥주를 들이켰다. 두 검사는 연신 극적인 골 장면을 상기시키며 좋아했다. 나 보고는 "어휴, 그걸 봤어야 하는데!"라며 위로인지 약 올리는 것인지 모를 탄식을 해가며 맥주잔을 휘저었다. '누군 보기 싫어서 안 봤나…' 나는 하필 그때 공안 당직이라는 중책(?)을 맡았던 것이 억울하다는 생각도 들었다. 지금도 월드컵에 관한 기사가 방송될 때마다, 그때 대전 월드컵구장에서 안정환 선수가 '반지 세레모니'를 하던 장면이 어김없이 자료화면으로 방영된다. 한국 축구 역사, 그리고 월드컵 역사에 있어 가장 극적인 장면 중의 하나임에 틀림없다. 나는 지금도 그 장면을 보면 가슴이 뭉클해지면서도 '대기와 보고'라는 공안검사의 비애가 떠올라 못내 아쉽기도 하다.

Common Goals (공통의 목표)

2004년 9월 6일 경복궁에서 제9회 국제검사협회 서울총회의 공식 만찬이 진행되었다. 네덜란드 국적의 협회 사무총장이 인사말을 위해 단상에 등장했다. 사무총장은 대한민국 국민 여러분께 깜짝 선물을 준비했다며 동영상을 틀었다. 동영상 속의 인물은 2002년 한일 월드컵 4강 신화로 우리에게 친숙한 네덜란드의 거스 히딩크 감독!

2003년 8월 미국 워싱턴 주립대학에서 1년간의 연수를 마치고 귀국한 나는 법무연수원에서 연수보고서 마무리 작업에 한창이었다. 곧 검사들의 여름 정기 인사이동이 있을 시기였지만, 연수를 다녀온 검사들은 연수를 떠나기 전 몸담았던 곳에서 6개월 정도 더 근무를 하고 다음해 겨울 정기 인사에 인사발령을 받는 것이 보통이었으므로, 나는 인사이동에 대해서는 별다른 생각 없이 천안지청 복귀를 기다리고 있었다. 그런데 인사이동 발표가 있는 날 아침 법무부 인사담당 검사로부터 연락이 왔다. 대검찰청에서 2004년 가을에 국제회의를 개최하는데, 이를 준비할 검사의 충원이 필요해서 대검찰청 검찰연구관으로 발령을 냈으니 이동을 준비하라는 것이었다. 대검찰청 검찰연구관은 보통 공안, 기획, 특수 부분으로 나눠서 선발되는데, 어느 분야이든 최소한 경력 7~8년 이상이 된 검사들이 검찰총장의 직속 연구관으로 배치되어 해당 분야에서 검찰의 브레인 역할을 수행하고 있었다. 당시 검사 경력 4년에 불과했고 그나마 연수 기간 1년을 제외하면 이제 겨우 3년 정도 경력이 되는 나로서는 의외의 인사였지만, 모든 검사가 선호하는 대검 연구관으로 발탁되었다는 생각에 가슴은 벅찼다.

남보다 일찍 대검 연구관이 되었으니 당시 20여 명 정도 되는 검찰연구관 중에선 당연히 제일 말석 검사였다. 기획조정부에 배치되어 기획 분야의 연구관 업무를 수행하면서, 2004년 9월 서울에서 개최되는 국제검사협회IAP, the International Association of Prosecutors 제9차 연례총회 준비를 담당하는 팀에도 배속되었는데, 양쪽 모두에서 선배 검사들로부터 혹독한 훈련을 받으며 업무를 배워나갔다. 최고참 연구관이던 선배검사는 이리 뛰고 저리 뛰어다니는 나를 보고 '저 업둥이 언제 인간 만드나…' 하면서 기획검사의 '자질론'을 하나하나 알려 주기도 했다. 그중에 하나가 '기획검사는 복사부터 잘해야 한다.'는 특이한 '자질'도 있었다. 보고서나 회의 자료들을 만들 때 간혹 복사를 제대로 못해서 중간에 엉뚱한 페이지가 끼어들거나 백지가 섞여 있어 그것 때문에 윗사람으로부터 깨지는 경우도 있으니 조심해야 한다는 것. 기획을 담당하면 내용뿐만 아니라 세세한 형식까지 제대로 챙기라는 뜻이었는데, 기획의 경험이 없던 나는 별 희한한 것도 다 챙긴다며 대수롭지 않게 생각했었다.

그러던 중 당시 검찰총장의 자문기구인 검찰개혁위원회의 회의 준비를 담당하게 되었다. 2003년 새로 참여정부가 들어서면서 검찰에 대한 개혁 요구가 강하게 제기되자 검찰 내 제도개혁을 위해 외부 민간전문가들로 구성된 검찰개혁위원회를 발족하여 운영하고 있었는데, 그 회의의 자료 준비도 기획을 담당하는 검찰 연구관의 몫이었다. 당시 검찰개혁위원회의 면면이 화려했다. 뒷날 서울시장이 된 박원순 씨를 비롯해 조국 서울대 교수, 김일수 고려대 교수, 서경석 목사 등 진보와 보수를 망라한 쟁쟁한 인사들이 포진해 있었다. 검사장급인 대검찰청 기획조정부장이 검찰 내부 위원으로 참여하면서 주제발표를 하고 외부 위원들과 토론을 하는 형식으로 진행되었는데, 참석한 위원들의 무게만큼이나 회의도 무거운 분위기에서 진행되었다. 회의가 열릴 때마다 발표와 토론 자료를 준비하고 이를 회의장에 배치하는 것이 나의 업무였다. 하루는 여느 때와 같이 회의 준비를 마무리하고 기획조정부장 뒤에 앉아 회의를 지켜보고 있는데 갑자기 나를 돌아보는 기획조정부장의 싸늘한 눈초리가 느껴졌다. "회의 자료가 왜 이래?" 기획조정부장이 건넨 회의 자료를 보니 복사 과정에서 문제가 생겼는지 2페이지부터 온통 까만 줄이 그어져 알아보기 힘든 상태의 회의 자료가 위원석에 배치되어 있는 상태. 다른 선배 연구관들이 나에게 눈총을 주면서 턱을 흔들어 '빨리 뛰어가서 다시 복사해 와!'라는 무언의 신호를 보내주었다. 허겁지겁 다시 복사해 온 회의 자료로 겨우 회의를 마치고 나오는데, 선배 검사는 "거 봐라. 내가 그렇게 복사부터 잘하라고 하지 않던?"이라고 하면서 내 어깨를 토닥여 주었다. 선배들 말 중 허투루 들을 말은 하나도 없다는 것을 다시 한 번 느끼며 기획검사로서의 자질들을 더욱더 충실히 배워나 갔다.

기획 연구관의 업무가 어느 정도 손에 익을 무렵인 2004년부터는 국제검사협회IAP 연례총회 준비에 매진하기 시작했다. 대검 기획조정부에 준비기획단을 만들고 선배 검사 2명과 함께 기획단을 운영했다. 국제행사 경험을 갖춘 외부 전문인력들도 계약직으로 채용을 하였고 예산과 실무준비를 담당할 검찰수사관들도 파견을 받아 실무준비팀을 구성했다. 국제회의 준비를 맡았으면서도 정작 국제회의에 참석해 본 경험이 없던 나는 실무준비팀과 함께 국내에서 열리는 다른 국제회의에도 옵저버로 참석하면서 경험을 쌓아갔다. 외형적인 회의 준비는 국제회의 용역업체인 PCO Professional Convention Organizer를 선정하여 맡기고 실무준비팀에서 세부적인 사항을 조율해 나갔다. 회의장 준비와 배치, 호텔 및 항공편 확보, 각종 홍보물 제작 및 발송, 외국 참가자의 등록절차 마련 등 회의 개최를 위한 물리적 준비는 이들 팀에서 순조롭게 진행되었다. 나는 다른 선배 검사 2명과 함께 회의의 구체적인 내용이 되는 의제 개발 및 선정, 국내 참가 검사들에 대한 교육과 역할 분담, 검찰 고위직 간부들의 각종 연설문 작성과 같은 소프트웨어적인 부분을 담당했다. 그리고 회의 준비 상황을 상부에 보고하고 상부의 지시사항을 반영하여 실무준비팀과 PCO측에 전달하는 역할도 담당했는데, 이 부분이 가장 품이 많이 들면서도 티는 나지 않는, 신경이 많이 쓰이는 업무였다.

당시 대검찰청에서는 국민들의 관심이 집중된 대선자금 수사가 한창 진행 중이던 상황이었기 때문에 수뇌부의 모든 관심도 대선자금 수사에 집중된 상태였고, 국제회의에 익숙지 않은 검찰의 특성상 회의 기간이 닥치기 전까지는 회의 준비에 관심이 미치지 못하였다. 국제회의를 준비하는 입장에서 신속히 의사결정이 이뤄져야 할 부분은 많은데, 온통 수사와 관련된 보고가 줄지어 있는 상황에서 보고 시간을 잡는 것도 어려운 때가 많았다. 특히 말석 연구관인 내가 국제회의와 관련된 보고를 위해 줄을 서 있으면, 뒤늦게 나타난 간부나 선배들에게 보고 순서를 뺏기기 일쑤였다. "급한 보고인데, 순서 좀 양보해 주지."라면서 허겁지겁 들어오는 선배의 요청을, 몇 달 뒤에 있을 국제회의와 관련된 보고를 이유로 거절할 수는 없는 노릇. 1분 보고를 위해 1시간을 대기하는 경우도 흔했다.

그래도 국제회의 개최 준비는 무에서 유를 창조해 나가는 보람이 있는 작업이었다. 70여 개 국가에서 300여 명의 외국 검사들이 참가하기로 하여 역대 최대 규모였을 뿐만 아니라 35개 국가 검찰총수들이 일시에 한국을 찾는 첫 국제행사였다. 이들에게 대한민국과 검찰을 알릴 수 있는 좋은 기회였고, 이들로부터 외국 검찰의 앞선 경험을 얻을 수 있는 기회였다. 2004년 당시만 해도 한국 검찰에는 별도의 로고나 CI$^{Corporate\ identity}$가 없이, 정부기관을 나타내는 무궁화 마크 가운데에 '검찰'을 기재한 것 정도가 마크로 사용되고 있었다. 국가기관에 별도의 CI를 만드는 것이 흔하지 않았는데, 이번 국제회의 개최를 계기로 검찰을 상징할 수 있는 새로운 CI를 만들기로

1 '열정'으로 일하고

하였다. 지금은 국민들의 눈에 익숙한, 5개의 파란 색 직선으로 구성된 검찰의 로고가 이때 만들어졌다. 당시 외부 디자인 전문가가 만든 여러 개의 시안을 두고 검찰 간부들이 고민을 거듭하여 최종 후보를 선정하고 검찰 내의 선호도 조사를 거쳐 현재의 검찰 로고로 최종안이 확정되었다. 다섯 개의 직선은 검찰을 상징하는 칼과, 올곧음을 상징하는 대나무에서 모티브를 딴 것이고, 파란 색은 합리성과 이성을 상징하는 것으로 사용되었다. 다섯 개의 직선에 각각 어떤 의미를 부여할 것인지를 두고 몇 차례 회의가 이뤄졌는데, 최종안은 각각 공정, 진실, 정의, 인권, 청렴을 상징하는 것으로 정했다. 당시 검찰총장은 가운데 직선은 검찰을 대표하는 이미지인 칼로서 '정의'를 상징하는 것으로, 그리고 이를 좌우에서 '진실'과 '인권'이 뒷받침하고, '공정'과 '청렴'의 울타리가 둘러진 모습이라고 정리했다. 지금도 TV 화면에 검찰 관련 소식을 전할 때마다 등장하는 검찰의 CI를 보면 그때의 회의 장면이 떠오른다.

1년여간의 준비 끝에 2004년 9월 6일 IAP 서울 연례총회가 개최되었다. 5일간 열린 제9차 IAP 연례총회의 전체적인 회의 주제는 "Different Systems, Common Goals"(서로 다른 제도, 공통의 목표)로 정해졌다. 2000년대 들어서면서 전 세계적으로 사법제도와 검찰제도의 개혁이 이뤄진 곳이 많았는데, 2004년에 열린 서울총회에서는 이런 제도 개혁의 경험을 공유하면서 각국의 사법제도와 검찰제도를 비교 분석해 보는 기회로 삼고자 했다. 당시 국내에서도 참여정부가 주도한 사법개혁 논의가 한창 진행 중이었고, 우리에게는 생소했던 형사사법절차에서의 국민 참여 문제도 활발히 논의되고 있었다. 연례 총회의 한 세션으로 배심원 제도나 대배심Grand Jury 절차가 운영되는 국가의 경험을 들을 수 있는 회의 시간도 마련되었다. 이런 제도들을 직접 운용하고 있는 국가들의 경험은 우리에게 시사하는 바가 컸다. 또 검찰제도의 역사가 오래된 유럽 국가 참가자들로부터 검찰과 경찰의 관계, 검찰의 정치적 중립성을 유지하기 위한 제도와 역사적 경험을 들을 수 있는 기회도 가졌다. 검찰제도는 크게 프랑스, 독일을 중심으로 한 대륙법계와 미국, 영국을 중심으로 한 영미법계에서 운영되는 모습이 크게 다르고, 그 안에서도 각국의 역사적 경험, 형사소송법의 발전 배경에 따라 세부적인 모습이 다름을 확인할 수 있었다. 당시 국내에서 한창 논의되고 있던 사법개혁과 검찰개혁에 있어서도 좋은 참고가 되었음은 물론이다. 특히, 국내 검사들에게도 적극적으로 회의에 참여할 수 있는 기회를 제공했는데, 이들에게는 사법시험 공부 과정이나 사법연수원에서 배운 외국의 제도들이 실제로 그 나라에서 어떻게 운영되고 장단점은 무엇인지를 직접 배울 수 있는 시간이 되었다. 절대적으로 좋은 제도란 것은 없으며, 어느 제도나 그 국가의 상황과 시민사회의 성숙도에 따라 운영되는 모습이 다를 수 있고, 어떤 나라에서는 잘 운영되는 제도가 다른 나라에서는 실패로 귀결되는 사례도 있음을 알 수 있는 기회였다.

개막식에서는 지난 1년간 뛰어난 업적을 보인 각국의 검찰 조직 혹은 개인에게 주어지는 IAP 특별공로상 시상식이 있었다. 각국에서 후보자를 추천하여 IAP 집행위원회에서 그 대상자를 선정하여 시상했는데, 르완다 국제형사재판소 수석검사 등과 함께 한국의 대선자금 수사팀도 특별공로상 수상자로 선정되었다. 한국에서 개최된 연례총회에서 한국 검찰이 특별공로상을 수상하게 되어 회의를 준비한 나로서도 보람이 컸다. 당시 수사팀을 이끌었던 안대희 대검 중앙수사부장은 단상에 올라 "진정한 민주주의와 법치주의 구현은 사회의 부정부패 청산 없이는 불가능하다."고 수상 소감을 밝혀 참석자들의 큰 공감을 얻었다. 당시 한 신문에서는 시상식의 한 장면을 다음과 같이 전했다.

"한편 이날 IAP 총회장에는 국민적 성원에 힘입어 작년 8월부터 올 5월까지 장장 10개월에 걸쳐 불법 대선자금 수사를 진행했던 대검 수사팀이 한자리에 모여 눈길을 끌었다. 안 고검장을 비롯 문효남 대구고검 차장, 이인규 대검 범죄정보기획관, 남기춘 서울지검 특수2부장, 유재만 대검 중수1과장, 김수남 대구지검 형사2부장 등 당시 수사라인이 시상식장에서 모두 모습을 나타낸 것. '대선자금 수사는 한국의 진정한 민주사회를 위한 도전이었고 그 완성을 위한 도전은 계속될 것'이라는 수상소감을 밝힌 안 고검장이 수사팀과 함께 기자회견장에 들어서며 던진 첫 마디는 '수사팀 사진이나 한 장 찍어달라'는 요청. 정치적 외압을 물리치고 장기간 동고동락했음에도 당시 수사팀의 변변한 사진 한 장 없었던 터에 대선자금 수사를 취재했던 낯익은 기자들이 회견장을 지키고 있자 별다른 부담없이 사진부터 먼저 청한 것이다."(2004. 9. 7. 내일신문 보도)

사실 처음에는 대선자금 수사팀을 IAP 특별공로상 후보로 추천할 것인가를 두고 내부적으로는 반대 의견도 일부 있었다. '불법 대선자금'이라는, 어떻게 보면 국가적으로는 부끄러운 사실을 외국 검사들에게 공표하는 것이 되지 않겠느냐는 우려였다. 그러나 우리나라가 반세기만에 경제적, 정치적 후진국에서 선진국으로 발돋움한 유일한 사례라는 것을 알고 있는 외국 검사들, 특히 저개발 국가에서 온 검사들에게 그 밑바탕에는 부정부패와의 치열한 싸움도 반드시 필요했다는 것을 알릴 수 있는 기회라고 생각되었다. 일부 우려와는 달리 IAP 특별공로상 수상에 대한 국내 언론의 반응도 좋았다.

당시 서울총회의 하이라이트는 경복궁 경회루 앞마당에서 열린 공식 환영만찬 행사였다. 국제회의의 환영만찬 행사는 개최지를 대표할 수 있는 장소가 선정되기 마련인데, 이는 회의에 참석한 외국인들에게 그 도시의 첫인상을 심어주는 것이 환영만찬 행사이기 때문이다. 여러 장소를 물색한 끝에 경복궁 경회루가 서울을 대표할 수 있는 장소로 생각되었고, 이곳을 이용한 다른 국제회의의 반응이 좋았던 점을 감안하여 환영만찬 장소로 선택했다. 당시 문화재청장은 '나의 문화유산답사기' 저자로 유명했던 유홍준 청장이었다. 유홍준 청장은 문화재청장이 된 다음 우리의 아름다운 문화유산을 적극적으로 일반에 공개하고 이용할 수 있도록 하는 정책을 펴나갔는데, 덕분에 멀게만 느껴졌던 우리의 문화유산들이 시민들과 외국인들에게 친근하게 다가갈 수 있는 기회가 대폭 확대되었다. IAP 연례총회에서 경복궁 경회루 앞마당을 만찬행사장으로 사용할 수 있었던 것도 이런 문화재청의 적극적인 협조에 따라 가능한 것이었다.

외국 참가자들의 반응은 기대 이상으로 좋았다. 600년을 이어온 서울의 전통을 가장 가까운 거리에서 느낄 수 있고, 긴 설명 없이도 우리의 전통 건축미학을 직접 체험할 수 있는 장소라는 반응이었다. 특히, 외국 참가자들은 옛날부터 외국 사신들을 대접했던 곳이란 설명에 감탄했고, 우리나라 참가자들도 처음으로 경복궁 경회루 앞에서 만찬을 하는 경험에 기뻐하며 연신 사진을 찍어댔다. 만찬행사에 앞서 네덜란드 국적의 IAP 사무총장이 준비한 동영상이 상영되면서 분위기는 더욱 고조되었다. 동영상에는 사무총장이 네덜란드에서 직접 만나 인터뷰한 거스 히딩크 감독의 축하 메시지가 담겨 있었는데, 2002년 한일 월드컵 4강 신화로 세계적으로 유명해진 히딩크 감독을 알아보고 모든 참석자들이 환호했다. 화기애애하게 진행된 만찬행사는 마무리 무렵에 진행된 '강강술래'로 절정에 달했다. 한복 차림의 행사 단원들이 참가자들의 좌석을 돌며 강강술래를 시작했고 국내외 모든 참가자들이 동참하여 큰 곡선을 함께 만들어가며 강강술래를 따라 불렀다. 경복궁 경회루를 배경으로 외국인들과 함께하는 강강술래는 그 자체로 장관이었고, 두 번 다시 경험해 보기 어려운 소중한 경험이었다. 내 머릿속에서는 회의 준비로 1년 동안 고생했던 기억은 싹 사라지고 경회루 앞의 아름다운 연못 모습과 흥겨운 강강술래 가락이 그 자리를 대신했다. '국제행사 준비는 이런 것으로 보답받는 것이구나!'라는 보람도 느껴졌다.

그날 행사는 그렇게 잘 마무리되었다. 외국 참가자들도 회의 내내 경복궁 만찬을 입에 올리며 즐거워했다. 이후의 회의 진행도 순조롭게 잘 진행되었다. 다만, 옥에 티랄까. 경복궁 만찬행사를 두고 약간의 잡음이 들려왔다. 만찬행사가 끝난 다음날 일부 인터넷 매체에서 '경복궁 경회루 앞에서 검사들이 술판을 벌렸다.'는 자극적인 제목을 달아 문화재가 훼손될 수도 있었음을 비난하는 기사를 올린 것. 정규 신문이나 방송에서도 이날 행사에 관심을 보이며 기사화할지를 고민하고 있다는 소식이 들렸다. 성공적으로 개최되고 있는 국제회의에 큰 오점으로 남을 수도 있다는 생각에 적극적으로 해명하기로 하였다. 보도자료를 통해서 이 날 만찬행사는 사전에 문화재청과 충분한 협의를 거쳤다는 점과 국내에서 개최된 다른 국제행사에서도 경복궁 경회루 앞마당이 행사 장소로 사용된 사실이 있다는 점을 밝혔다. 또한, 사전에 관할 소방서와도 충분히 협조하여 만일의 사태에 충분히 대비하고 있었으며, 음식 또한 다른 곳에서 조리하여 가지고 온 것을 현장에서 서비스하였고 화기의 사용을 최소화했다는 점도 설명했다. 당시 행사장에 사용된 조명시설 또한 문화재청과 협의하여 문화재에 해롭지 않다는 것이 국제적으로 공인된 조명을 사용했다고 자세히 설명했다. 최초 문제를 제기한 인터넷 매체에서도 우리 측 반론을 게재했고, 다른 정규 신문사나 방송사에서도 더 이상 문제 삼지 않았다. 경복궁 만찬행사에 대해 긍정적인 시각도 있었고, 무엇보다도 적극적으로 문화재 활용의 긍정적인 면을 설명해 준 당시 문화재청장의 도움도 컸다.

잠시나마 논란이 있긴 했지만, 당시 회의에 참석한 외국인들에게는 어떤 시간보다도 한국의 아름다움을 만끽할 수 있는 순간이었음에는 틀림없다. 나 또한 그때의 경복궁 행사가 우리나라 전통 문화를 시각적으로 가장 잘 느낄 수 있었던 순간으로 평생 기억하고 있으니, 외국 참가자들의 눈에는 더 이상의 설명이 필요 없을 것이다. 이날 행사를 둘러싼 잠시나마의 논란도 결국 문화재를 어떻게 하면 가장 친근하고 안전하게 잘 활용·보존할 것인가라는 '공통의 목표 Common Goals'를 두고 벌인 서로 다른 시각의 차이가 아닐까 생각된다.

검찰 CI - 2004년부터 사용한 것으로, 가운데 직선은 검찰을 대표하는 이미지인 칼로서 정의를 상징하는 것으로, 그리고 이를 좌우에서 진실과 인권이 뒷받침하고, 공정과 청렴의 울타리가 둘러친 모습으로 구성되어 있다.

2004년 IAP 서울총회 공식 환영만찬에 등장한 히딩크 감독의 영상 메시지

영상 메시지에 환호하는 참석자들

1 '열정'으로 알하고

가방모찌(1)

"대충 프랑스 일정이 끝났는데, 오늘 오후에 그냥 네덜란드로 가는 것이 어떨까?" 아침 식사를 하던 법무부장관이 느닷없이 말했다. 순간 다른 수행원들 사이엔 정적이 흘렀고, 일정을 담당하고 있는 내 등에는 땀 한 줄기가 흘러 내렸다. 머릿속에는 모든 계획을 바꾸느라 허둥대는 내 모습이 그려졌다. "안 됩니다. 내일 가셔야 합니다." 딱 잘라버린 내 말에 다른 수행원들 표정은 거의 공황상태가 되었다.

'가방모찌.' 사전적 의미를 찾아보니 '어떤 사람의 가방을 메고 따라다니며 시중을 드는 사람을 속되게 이르는 말'이라고 되어 있다. 공무원 사회에서는 흔히 해외 출장을 갈 때 상사를 모시고 수행하는 부하직원을 일컫는 말로 흔히 쓰인다. 사용하는 용도에 따라서는 '가방'과 '모찌'를 구분하기도 한다. 해외 출장을 가는 가장 주된 인물을 가방이라고 부르고, 그를 수행하는 수행원들을 모두 모찌라고 부른다. 검사로서 해외 출장을 가는 경험은 흔하지 않다. 국제적인 업무에 관련된 부서에 근무를 하는 경우에는 업무상 국제회의에 참가하거나 외국 검사와의 양자간 협상에 참가하는 경우가 있으나, 일반적인 검사 업무를 할 때에는 해외 연수의 기회가 아니면 외국 출장의 경험을 갖는 경우가 드물다. 해외 출장을 가는 경우에도 검사 혼자서 가는 경우보다는 국제회의에 한국을 대표하여 참석하는 고위직 '가방'을 모시고 '모찌'로 따라붙는 경우가 일반적이다. 한국을 대표하여 다자多者간 국제회의에 참석하거나 또는 양자兩者간 회의에 참석하는, 소위 '가방' 역할은 법무부장관, 차관이나 검찰총장, 대검찰청 차장 정도 되는 헤비급 들이고, 최소한 검사장급 이상이 되는 고위직들이기 때문에 이들을 모셔야 하는 '모찌'는 검사로서가 아닌, 철저한 수행원으로서의 자세를 가져야 한다.

해외 출장은, 길게는 10일 정도, 짧아도 4~5일 정도가 되는데, 이 기간만큼은 내가 검사라는 생각은 일찌감치 접어둬야 한다. 추운 겨울에 문 밖에 서서 윗사람의 차가워진 게다짝을 가슴에 품어 데우면서 충성을 다했다는 토요토미 히데요시의 충성 정도는 충성 축에도 들지 못한다. 해외 출장 한 달 여 전부터 이미 참석할 회의의 내용에 대해 충분히 파악하고 있어야 하는 것은 물론, 만나게 될 상대 국가 대표단의 프로필을 준비하고 암기해야 한다. 회의장에서 공식적으로 해야 할 멘트뿐만 아니라 상대방과 이야기해야 할 주요 화제 거리와 그에 맞는 대화도 준비해야 한다.(이것을 '말씀자료'라고 한다.) 비행기 예약에서부터 호텔 예약, 중간 중간 들려야 할 식당 확인은 당연한 기본이다. 모시고 갈 분의 식성까지 미리 파악해서 '안전한' 식당으로 모셔야 하고, 인근의 가장 깨끗한 한국 식당도 알고 있어야 하며, 일정이 끝난 저녁에 유쾌하게 들릴 유명한 엔터테인먼트 장소까지 물색해야 한다. 회의 중간에 비는 일정이 있거나 휴일이 끼어 있으면 그 시간을 보낼 수 있는 인근의 관광 장소도 파악해야 하고, 그 관광 장소의 역사적 유래에서부터 현재의 특징까지, 그야말로 관광가이드를 능가하는 지식도 갖춰야 한다. 출장 경비를 챙기는 것도 '모찌'의 몫이다. 공금으로 지급되는 출장 비용을 세세히 따져 예상 지출 내역을 미리 짜둬야 한다. 안내를 나오는 한국 대사관 직원에 대한 격려금도 따로 챙겨둬야 하고, 혹여 관광지에서 필요할지 모를 '팁'도 따로 떼어둔다. '가방'이 필요로 할지 모를 비상약에서부터 여유분 명함까지 별도로 준비하고, 공항에서 입출국신고서 작성에 필요한 '가방'의 인적사항까지 암기하고 있다가 '모찌'가 써야 한다. 모든 물적인 준비가 완료되면, 해외 출장 일정 동안 움직이게 될 '동선'을 머릿속에 암기하고 지도와 시계를 펼쳐 놓고 '도상 연습'을 수차례 반복한다. 빠지거나 실수할 부분이 없는지 점검, 또 점검하는 것이다.

이렇게 해외 출장 준비에 공을 들이는 이유는 전적으로 '가방'과의 관계 때문이다. 가장 기본적으로는 해외 출장 목적을 잘 달성할 수 있도록 '가방'은 다른 곳에 전혀 신경을 쓰지 않게 '모찌'가 모든 준비를 하는 것이 당연하겠지만, 윗사람을 모시고 며칠간의 생활을 같이 한다는 것은 '기회'가 됨과 동시에 '위기'도 될 수 있는 위험한 것이기 때문이다. 검사들 사이에서는 해외 출장에 관한 많은 일화들이 전해져 내려온다. 흔치 않은 경험인 해외 출장이기 때문에 동행한 사람들 사이의 관계가 '모' 아니면 '도'로 극명하게 갈리는 경우도 허다하다. 누구는 언제 해외 출장 때 누구를 모시고 갔는데, 그때 어찌나 잘했는지 그 다음부터 총애를 받아 잘나가게 되었다는 아름다운 결말이 있는가 하면, 누가 누구를 모시고 해외 출장 갔는데 그때 서로 삐져서 다음 인사에서도 물을 먹었다는 가슴 아픈 결말도 있다. 심지어는 해외 출장 중에 '모찌'가 너무 무리하고 신경을 쓴 나머지 현지에서 쓰러지는 바람에 '가방'이 모찌 병간호까지 하느라 일정 자체를 망쳤다는 슬픈 이야기도 전해 온다. 이러니 해외 출장 경험이 있는 검사들은 윗사람 모시고 나가는 해외 출장은 잘해야 본전이라는 말을 한다. 최대한 실수를 줄이고 안전하게 귀국하는 것이 첫째 목적이고, '가방'한테 칭찬 듣는 것은 고사하고 출장 중에 혼나지 않고 돌아오면 일단 성공이라고 생각한다. '모찌' 경험이 있는 검사라면 누구나 해외 출장에 대한 나름대로의 실전 노하우를 몇 가지씩 가지고 있는데, 이를 후배 검사에게 구전해 주기도 한다.

대검찰청에서 근무하던 시절, 나에게도 첫 번째 해외 출장 기회가 왔다. 처음으로 해외 출장을 가본다는 설레임도 있었지만, 역시 가방모찌로 가는 것이라 여러 선배들로부터 모찌로서의 노하우를 전수 받는 것이 필요했다. 선배들은 다양한 '영웅담'을 들려주며 자기만의 노하우를 알려 주었다.

첫 번째, 체력이다. 해외 출장을 가면 낮과 밤이 바뀌고, 일정 때문에 긴장하게 되어 가방이나 모찌나 모두 피곤하긴 마련. 이때 모찌가 체력이 달려 헤매면, 그것은 가장 기본이 안 된 축에 속한다. 가방보다 먼저 일어나 그날 일정과 예산을 챙기고 다시 한 번 동선 파악을 해 둬야 하고, 미리 그날 일정과 말씀자료, 상대방 프로필 등을 준비하여 아침 식사 때 보고를 해야 한다. 밤에는 가방이 안전하게 취침하러 호텔 방까지 들어가는 것을 보고 자야 하고, 혹여나 가방과 함께 술을 마셔 거나하게 취하더라도 모찌는 다음날 일정 소화에 무리가 없어야 한다. 공항에서는 무거운 가방(이건 진짜 가방을 말한다.) 몇 개를 옮겨야 하고 이동 중에도 가방(이건 사람 '가방'을 말한다.)의 동태를 살펴야 하기 때문에 일정 내내 긴장 속에 지내야 한다. 출장을 다녀오면 그야말로 파김치가 된다. 그래서 출장 며칠 전부터는 컨디션 관리를 하는 등 체력을 안배해야 한다.

두 번째, 임기응변이다. 해외에서는 모든 것이 낯설다. 출장의 목적인 회의나 협상도 계속 반복적으로 참석한 것이 아니고 가방이나 모찌나 모두 처음 참석해 보는 것이 대부분이다. 게다가 국내에서처럼 함께 움직여줄 다른 수사관이 있는 것도 아니고 그야말로 모든 것을 모찌가 알아서 처리해야 한다. 간혹 대사관 직원의 도움을 받을 수는 있지만, 그것도 한계가 있고 어떤 상황이 발생했는데 모찌가 허둥대면서 대사관 직원 도움만 기다리고 있어서는 가방 보기에 면이 안 설 수도 있다. 비상금도 항상 현찰로 소지해야 하고, 카메라를 포함해 준비해 가는 모든 것의 여분을 항상 챙겨야 한다. 예상치 못한 사태가 발생한 경우라도 당황하지 말고, 가끔은 가방도 적절하게 속여 가며(?) 대처해야 한다. 그래야 가방도 당황하지 않는다.

셋째, '가방' 한 사람만 챙겨라. 해외 출장을 위해 대표단을 꾸리다 보면, 대표가 되는 한 사람 외에도 몇 명의 수행역이 붙는 경우가 있다. 이때 모찌의 입장에서는 자기보다 윗사람이 여러 명이 될 수도 있지만, 이들 모든 사람을 챙길 수는 없다. 그러니, 모든 일정이나 의전의 중심을 가장 중심이 되는 한 사람에 맞춰야 한다. 또 다른 부처 사람들과 함께 움직이거나 현지 주재 한국 대사, 또는 외국의 고위직과 함께하는 자리에서도 모찌는 이것저것 따지지 말고 가방의 기분을 최우선으로 챙겨야 한다. 상대방을 배려한답시고 이런저런 눈치보다가는 정작 자기가 모셔야 할 분에게 누가 될 수도 있다. 가장 중요한 것으로, 모찌 자신은 자기를 잊어야 한다. 해외에 나온 기분에 자기 사진을 찍는데 정신을 쓰거나 자기가 필요한 선물 같은 것을 가방이 보는 앞에서 사는 것도 금물이다. 모찌는 '우렁각시'처럼 자기 티를 내지 말고 가방을 그림자처럼 수행해야 한다.

이런저런 충고를 듣고 나간 첫 번째 해외 출장은 성공적이었다. 고검장급 '가방'을 모시고 처음 간 곳이 슬로베니아라고 하는 생소한 나라였는데 한국 대사관도 없는 작은 나라였다. 일정 중간에 근처 유적지를 주말을 이용하여 다녀오려고 했는데, 차량 지원도 받을 수 없는 곳이라 버스를 타고 다녀와야 했다. 나는 버스의 노선에 대해 미리 파악했을 뿐만 아니라 당일 새벽에 미리 그 버스 승강장까지 사전 답사를 다녀오고 승차표도 미리 구매했다. 저녁에는 그 지역만의 특색 있는 식당을 미리 파악하여 뒀다가 그곳으로 모셨다. 귀국하는 비행기에서 '가방'이 몇 가지 면세품을 구입했는데, 나는 공항에 영접을 나오는 직원들이 그런 모습을 보는 것도 좋지 않다고 생각하여 미리 준비해 둔 별도의 백에다가 그 물품들을 넣어 드렸다. 그분이 흡족해하는 눈치였다. 다음 번 해외 출장도 같은 분을 모시고 나갔다. 한번 호흡을 맞춰 본 경험이 있는 터라 훨씬 모시기가 쉬웠다. 현지에서 승용차를 렌트하여 타고 다녔는데, 당시에는 렌트카에 네비게

이션이 없던 때라 그 도시 지도를 거의 외우듯이 머릿속에 미리 넣어 두었다. 그런데, 하루는 좁은 골목길을 다니던 중 잠시 길을 잃는 사태가 생겼다. 뒷좌석에 타고 있던 '가방'이 넌지시 "여기 아까 지나갔던 곳 아냐? 곽 검사, 길을 잃었나?"라고 눈치 빠르게 물어보았다. 나는 '임기응변'을 떠올리고, 일부러 차분하게 대답했다. "아닙니다. 미리 기름을 넣어야 할 것 같아 주유소로 다시 가고 있습니다." 다행히 지나칠 때 봐두었던 가까운 주유소로 다시 가서 이미 충분한 탱크에 또 기름을 채웠다. 그 사이 머릿속 지도를 정리하고 주유원의 간단한 안내를 받아 제대로 길을 찾아갔다.

가방모찌(2)

　대검찰청에서 국제회의 업무를 담당했던 덕에 이후에도 몇 차례 해외 출장을 갈 기회가 생겼고 나도 점차 모찌로서의 내공이 쌓여갔다. 그러던 중 검찰총장을 모시고 중국 심천에서 열린 아셈ASEM 검찰총장 회의에 참석하게 되었다. 나는 그동안 쌓았던 경험을 바탕으로 꼼꼼하게 준비했다. 중국 쪽으로는 처음 가는 출장이라 당장 언어가 걱정되었다. 현지에 도착하면 주중 협력관이 함께 수행할 예정이었으므로 내가 중국말을 배울 필요는 없었으나, 혹시나 하는 마음에 한 달 전부터는 밤에 중국어 회화반도 다니며 간단한 중국어 회화를 익혔다. 만반의 준비를 했다고 생각했으나, 출발 때부터 예상치 못한 문제들이 하나둘씩 생기기 시작했다. 중국 심천까지 적당한 직항편이 없어 일단 홍콩으로 이동한 다음 홍콩에서 중국 측이 제공한 차량을 타고 심천으로 들어가기로 했다. 공식적으로 부인을 동반한 초청을 받았기에 검찰총장 내외를 비행기 일등석으로 예약하고, 같이 수행한 검찰 간부를 비즈니스석으로, 나는 이코노미석으로 예약을 했다. 그런데, 막상 비행기에 오르니 선임 승무원이 우리 일행을 모두 일등석으로 안내를 했다. 검찰총장 내외 옆 자리에 나란히 모찌 두 명의 자리를 배치해 둔 것이었다. 나는 선임 승무원을 따로 조용히 불러, "비즈니스석과 이코노미석으로 예약을 했는데, 왜 다 일등석으로 되어 있느냐. 문제가 생길 수 있으니 다시 비즈니스석과 이코노미석을 달라."고 요구했다. 그러자 선임 승무원은 어차피 일등석은 예약된 자리가 없어 비어 있고 비즈니스석과 이코노미석은 오버 부킹되어 자기들의 이익 차원에서 총장님 일행을 모두 일등석으로 모셨고 그만큼 빈 좌석을 다른 사람들에게 판매한 것이라고 하면서, 비즈니스석과 이코노미석 모두 만석이 되었으니 지금은 바꿀 수도 없다고 하였다.

나는 공무원이 예약과 달리 일등석을 사용하는 것이 문제가 될 수 있음을 핑계로 삼긴 했으나, 사실 더 큰 문제는 비행기를 타고 가는 내내 총장님 옆자리에 앉아서 가야 하는 것이 더 부담이 되었기 때문에 좌석 변경을 요청했던 터였다. 일생에 처음으로 타보는 비행기 일등석이었으나, 나에겐 가시방석이나 마찬가지였다. 총장은 잘 되었다면서 이런 기회에 일등석도 타보는 것이라고 웃음으로 넘어갔지만, 수행하는 사람이 모시는 사람과 같은 일등석에 타고 가는 것 자체가 의전으로서도 맞지 않았고, 더 큰 문제는 비행시간 동안 눈을 붙이거나 쉬면서 갈 수 없는 상황이 된 것이었다. 총장 내외 옆자리에 앉은 나와 다른 검찰 간부는 홍콩까지 가는 시간 내내 자료를 뒤적이고 뭔가 메모를 하면서 출장 준비에 열심인 모습을 보여야 했기 때문이다. 차라리 따로 이코노미석에 앉았다면 좀 여유를 즐길 수 있었을 텐데, 그 편한 일등석을 이코노미석보다 더 불편하게 앉아갔다.

홍콩에서 하룻밤을 보내고 다음날 심천으로 갔을 때는 더 우울한 일이 생겼다. 심천에서 첫날 회의에 참석한 총장은 생각보다 회의 시간이 지루하다고 느꼈는지 사흘 내내 이렇게 회의에만 참석하다가 돌아가는 것은 시간낭비라고 했다. 그리고는 예정에도 없던 영국, 프랑스, 일본, 이탈리아 등 주요국 대표단과 별도의 양자회담을 갖겠으니 지금부터 준비하라고 지시했다. 해외에 나가서 상대 국가 대표단과 예정에 없던 일정을 잡는다는 것은 어려운 일이다. 그러나 당시 총장은 마치 국내에서 총장이 지검장 부르듯 외국 대표단을 불러 모으라고 지시한 것이다. 그리고 갑자기 국내에 있던 부장급 검사 한 명을 더 불러 우리 대표단을 보강하고 양자회담에 대비한 자료도 만들라고 지시했다. 함께 수행했던 검찰 간부는 이들 대표단을 찾아다니면서 일일이 양해를 구하고 양자회담 허락을 받아내느라 뛰었고, 급히 중국으로 호출된 검사 한 명과 나는 그때부터 양자회담 자료를 준비하느라 분주히 움직였다. 다행히 계획한 대로 주요국 대표단과 양자회담은 열었으나, 현지에서 준비한 양자회담인 탓에 회담 수준이 총장의 마음에 내키지 않았던 모양이다. 총장은 외국 출장을 오면서 이런 상황도 준비하지 않았느냐며 짜증을 냈다. 중간에서 뛰어다닌 검찰 간부는 "예정에도 없던 일정을 갑자기 잡으라고 하면 어떡해."라고 하면서 애꿎은 밑의 검사 두 명에게 하소연을 해댔다.

엎친 데 덮친 격으로 중국 측에서 마련한 산업시찰에 다녀와서는 분위기가 더 안 좋아졌다. 산업시찰이란 것이 훌륭한 산업시설을 보여 준 것이 아니라 심천 지역의 중국 검찰 간부 친척이 운영하는 소규모 공장을 둘러보는 것이었다. 이 중국 검찰 간부가 자기 체면을 살리려고 한국 검찰총장을 자기 친척이 운영하는 공장으로 안내한 것이었다. 이런 상황을 미리 알지 못했던 주중 법무협력관과 수행원들 모두 한 소리씩 들었음은 물론이다. 예기치 못한 상황이 나의 뜻과는 상관없이 연이어 터지자 나도 귀국일자만 기다리며 자포자기가 되었고, 갑자기 중국으로 불려온 검사는 몸살까지 나 드러눕게 되었다. '고난의 행군'이 끝나고 드디어 귀국 날짜가 되었다. 몸이 아팠던 검사는 뭔가 불안했는지 "이거 뭔 일 또 생기는 건 아니겠지? 무사히 귀국하면 다행이다."라고 말하며 나를 불안하게 했다. 아니나 다를까. 마지막 홍콩 공항에서 또 황당한 일을 당했다. 중국 측은 심천에서 우리 일행을 관용 차량에 태워 홍콩 공항까지 데려다 줬는데, 홍콩 공항의 지리에 익숙하지 못했던 이 중국 수행원들이 우리가 이용해야 할 터미널이 아닌 엉뚱한 곳에 우리를 내려 주고 돌아가 버린 것이다. 잔뜩 짐을 내려 둔 상태에서 차량은 돌아갔고, 우리는 어디가 어딘지 모를 곳에 총장 내외분과 함께 남게 된 것이었다. 터미널 귀빈실까지 예약을 해 뒀으나 무용지물이 되었고, 이제는 시간에 맞춰 어떻게 터미널을 찾아가느냐가 문제였다. 주중 법무협력관은 이리 뛰고 저리 뛰며 터미널을 찾았고 나와 다른 수행 검사 2명은 양손으로 짐을 끌며 걷기 시작했다. 홍콩 공항 구석구석을 총장 내외분을 모시고 그렇게 헤매는데, 등에서는 식은 땀이 흘러내렸다. 다행히 비행기 시간에 맞춰 터미널은 찾았으나 귀빈실은 이용할 형편이 못 되었고 급히 비행기에 오르는데 만족해야 했다. 한 시간 정도를 공항에서 헤맨 총장의 얼굴이 밝을 리 없었다. 다른 수행 검사가 안도의 숨을 쉬며 조용히 말했다. "화룡점정이구만, 화룡점정."

해외 출장 의전은 역시 잘해야 본전이다. 반대로 가방에게 조금이라도 예기치 못한 상황이 생기면 그것은 모찌의 잘잘못과는 상관없이 모찌의 책임이 된다. 나는 이후에도 그때의 잊지 못할 쓰라린 출장 경험을 교훈으로 삼았다. 몇 년 뒤 법무부 국제형사과 검사로 법무부장관을 모시고 해외 출장을 가게 되었다. 주위에선 평검사로서 검찰총장과 법무부장관을 모두 수행하여 해외 출장 가는 것은 내가 처음일 것이라고 부러워했지만 나로서는 별로 달갑지 않았다. 과거의 교훈을 거울삼아 이번에는 실수가 없도록 하리라! 그때가 일곱 번째 해외 출장으로 모찌로서는 산전수전 다 겪어 본 나였지만, 법무부장관을 모시는 '공중전'은 후회가 없도록 만반의 준비를 다해 나갔다. 법무부장관은 재임 중에 많아야 한 번 정도의 해외 출장을 가게 된다. 국회 출석이나 국무회의 때문에 정말 필요한 경우가 아니면 장관이 직접 해외에 나가는 경우는 드물다. 그래서 그 당시에도 꼭 필요한 일정들을 모두 모아서 한 번의 해외 출장으로 해결해야 했기 때문에 4개국을 8일에 도는 강행군 일정을 세웠다. 독일을 경유하여 불가리아로 가서 한-불가리아 범죄인인도 및 형사사법공조 조약을 체결하고, 프랑스 스트라스부르에 있는 유럽평의회를 방문하여 유럽 범죄인인도 협약과 형사사법공조 협약에 신속히 한국이 가입할 수 있도록 요청한 다음, 네덜란드로 가서 당시 국제형사재판소(ICC) 소장 출마를 앞두고 있던 송상현 재판관을 위해 재판관들에게 한국 법무부장관이 만찬을 주재하는 일정들로 짜여졌다. 장관이 움직이면 현지에서의 의전은 한국대사관에서 철저히 준비를 하게 마련이다. 그러나 나는 누구도 믿을 수 없다는 경험을 살려 한 달 전부터 각국의 한국대사관 담당자들에게 하루가 멀다 하고 시시콜콜한 것까지 확인 전화를 돌렸다. 내가 하도 전화를 해대니까 한 대사관 담당자는 웃음을 섞어가며 불평을 했다. "장관님들 출장 여러 번 모셔봤지만 이렇게 전화 많이 오는 경우도 처음 보네요. 검사님한테 이렇게 전화를 많이 받으니 제가 뭔 죄를 지은 것 같습니다. 허허."

외국에 나가면 우리 폭탄주에 딱 맞는 크기의 양주잔과 맥주잔을 구하기 어렵다. 폭탄주 돌리기를 즐기는 장관께서 한국 대사와의 만찬에서 혹시 폭탄주를 돌릴지도 모른다는 생각에 'CASS'가 선명하게 새겨진 맥주잔과 양주잔 세트도 몇 개 준비할 정도로 세심한(?) 준비를 했다. 장관의 공식적 해외 출장이므로 한국 대사관들에서도 만반의 준비를 하였고, 장관을 수행한 대변인, 국제형사과장과 나도 서로 역할을 분담하여 철저히 준비한 탓에 비교적 계획대로 순조롭게 일정이 풀려갔다. 불가리아 주재 한국 대사가 주최한 대사관 만찬에서 역시 폭탄주가 돌았고, 이때 꺼낸 '폭탄주 세트'를 보고 한국 대사가 감격하였다. 장관은 기분 좋게 고국의 폭탄주 세트를 한국 대사관에 기증(?)하였고, 대사는 불가리아에서 유일한 폭탄주 세트라며 기뻐했다. 공식적인 일정들은 무난히 진행되었지만 역시 긴 일정을 소화하다 보면 잔잔한 위기가 생기지 않을 수 없었다. 프랑스 스트라스부르에서 공식적인 일정을 마친 후 기차 출발 시간까지 남는 시간을 이용하여 근처 유명한 포도밭을 둘러보기로 했다. 그런데, 현지에서 섭외한 한국 유학생 가이드가 알고 보니 그 지역에 문외한이었다. 차로 30분이면 간다고 했던 포도밭을 가는데 길을 헤매어 몇 시간을 소비하고 말았다. 기차 시간에 쫓겨 예정했던 '프랑스식 정찬'을 거르고 기차역에서 산 햄버거 몇 개로 연로한 장관님의 저녁 식사를 대체해야 했다. 장시간 이동으로 피로에 지친 장관이 혹시 저기압이 되진 않았을까 함께 수행했던 대변인과 과장의 얼굴이 바짝 긴장되었다.

다음날 아침, 프랑스에서 며칠을 보낸 장관은 피곤하기도 하고 지겹기도 했는지, 아침 식사 자리에서 갑자기 내일로 예정된 네덜란드로의 출발을 오늘 오후로 앞당기자는 깜짝 제안을 했다. 현지에서 일정을 바꾸는 것에 대해 장관으로서는 대수롭지 않게 말했겠지만, 나로서는 심천에서의 경험이 다시 떠오르지 않을 수 없었다. 내일 가야 할 네덜란드를 오늘 오후에 가려면, 당장 비행기 예약부터 변경해야 하고, 호텔 예약도 확인해야 하며, 네덜란드 한국 대사관에도 의전 준비를 하루 앞당기라고 요청해야 한다. 모든 것이 가능하다고 하더라도 비행기에 일등석이 없으면 이코노미석으로 장관을 모셔야 하고, 호텔도 미리 예약해 둔 방이 아니라 그 수준을 장담할 수 없으며, 대사관 직원들은 또 얼마나 허둥대겠으며, 그 과정에서 장관의 마음에 안 드는 것이 있으면 그 짜증은 또 어떻게 받아내겠는가? 이런 생각들이 내 머릿속에 순식간에 흐르자 나도 모르게 입에서는 "안 됩니다!"라는 단호한 대답이 튀어 나왔다. 장관이 의아한 듯 "왜 안 되나?"라고 물었다. 장관이 하루 일찍 가자면 당연히 그렇게 하는 시늉이라도 해야 하는데, 내가 즉석에서, 그것도 너무 단호히 안 된다고 하자 대변인과 과장은 아연실색한 얼굴이었다. 나는 순간적으로 말이 안 되는 '임기응변'을 발휘했다. "오늘 오후 파리와 암스텔담 간의 비행기 시간이 맞는 게 없습니다. 그래서 내일 가시는 것으로 준비한 겁니다."

그날 오후 시간이 맞는 비행기 편이 있었는지 여부는 그 이후에도 난 확인해 보지 않았다. 장관께는 죄송했지만, 일정을 갑자기 틀어서 더 불편해질 수 있는 상황을 막는 것이 차라리 장관께 좋을 수도 있었다. 장관은 수긍하는 얼굴이었으나, 다른 수행원들은 안절부절못했다. 그날 오후 파리에서의 일정을 더욱 알차게 보내는 것으로 장관님 기분 전환을 시켜드리고 다음 날 안전하게 예정된 비행기편으로 네덜란드로 갔다. 다행히 네덜란드에 도착하여 몇 시간을 보낸 장관은 "여긴 별로 볼 만한 것이 없네. 어제 파리에서 더 머물길 잘했어."라며 만족했다. 다행히 위기를 넘겼으나 문제가 또 발생했다. 파리에서 보낸 짐 몇 개가 화물칸 부족으로 우리가 탄 비행기에 실리지 못하고 다음 비행기편으로 도착한다는 것이었다. 물론 장관께 이런 것까지 보고할 수는 없고 항공사 카운터에 짐이 도착하는 대로 호텔로 보내줄 것을 요청한 다음 일단 공항을 빠져나왔다. 그 짐 속에는 그날 저녁 국제형사재판소 재판관들을 초청한 만찬에 쓸 자료들이 일부 들어 있었는데 그것을 사용할 수 없게 되었다. 그 자료 중에는 미리 인쇄하여 가지고 온 만찬장 좌석 배치표와 테이블에 놓을 명패들이 들어 있었다. 할 수 없이 또 임기응변. 과장은 흰색 종이에 동전으로 일일이 동그라미를 그려가며 좌석 배치표를 손으로 그리기 시작했고, 나는 대사관에서 급하게 용지를 구하여 명패 모양을 새로 만들었다. 다행히 만찬은 화기애애하게 진행되었고 장관과 국제형사재판소장, 그리고 차기 재판소장 출마를 준비하고 있던 송상현 재판관은 법무부에서 준비를 잘했다며 즐거워했다. 사소한 문제는 있었지만 공식 일정이었던 불가리아와의 조약 체결, 유럽평의회 방문, 국제형사재판소 재판관 만찬은 모두 무사히 잘 진행되었다. 모찌로서 '본전'은 건진 기분이었다.

여러 번의 해외 출장 경험을 돌이켜보면 그것만으로도 쓸 수 있는 이야깃거리가 한참 된다. 긴장 속에 일정을 챙기면서도 순간순간 스쳐 지나갔던 이국적인 풍경들을 떠올려보면, 그때 함께했던 '가방' 분들과의 에피소드가 하나씩 오버랩 된다. 즐거웠던 일도 기억나지만, 당시에는 등골이 오싹했던 위기의 순간들도 있었다. 그러나 이제는 모두 즐거운 마음으로 되돌아 볼 수 있는 추억이 되었다. 마지막으로 '모찌' 경험을 했던 법무부장관 출장 수행은 성과도 적지 않았다. 당시 법무부장관의 방문이 밑거름이 되어 유럽평의회에서는 그 다음해 우리나라를 유럽 범죄인인도 협약과 형사사법공조 협약에 정식 가입시켜 줬고, 그 결과로 우리나라는 이제 유럽으로 도주한 범죄인을 송환해 오거나 유럽 모든 국가에 공조수사를 요청할 수 있는 지위를 얻었다. 유럽 이외의 국가로서는 이스라엘과 남아프리카공화국 다음으로 유럽 47개국과 동시에 양대 협약을 체결한 나라가 된 것이다. 또 다음해에 있었던 국제형사재판소 소장 선거에서 송상현 재판관이 당선되었고 이를 발판삼아 2015년까지 6년간 소장을 연임하며 국제형사재판소를 이끌게 되었다. 새벽에 일어나 자료를 가다듬고, 카메라를 목에 메고 이리저리 뛰어다니며, 무거운 짐을 들고 헉헉거리며 '가방모찌'를 할 때에는 '해외 출장 나오면 검사 스타일 많이 구기는구나.' 하는 쓴웃음도 나왔지만, 지금 생각하면 그것도 검사의 '락'이라고 할 수 있는 아름다운 순간들이었다.

벤츠를 뺏어라

인터넷 도박사이트에서 얻어진 수익은 단기간에 수십억에 달했다. 자금 흐름을 계속 추적해 나가던 중 그 자금의 일부가 최고급 승용차인 벤츠의 구입 자금으로 사용된 흔적을 발견했다. 사이트 운영자가 벤츠까지 몰고 다닐 정도로 수익이 좋았다는 관련자의 진술과도 들어맞았다. "인터넷 도박으로 벤츠까지 굴려!" 이런 기사 제목까지 상상하며 도박 수익으로 사들인 벤츠를 최초로 몰수하는 데 성공했다는 기삿거리를 만들어 보자며 자금 추적을 계속했다. 그런데…

2011년 4월. 전북의 한 시골 마을 마늘밭에서 110억 원의 현금 다발이 발견되었다. 이른바 '마늘밭 돈다발 사건.' 밭을 갈아엎어 발견된 현금 규모가 5만 원 권으로 110억 원에 달했고, 경찰의 수사 결과 인터넷 도박사이트를 운영했던 사람들의 수익금으로 확인되었다. 현금 규모 면에서만 보더라도 세간의 화제를 불러일으키기 충분했고, 특히 인터넷 도박사이트가 그야말로 '황금알을 낳는 거위'란 사실을 여실히 증명하면서 인터넷 도박의 병폐가 얼마나 심각한지를 잘 보여주었다. 당시 경찰은 '경찰 창설 이래 현장에서 압수된 현금으로는 최대 규모'라면서 이 돈들을 모두 국고 귀속하는 개가(?)를 올렸다. 나는 이 사건을 보면서 정확히 5년 전이었던 2006년 '바다이야기' 광풍을 떠올렸다.

대검찰청 검찰연구관에서 2006년 초 서울서부지방검찰청으로 발령이 났다. 미국 연수 1년에 대검찰청에서의 2년 반을 합쳐 3년 6개월을 수사가 아닌 다른 업무를 하다 보니 수사에 대한 '감感'을 찾는 것이 급선무였다. 당시까지 검사로서 7년을 보냈으니 검사로서는 수사에 물이 올랐어야 할 시기였지만, 그중에 절반을 수사가 아닌 업무를 맡았던 셈이라, 다시 초임 검사가 된 심정으로 기록들을 파고들어야 했다. 군법무관 3년 경력을 합치면 10년이란 세월이 흘렀고, 바로 검사로 임관한 동기들은 특수니, 공안이니 하는 분야에서 나름대로 '일가'를 이룬 검사들도 많았지만, 수사 경력이 많지 않았던 나는 일반 강력사건이나 사행·퇴폐 등을 담당하는 형사 3부에 배치되었다. 때마침 2006년 당시는 전국적으로 '바다이야기'라고 하는 신종 도박 게임기를 운영하는 업소가 초호황을 누리던 시기였다. 1990년대 '파칭꼬' 사업 허가가 폐지된 이후 외국인을 상대로 한 경우나, 정선카지노처럼 특별한 허가를 받은 경우를 제외하고는 '도박 시장'은 모두 불법이 되었는데, 2000년대 들어 IT 산업의 발달을 등에 업고 도박 사업이 다시 활황을 맞이하고 있었다. '바다이야기'는 허가된 합법적인 게임기의 프로그램을 변형시켜 사행성을 높이고, 게임에서 얻은 점수를 현금으로 환전해 주는 '환전상'과 연계하여 손님을 끌어들이면서 전국적으로 업체 수가 기하급수적으로 늘어났다. 골목마다 '바다이야기' 간판을 내건 불법 게임장들이 우후죽순처럼 생겨났고, 업소를 시작한 지 몇 개월 만에 몇 억을 벌 수 있다는 소문이 나돌았다. 또 한편으로 'PC방'을 이용한 인터넷 도박사이트가 기승을 부렸다. 2000년대 들어 초고속 인터넷망을 갖춘 PC방이라고 하는 업소가 생기기 시작했는데, 도박사이트 운영 업체들이 PC방과 계약을 맺어 전문적으로 자신들의 도박사이트만 사용할 수 있도록 하는 일종의 '도박장 체인'이 등장했다. 인터넷의 고속화는 원래 포르노나 도박처럼 불법적인 수요 때문에 빠르게 발달되었다고 하는 것을 증명이라도 하듯, 이들 인터넷 도박장들은 초고속 인터넷망이 설치된 PC방을 이용하여 성업을 이루었다.

바다이야기나 인터넷 도박사이트에 정권 실세까지 개입되어 있다는 말이 돌기 시작하고, 불법 도박 산업이 사회 문제화 될 정도로 급성장을 하게 되자, 드디어 경찰과 검찰에서 대대적인 단속에 들어갔다. 내가 소속되어 있던 형사 3부에서도 관내 도박 PC방들을 중심으로 단속을 벌였다. 경찰에서도 부지런히 단속을 하여 불법 게임장 업주들과 도박 PC방 업주들, 그리고 손님들을 여럿 처벌했지만 전체적인 도박 시장 규모에 비하면 이들은 그야말로 '피라미급'에 불과했다. 이들만 처벌하는 것은 고구마 잎만 따는 것에 불과했고, 고구마 줄기를 캐기 위해서는 도박으로 얻어진 자금이 최종적으로 흘러들어 가는 곳을 찾는 것이 필요했다. 특히, 인터넷 도박의 경우 인터넷 도박사이트의 업주를 붙잡거나 그 수익금을 압수하는 것이 진정으로 고구마를 따는 것으로 보였다. 마침 대검찰청에서도 바다이야기 게임장이나 불법 PC방 같은 업소들 단속은 경찰에서 집중적으로 맡고,

검찰은 불법 도박으로 얻은 범죄수익 환수에 집중하도록 독려하고 있었다.

범죄수익 환수라고 하는 분야는 2000년대 전까지만 해도 국내엔 생소한 분야였다. 2001년부터 '범죄수익 은닉의 규제 및 처벌 등에 관한 법률'이 시행되면서 종전에는 일부 마약관련 범죄에 한정되어 있던 범죄수익 환수 제도가 중요 범죄 전반으로 확대되었는데, 2006년 대대적인 불법 도박 단속과 더불어 범죄수익 환수 제도가 본격적으로 운영되기 시작하였다. 그때부터 불법 도박 단속은 개별적인 업소나 사람에 대한 단속에서 끝나지 않고, 그 수익을 추적하여 수익금이나 수익금으로 얻은 또 다른 재산을 찾아 몰수하거나 추징하는 범죄수익 환수로 연결되어야 성공적인 수사가 될 수 있었다.

그러나 돈이란 것은 이름표를 달고 있지 않다. 마늘밭에서 110억 원을 '줍는' 경우는 정말로 운이 좋은, 당하는 입장에선 억세게 운이 나쁜 경우에 속한다. 불법 도박으로 얻은 수익금은 꽁꽁 숨어있는 것이 보통이다. 차명 계좌나 가명 계좌에 숨겨진 것은 기본이고, 현금으로 수차례 탈바꿈 하면서 범죄와의 꼬리를 끊는 자금세탁 과정으로 이어진다. 이름표가 달려 있지 않은 돈의 흐름을 추적, 추적하여 결국 그 돈의 주인을 찾아 이름표를 붙여 주는 것은 여간 인내심을 요하는 작업이 아니다. 2006년 당시만 해도 지금과는 달리 이런 자금 추적 기법이 발달되어 있지도 않아 참고할 만한 사례도 많지 않았다. 여러 건의 자금 추적에서 벽에 부딪치는 경험을 거듭하고 있던 중, 드디어 인터넷 도박 사이트 운영자로 의심되는 사람의 차명계좌를 발견하는 기회를 잡았다. 경찰에서 인터넷 PC방을 단속하여 업주를 송치하였는데, 그 업주가 도박사이트 업체에 정기적으로 송금해 준 흔적이 있는 업주의 계좌가 기록에 나타나 있었다. 그 계좌를 시작으로 송금된 돈의 흐름을 쫓아가기 시작했다. 한 번에 PC방 업주에게서 도박사이트 업체에 송금된 것이 아니라 몇 단계의 피라미드 같은 절차를 거쳐 돈이 송금되었는데, 그 단계를 따라가다 보니 수십억 원의 자금이 관리되는 '저수지'를 발견해 낼 수 있었다. 그 계좌 역시 차명으로 관리되는 계좌였는데, 수시로 현금으로 인출되는 은행 영업점이 거의 동일했고 이와 연결된 계좌들을 모두 파헤쳐보니 어느 정도 그 저수지의 주인이 누구인지도 가닥이 잡혀 갔다.

도박사이트 업주를 특정해 나가면서 들은 소문에 의하면, 새로 생겨난 사이트이면서도 공격적인 경영으로 빠르게 시장점유율을 높인 업체였고, 그 업체 주인으로 추정되는 인물은 최고급 벤츠 승용차까지 몰고 다닌다는 정보도 들어왔다. 일찍이 범죄수익 환수에 집중한 미국의 경우 '범죄수익 몰수기금'까지 만들어 운영하면서, 불법 수익으로 얻은 고급 승용차를 몰수하여 기금에 편입시키고 수사기관의 업무용 차량으로 사용하는 경우도 있다. 미국 영화를 보면 미국 연방마약수사청DEA 직원들이 고급 스포츠카를 몰면서 정보원들과 접촉하는 장면들이 간혹 등장하는데, 그 스포츠카들이 바로 몰수기금에 편입되어 있는 일종의 범죄수익들이다. 우리나라는 이런 몰수기금이 없으니 벤츠를 몰수한다 해도 내가 그 차량을 타 볼 수는 없겠지만,

1 '열정'으로 일하고

불법 도박 수익으로 구입한 벤츠를 몰수하거나 추징만 할 수 있다면 범죄수익 환수의 새 지평을 열 수 있는 성과였다.

나와 수사관은 벤츠로 둔갑했을지 모를 자금 추적에 박차를 가했다. 벤츠를 타고 도망 다니고 있을 그 도박사이트 업주를 직접 붙잡아 벤츠를 몰수할 수만 있다면 가장 이상적인 수사가 될 것이다. 그러나 잠적한 업주를 언제 붙잡을지 모를 상황이므로, 자금 추적에 성공해서 도박 수익금이 벤츠 구입 대금으로 사용된 것을 입증해야 했다. 그래야만 최소한 자동차 등록증에 추징의 대상이 되었다는 '딱지'라도 붙일 수 있다는 각오로 도박 수익금이 벤츠 구입 자금으로 사용된 흐름을 쫓아갔다. 드디어 몇 단계의 자금세탁을 거친 도박 수익금이 시가 2억원이 넘는 벤츠 S550 승용차 구입에 사용되었음이 확인되었다. 범인을 잡았을 때보다 더 짜릿한 쾌감을 느낄 수 있었다. 그러나 그것도 잠시. 그 벤츠 승용차는 불행히도 '리스' 형태로 판매된 것이어서 도박사이트 업주의 이름이 아닌 리스 회사의 이름으로 등록되어 있었다. 차량을 확보하지 못한 상태라 몰수가 불가능한 상황에서, 차량의 주인이 리스 회사로 등록되어 있는 이상 추징도 할 수 없는 상태임을 확인하고는 며칠간의 자금 추적에 열을 올리던 수사관과 나는 허탈감에 빠질 수밖에 없었다. 눈앞에서 벤츠를 놓친 나는 더 약이 올랐다. 도박사이트를 만들어 몇 달 만에 수십억 원을 번 사람이 벤츠를 타고 다니면서 으스대는 모습을 상상하니 참을 수 없었다. 나는 다른 자금들도 계속 추적해 나갔고, 그 자금들이 수억 원의 양도성예금증서CD로 탈바꿈한 사실과, 서울 강북 주택가에 그럴싸한 단독 주택으로 둔갑해 있는 사실을 확인할 수 있었다. 양도성예금증서를 발급한 은행지점은 바로 현금 인출이 수시로 발생했던 그 지점이었다. 나는 지점장과 담당 과장까지 소환하여 그 계좌의 주인이 차명으로 거래했던 것을 눈감아 준 정황을 포착했다. 지점장과 담당 과장은 그 사람이 도박사이트를 운영하는 사람이란 것은 절대 몰랐다며 대신 양도성예금증서에 대해서는 절대 지급을 하지 않겠다는 다짐을 했다. 나는 양도성예금증서의 지급청구권을 가압류해 두었으나 그것으로 분이 풀리지 않았다.

다음 차례는 고급 주택. 십수억 원에 달하는 단독주택을 역시 차명으로 소유하고 있음을 확인하고, 도박사이트 운영 수익이 몇 단계의 자금세탁 과정을 거쳐 주택 구입 자금으로 흘러들어갔음을 입증하는 데 성공할 수 있었다. 그 주택에 대해 '몰수보전처분'(몰수 판결이 확정될 때까지 임시적으로 처분을 금지하는 일종의 가처분)을 받아 등기부에 선명하게 나라 '국國' 자가 찍히게 하는 것으로 그 단독 주택에 대한 범죄수익 환수 절차를 마무리했다. 도망 다니는 범인 대신 움직이지 않는 부동산에 나라 이름으로 범죄수익임을 확인시켜 둔 것인데, 당시만 해도 이런 형태의 범죄수익 환수에 성공한 사례는 드물었다. 몇 개월간의 끈질긴 자금추적 끝에 범죄수익 환수에 상당한 성과를 거두었고, 대검찰청으로부터 우수 형사부 검사로 지명되기도 했다.

'사람에 대한 수사에서 돈에 대한 수사로'의 패러다임 전환을 의미하는 자금추적과 범죄수익 환수는 경제적 이권으로 시작되는 모든 범죄에 적용되어야 할 필수적인 제도이다. 다행히 검찰에서는 범죄수익 환수를 위한 물적, 인적 자원을 확충하고 이 제도의 확대에 공을 들였고 그동안 상당한 성과를 거둘 수 있었다. 나도 이후 부장검사나 지청장으로 재직하면서 사람을 놓치는 경우가 있더라도 범죄수익 환수에는 철저를 기하도록 후배 검사들을 독려했다. 속초지청장 재직 시절에는 안마시술소를 가장한 성매매 업소를 경찰에서 일회적인 성매매 사건으로 단속하여 송치한 사건이 있었는데, 주임 검사로 하여금 실제 수익이 흘러간 경로를 추적하게 하여 실제 업주를 구속하고 범죄수익을 환수한 사례가 있었다. 흔히 시각장애인인 안마사를 '명예원장'으로 고용해 두고 실제 업주는 뒤에서 숨은 상태로 수익만 챙기는 것이 성매매 안마시술소의 모습인데, 이들 안마사나 종업원들은 실업주를 누설하지 않고 자기들이 책임진다는 조건으로 고용되는 경우가 많아, 사람에 대한 수사만 해서는 실업주를 밝히는 것이 대단히 어렵다. 그래서 안마시술소의 수익 흐름을 쫓아가야 하고 그 수익을 쫓아가다 보면 자연스럽게 실업주가 확인될 뿐만 아니라, 그 수익을 환수하는 단계에 이르면 모든 관련자들이 스스로 자신들의 범죄를 인정하지 않을 수 없는 단계에 이를 수 있다. 당시 주임검사의 끈질긴 자금추적으로 관내에서 경쟁적으로 성매매 안마시술소를 운영하던 두 업소의 실업주들을 모두 적발하였고, 이들로부터 자백을 받았을 뿐만 아니라 범죄수익까지 환수할 수 있었다. 당시 범죄수익 환수의 대상은 안마시술소로 사용된 5층짜리 건물이었다. 1, 2심에서는 이 건물을 '통째로' 범죄수익 환수 대상으로 할 것인지 판결이 엇갈렸지만, 대법원에서는 이를 받아들였다. 그 판결이 바로

"성매매에 이용된 건물도 범죄수익 환수 대상으로 보아 몰수할 수 있다."는 첫 대법원 판결인데, 판결문에서는 "성매매가 산업적으로 재생산되는 고리를 차단하고 성매매 알선 등 행위를 통해 불법수익을 얻으려는 유인을 막기 위해서는 성매매 알선 행위에 대한 처벌이 실효를 가질 수 있도록 강한 책임을 물을 필요가 있다."고 몰수 이유를 밝혔다.

불법 도박사이트를 동업했던 당사자들끼리의 분쟁으로 우연히 마늘밭에 숨겨져 있던 현금 다발을 찾아내는 것은 극히 예외적인 경우이다. 말이 없는, 그리고 이름표도 달고 있지 않은 돈의 흐름을 쫓아간다는 것은 백사장에서 바늘을 찾는 것만큼이나 인내심을 요하는 작업이다. 그러나 범죄를 말끔하게 도려내기 위해서는 사람에 대한 수사 못지않게 돈에 대한 수사가 필수적이며, 몰수기금제도처럼 이를 강화할 수 있는 제도적 뒷받침이 뒤따라야 한다. 무엇보다도 범죄자들이 범죄수익을 향유하면서 편하게 살아가는 꼴은 볼 수 없다는 수사 담당자들의 열정이 또한 필수적임은 물론이다.

복수

"복수를 하려는 것이 아닙니다. 그러나 죗값은 치러야지요."
학교 폭력이 심각한 사회문제로 대두되었던 2012년 초. 학교 폭력에 시달리다 자살까지 이른 한 아이의 어머니가 기소된 가해 학생들을 엄히 처벌해 달라며 재판부에 눈물로 호소한 이야기였다. 가해 학생들에게 중한 형을 선고하면 아이를 잃은 슬픈 어머니의 원한이 달래질 수 있을까?

2006년에 발생한 용산 초등생 살해 사건. 나는 당시 서울서부지검에서 강력사건을 담당하고 있었다. 용산 주택가에서 실종되었던 초등학교 5학년 여학생이 며칠 뒤 의정부에서 변사체로 발견되었다. 그것도 시커멓게 그을린 시체로. 어린 여학생이 무참하게 살해된 충격적인 사건으로 사체가 발견되었을 때부터 언론의 집중적인 보도가 터져 나왔다. 사체에 대한 검시는 의정부지검에서 맡았고, 용산경찰서에서 수사에 착수한 시점부터 강력 담당인 내가 수사지휘를 맡았다. 경찰에서는 숨진 아이의 실종 당일 동선을 파악하고 인근의 CCTV 등을 분석하는 등 신속하게 수사하였다. 숨진 아이의 집 근처 시장에서 신발을 팔고 있던 사람을 용의자로 지목, 검거하는 데 성공하였고, 범행 일체도 자백을 받았다. 범인은 50대의 남자로 신발가게를 운영하고 있었는데, 몇 년 전에도 아동 성추행 혐의로 집행유예를 선고받았던 전과가 있는 사람이었다. 범인은 범행 당일 저녁 시간에 술에 취한 상태로 혼자 가게에 있다가, 피해 여학생이 혼자서 가게 앞에 진열된 신발을 구경하는 것을 보고 범행 충동을 일으켰다. 여학생이 '오천 원'이라고 써놓은 가격표를 보고 "이것도 오천 원이에요?"라고 묻자 "말만 잘하면 공짜로도 준다. 가게 안에 들어와서 구경해라."고 하면서 악마의 본성을 드러낸다. 여학생이 혼자 가게 안으로 들어오자 문을 걸어 잠근 다음 여학생을 추행하기 시작했다. 여학생이 고함을 치며 반항을 하자 자기가 과거 범행으로 집행유예 받았던 것이 겁이 나 여학생의 목을 졸라 기절시켰다. 그리고는 의식이 없는 피해자의 목에 흉기를 찔러 살해했다. 범인은 사체를 혼자 처리하기 어렵게 되자 아들을 불렀다. 아들에게 범행을 실토하고는 아들과 함께 사체를 의정부로 옮겨 불에 태우고 만다. 그야말로 엽기적인 범행, 그 자체였다.

　언론에서는 잔혹한 범행에 치를 떠는 시민들의 반응이 연일 보도되면서, '용산 초등생 살해사건'이라는 이름으로 범행 내용이 계속 보도되었다. 검찰로 사건이 송치된 이후, 나는 어차피 이 사건은 범인들이 범행을 자백했기 때문에, 양형 문제, 즉 어느 정도의 형이 선고되어야 하는지가 중요한 문제가 될 것이라고 판단했다. 3회에 걸쳐 피의자를 조사하면서 양형에 고려가 될 수 있는 사항 위주로 상세히 조사했다. 과거 집행유예를 선고받았던 사건의 기록부터 시작하여,

그 이후의 범인 행적, 음주량 등 일상생활, 주위 상인들의 평에 이르기까지 상세히 확인했다. 범인은 자신의 범행을 뉘우친다고 말은 했지만, 이미 아동 성범죄로 집행유예를 선고받았음에도 다시 이런 무참한 범행을 저지른 범인에게서 '반성'의 진정성을 찾기는 어려웠다. 수사를 진행하던 중에 숨진 아이의 부모님들로부터 연락이 왔다. 이루 형언할 수 없는 슬픔을 억누르느라 부부는 치를 떨었다. 부모의 아픈 마음을 어떻게 달랠 길이 없어 나는 묵묵히 이야기를 들었다. 그리고 부모님의 심정을 충분히 이해하고 있으니 힘을 내시라고 짧은 위로의 말씀을 드렸다. 부모님의 심정을 이 기록을 보는 사람들이 모두 이해할 수 있도록 탄원서를 작성하여 제출해 달라고 하고, 그 탄원서도 기록에 첨부하였다. 이 사건이 사회에 던진 충격 때문에 시민단체에서도 관심을 갖고 간부 몇 사람이 검사실을 방문하였다. 이들도 모두 이 사건이 사회에 끼친 충격을 고려해서 가해자를 엄벌해 달라고 하였다. 그중에 한 명은 원래 자기가 속한 단체에서는 사형제 폐지를 주장하고 있으나, 이번 사건만큼은 우리 사회에 대한 경고 차원에서라도 사형이 선고되어야 할 것이라고 이야기했다.

나는 이 사건 이전까지는 사형을 구형해 본 적이 없었다. 살인사건의 경우에도 피해자가 다수인 경우 이외에는 어지간해서는 사형을 선고하지 않는 것이 법원 관행이었고, 사형이 선고된다고 하더라도 집행이 된 지는 이미 오래였다. 그러나 나는 이 사건만큼은 사형이 선고되고 집행되어야 한다는 생각에 장문의 논고문을 썼다. 그리고 법정에서 사형을 구형하였다. 재판 결과에 세간의 이목이 집중되었고, 첫 여성 법무부 장관이던 당시 장관도 이 사건에 대해 의견을 피력했다. 1심 재판 결과는 무기징역. 언론에서는 사형 선고가 마땅하다는 여론이 강했고, 피해자의 부모들은 비참한 심정으로 사형을 선고해 달라고 오열했다. 나는 사형 선고의 필요성을 다시 한 번 강조하며 항소했다. 그 부모님들은 나에게도 제발 사형이 선고되어 어린 딸의 원한을 달래달라며 하소연했다. 나도 가슴이 아팠고, 부모의 한을 풀어주지 못한 것에 무력함도 느꼈다. 항소심에서도 범인에 대한 형은 무기징역으로 확정되었다.

물론 사형이 선고되고 집행된다고 해서, 애지중지 키워온 외동딸을 무참히 먼저 보낸 부모의 한이 풀릴까. 그런 이유로 해서 사형제에 대한 폐지 주장이 끊이지 않고 있으나, 죄에 대한 응보應報라는 형벌의 가장 원초적 기능을 무시할 수는 없을 것이다. 범죄 피해자에 대해 사적인 복수를 금지하는 대신 국가가 피해자를 대신하여 가해자를 처벌한다는 국가형벌주의. 이런 사건에서 만일 부모에게 복수를 허용한다면 당연히 그 부모들은 '눈에는 눈, 이에는 이'였을 것이다. 그 복수를 국가가 대신해 달라고 하는 부모의 외침을 '사형제는 인권국가의 수치'라는 한마디로 무시할 수는 없는 노릇이다.

자식을 잃어버린 부모의 한 맺힌 절규를 나는 천안지청에 근무할 때에도 경험한 바가 있다. 의경으로 복무 중이던 아들이 휴가를 나와 의경 부대 내에서 선임들로부터 자주 폭행을 당한다는 하소연을 한 후 자살했다. 어머니는 그 하소연을 근거로 당시 같은 내무반에 있었던 선임 의경들을 고소하였다. 선임 의경들은 하나같이 폭행한 사실이 전혀 없다며 부인하였고 자살한 의경이 유서도 남기지 않아 결국 증거가 없다는 이유로 경찰에서 무혐의 의견으로 검찰에 송치되었다. 어머니는 검사실로 찾아와 가슴에 묻은 자식을 생각하며 흐느꼈다. "가해자들을 꼭 처벌해 주십시오. 그래야 죽은 아들의 원혼이라도 달랠 수 있지 않겠습니까." 국가의 부름을 받고 군대나 의경으로 입대한 자식이 싸늘한 주검으로 돌아왔을 때 부모의 심정이 어떠하겠는가. 더군다나 부대 안에서 폭행을 당해 괴로운 마음에 자살했다면, 그 부모에게 있어 가해자들은 자식에 대한 살인자 이상으로 증오의 대상이 될 것이다. 이 어머니에게 의심되는 의경을 직접 조사하라고 한다면 아마 고문을 해서라도 자식을 폭행한 의경을 찾아내지 않을까. 검사인 내가 그렇게 할 수는 없지만, 대신 그 어머니의 마음이 되어 선임 의경들을 조사해 보기로 하였다. 지금도 의경으로 근무 중인 경우는 사실을 말하기 어렵다고 판단, 피고소인들 중에 이미 전역한 사람 두 명을 우선 수사대상으로 하였다.

처음에는 출석조차 거부하던 이들도 나의 끈질긴 설득에 출석하여 다시 조사를 받았고, 나는 둘을 번갈아 소환하며 설득하기 시작했다. 이들은 전과도 없고 정상적인 가정생활과 직장생활을 하고 있었으며, 어느 정도 자살한 의경에 대해 안타까운 마음도 갖고 있는 듯했다. "입장을 바꿔서 생각해 봅시다. 피의자가 다른 의경으로부터 폭행을 당했던 사실이 있고 자살을 했다면, 피의자 어머니의 심정은 어떻겠습니까? 그리고 어떻게 하겠습니까? 아마 이번에 처벌을 받지 않는다고 하더라도 평생 괴롭히며 복수하려고 할 겁니다. 차라리 솔직히 말하는 것이 원한을 없애는 것이 아니겠습니까?" 몇 차례에 걸친 끈질긴 추궁에 한 피의자가 사실을 토로하기 시작했다. "사실 자살할 정도로 무슨 가혹행위를 한 것은 아닙니다. 함께 외출했을 때나 또는 내부반에서 사소한 일로 꿀밤을 몇 대 때리거나 발로 정강이를 찬 적이 있습니다. 그런데, 그 어머니의 기세를 보면 이런 거라도 자백을 하면 아마 자식이 죽은 것에 대해 모든 책임을 지라고 달려드실 것 같아 일체 그런 일 없다고 했던 겁니다." 나는 다시 피의자를 설득했다. "자살을 하게 된 모든 동기가 의경 생활 때문만은 아닐 것입니다. 그리고 자살과 직접적인 인과관계가 없는 이상 살인죄처럼 중하게 처벌받는 것도 아닙니다. 그러나 사소한 폭행이라도 죽은 사람에게 괴로움을 줬다면 솔직히 털어놓는 것이 피의자의 마음도 편안하게 하지 않겠습니까." 그 이후로 피의자들을 다시 조사해 가며 몇 가지 폭행 사실을 추가로 확인할 수 있었다. 물론 내게 말한 것이 모든 것이 아닐 수도 있겠지만, 나는 그나마 이들을 기소할 수 있는 정도의 사실관계는 확인하였고 그 어머니에게 설명을 해 준 후 이들을 기소하였다. "어느 정도의 폭행 사실은 인정되지만 아드님이 자살한 시점과의 차이나, 또는 폭행의 정도로 봐서 가해자들을 중하게 처벌할 수는 없습니다. 이들도 솔직히 자신의 잘못을 인정한 부분이 있으니 마음을 달래어 보도록 하세요." 어머니는 다시 흐느꼈다. "용서할 수 없습니다. 불쌍한 내 새끼…."

법에 의한 처벌이 피해자의 분에 찰 수는 없다. 특히, 자식을 잃은 부모의 심정은 어떤 것으로도 보상이 안 될 것이다. 가해자에 대한 형벌로나마 그 마음의 일부를 위로할 수 있을 뿐이다. 피해자의 입장에서는 형벌이 갖는 '응보'의 기능이 중요하겠지만, 한편으론 '일반 예방 효과', 즉 가해자에게 합당한 형벌이 가해지는 것을 본 일반인들로 하여금 범죄의 본능을 억제하도록 하는 기능도 중요하다. 최근에는 형벌은 가해자에 대한 '교화 기능'에 중점을 두어야지 이런 응보의 효과나 일반 예방 효과를 강조한다면 중형 주의로 나가게 될 위험이 있다는 주장도 있다. 그러나 '용산 초등생 살해사건'이 있은 후 몇 년 간 줄지어 터져 우리 사회를 경악시킨 아동에 대한 성폭행 사건, 그리고 끊임없이 재발하고 있는 군대나 의경 내의 왕따나 가혹행위 사건을 보면서 역시 형벌은 응보와 일반 예방이라는 원초적인 기능이 무시되어서는 안 된다는 생각이 들었다. 용산 초등생 살해 사건의 부모님은 그 후에도 비슷한 사건이 생길 때마다 언론에 인터뷰를 하며 당시 가해자에게 사형이 선고되지 않았던 것을 가슴 아파하고 있다.

단골손님

검사실 방으로 들어선 할머니는 우렁찬 목소리로 나를 향해 쏘아붙였다. "당신이 나를 미친 X 취급한 그 검사요!" 나는 할머니 눈에 비치는 광기를 보고 순간 움찔하지 않을 수 없었다. "할머니, 이리 와서 앉으세요. 저하고 이야기나 나눠 봅시다." 나도 드디어 '피의자' 반열에 오르는 순간이 되었다는 것을 감수하고 할머니와의 이야기를 이어나 갔다.

요즈음은 관공서 앞에서 1인 시위를 하는 모습을 쉽게 볼 수 있다. 각종 정책에 대한 반대를 내용으로 하는 시민단체의 릴레이식 1인 시위가 있는가 하면, 개인 차원의 민원해결을 목적으로 하는 진정한 의미의 1인 시위도 있다. 간혹 이런 1인 시위가 정책 결정에 반영되어 언론의 이목을 받으면 'OO 앞 피켓녀'라는 식으로 인터넷에 그 1인 시위자의 모습이 사진으로 돌아다니기도 한다. 이런 1인 시위는 다수인의 집회인 경우 거쳐야 할 신고절차를 피하면서도 집회와 같은 효과를 얻을 수 있어 시작된 것인데, 그 원조는 검찰청이나 법원 앞의 단골 민원인들이라고 할 수 있다. 지금도 웬만한 검찰청이나 법원 앞에는 'OOO 무혐의가 웬말이냐. 담당검사 OOO을 직무유기로 처벌하라.'는 식이나 '내 가족 목숨 앗아간 ○○○. 검사까지 돈 먹였냐.'는 등의 피켓을 든 사람들을 흔히 볼 수 있다. 자기는 분명히 가해자가 처벌을 받을 것으로 생각하고 고소나 진정을 제기했음에도, 검찰청에서 혐의를 인정하기 어렵다는 처분이 내려진 경우, 법적인 민원 절차를 모두 거쳐도 더 이상 하소연할 정상적인 절차가 없을 때, 그 가해자와 담당 검사 등을 싸잡아 비방하는 내용을 담은 대자보를 들고 검찰청 앞에 버티고 선 경우들이다.

이런 식의 1인 시위에 들어간 사람들은 어지간해서는 1인 시위를 스스로 끝내는 경우가 없다. 짧게는 수개월에서 길게는 수년씩 같은 검찰청 앞에 버티고 선 경우들이 많다. 이런 1인 시위자들은 검찰청 앞에 왕래하는 사람들이 많은 출퇴근 시간에 집중적으로 나타났다가 그 시간 이후에는 사라지는 경우도 있는가 하면, 보는 사람이 있든 없든 지긋이 그 자리를 지키고 있는 부류도 있다. 사연 없는 무덤 없듯이, 이들의 이야기를 찬찬히 들어보면 나름대로 억울한 일을 당한 경우가 많다. 그것이 법적으로 해결할 수 있는 문제이든 없는 문제이든 그것은 중요하지 않다. 검사로부터 가해자의 법적인 처벌이 어렵다는 결정문을 받았거나 설명도 들었지만 이해가 되지는 않는다. 결국에는 자기에게 피해를 줬다는 가해자보다도 혐의가 없다고 최종 판단한 해당 검찰청이, 그리고 담당 검사가 이들의 원한의 대상자로 탈바꿈하는 경우가 대부분이다. 간혹 이런 사람들을 상대로 다시 처음부터 사건의 전말을 들어보고, 해당 기록들을 다시 한 번 샅샅이 수사하여 가해자를 처벌하거나 다른 사건해결 수단을 조언해 줌으로써 이들로부터 '한풀이'를 했다는 칭송을 듣고 그런 내용이 언론까지 보도되는 경우도 있지만, 극히 예외적인 '드라마' 같은 경우이다.

　지금도 서울 서초동의 대검찰청과 서울중앙지방검찰청 사이에 거의 매일 1인 시위를 하는 아저씨가 있다. 사연인즉, 경북 어느 지방에서 불법 도박꾼들에게 거의 전 재산을 도박으로 탕진한 후 그 도박꾼들을 상대로 처벌해 달라는 고소와 진정을 수차례 제기하였는데 제대로 처벌되지 않았다는 것이다. 다른 경우와 마찬가지로 그 아저씨가 들고 있는 피켓에는 자기가 제기한 사건의 '역대' 담당 검사들이 줄줄이 실명으로 등장한다. 하도 꾸준히 1인 시위를 해서 그 사연에 관심을 가진 검사들이 많았는데, 이야기를 종합해 보면 그 도박꾼들이 형사적으로 처벌을 모두 받았지만, 자신의 잃어버린 재산은 못 찾았기에 그들에 대한 처벌이 시원찮았다고 생각한 나머지 시골에서의 모든 가업을 청산하고 서울에 와서 몇 년째 시위를 하고 있다는 것이다. 그 피켓에 등장하는 담당 검사들 중 상당 부분은 이제 변호사로 개업하여 더 이상 검사가 아님에도, 그 아저씨는 검찰청 앞을 고수하고 있다. 한번은 명예훼손죄로 처벌받아 몇 달간 징역형을 받은 적도 있다고 하는데, 출소한 이후에도 같은 내용의 피켓을 들고 어김없이 같은 곳에 나타났다. 이쯤 되면 정신적으로도 강박관념이나 편집증에 사로잡힌 '비정상적' 상태라는 주위의 이야기가 이해가 되었다.

1 '열정'으로 일하고

내가 대검찰청에 근무할 때 거의 매일 이 아저씨를 봤는데, 점점 그 모습이 피폐해져 가는 것을 느낄 수 있었다. 노숙자로 생활하고 있다니, 저러다가 검찰청 앞에서 쓰러지지나 않을지 걱정도 되었다. 초겨울 어느 날 갑자기 날씨가 추워진다 싶은 날이었던 것으로 기억된다. 그 아저씨 앞을 우연히 지나가다가 추운 날씨에 목욕이라도 하라는 심정으로 나는 3만원을 꺼내 그 아저씨에게 갔다. 그 아저씨는 순간 경계하는 눈빛이었으나, "아저씨, 잠은 제대로 주무십니까? 시위는 계속 하더라도 어디 가서 식사라도 하고 목욕이라도 하세요." 하는 내 말에 표정이 금방 누그러들었다. 나는 짐짓 원망의 마음이 나에게로 향하여 길에서 봉변이라도 당하지 않을까 하는 생각도 없지는 않았지만, 그 아저씨의 대답은 의외였다. "제가 이런 도움을 받을 자격이 있는지…." 하면서, 감사하다며 내 돈을 받았다. 정신 이상은커녕 스스로의 형편을 잘 알고 있는 불쌍한 민원인의 모습이었다. 법적으로 도움을 받기는 어렵더라도, 정신병자로 취급받을 정도는 아니었다. 처음부터 사건이 잘 해결되었더라면, 아니 처음부터 도박에 한눈팔지 않았다면 이 사람도 상습 1인 시위꾼을 일컫는 '검찰청 단골손님'은 되지 않았을 텐데라는 아쉬운 생각이 들었다.

대검찰청 근무가 끝나고 서울서부지검 강력담당 검사로 근무할 때이다. 정신병이 있는 것으로 의심되는 60대 중반의 할머니가 용산 미군부대에 침입, 건물에 불을 질러 목조건물 몇 개 동이 전소하고, 잠을 자던 인부 몇 명이 중상을 입는 사건이 발생했다. 다행히 그 할머니는 현장에서 체포되었는데 경찰 기록상으로 일정한 주거도 가족도 없는 노숙자 할머니였다. 경찰에서 조사한 내용을 보니, 이 할머니도 서울중앙지검 앞 등에서 매일 1인 시위를 하고 있는 '단골손님' 중 한 명이었는데, 최근에는 무슨 연유인지 미국 대사관 앞으로 장소를 옮겨 몇 달째 '반미 1인 시위'를 하고 있던 중이었다. 그러다가 반미감정이 폭발하여 미군 부대에 침입, 방화에까지 이른 것이라고 '범행동기'가 정리되어 있었다. 나는 정신감정을 받도록 지휘를 한 다음, 그 할머니의 전과내용을 유심히 봤다. 아주 오래전에 사기죄로 가벼운 처벌을 받은 사실이 있을 뿐 이런 큰일을 저지를 것을 예고할 만한 전과는 보이지 않았다. 검찰청 단골손님이었다는 내용에 관심이 가, 그 할머니가 그동안 고소나 진정을 제기했던 내역을 따로 살펴보았다. 역시 단골손님이라 할 만큼 화려한 고소 경력이 나왔는데, 특이하게도 피고소인으로는 모 재벌기업 회장과 미국 대통령, 주한 미국 대사 등이 있었고, 또 이러한 사건을 '혐의없음' 또는 '각하' 처리한 일련의 평검사부터 검찰총장까지 다수의 검사가 '피고소인'에 포함되어 있었다.

검찰청으로 송치된 사건은 지휘를 담당했던 나에게 배당되었고, 나도 검사생활 7년 만에 드디어 피고소인 반열에 오를 위기(?)에 처했다는 생각이 들었다. 예상한대로 섬뜩한 눈매를 한 할머니는 검사실에서 나를 본 순간 "당신이 나를 정신병자 취급해서 정신감정을 받게 한 그 검사냐." 하고 당차게 일갈했다. 사건 내용이야 어차피 다 정리된 상태였고, 정신감정 결과가 나오면 치료감호를 붙여 처리할 계획까지 다 세워놨던 터라 나는 '단골손님'들의 정신세계나 알아보자는 생각으로 '조사'가 아닌 '대화'에 나서 보았다. 처음에는 살기가 등등하던 눈도 하루 이틀 지나니 살기가 풀렸고, 자기 말을 진지하게 들어준다고 생각했는지 할머니는 내가 궁금해했던 이야기들을 스스럼없이 하기 시작했다. 사연을 들어보니, 할머니는 원래의 남편과 두 아들을 놓고 살던 중 남편과 이혼하고 혼자 작은 사업을 하면서 아들들을 키웠다. 그러다가 미국에 살고 있던 새로운 남자를 알게 되어 재혼을 약속하게 되었고, 아들들은 먼저 미국으로 보내 유학을 시키게 되었다. 그러다가 사업이 힘들어지게 되어 부도가 나고 그 과정에서 사기죄로 가벼운 처벌을 받게 되었는데, 그때 사업이 모 재벌기업과 관계된 것이었다. 할머니는 국내 생활을 정리하고 미국으로 가 재혼을 하고 두 아들과 함께 새로운 출발을 하고자 했으나, 예기치 못하게 미국 대사관에서는 그 사기 전과 때문에 할머니의 미국 비자를 발급해 주지 않았다. 한 번 비자가 거부되니 그 다음부터는 재혼하려던 남자와 미국의 아들들이 아무리 노력해도 할머니의 미국 비자는 나오지 않았다. 결국 미국에서 자리 잡은 두 아들들은 미국에서 각자 결혼을 한 후 한국의 어머니와는 점차 소원해져 갔고 재혼하려던 남자와는 연락이 끊겼다. 한국에 혼자 남은 할머니는 생계조차 유지하기 어려운 상황이 되었고, 마지막 희망을 걸었던 아들들도 간간히 생활비만 보내올 뿐 더 이상 한국으로 들어올 생각을 하지 않았다. 그러는 사이에 할머니는 나이가 들었고 병을 얻게 된다. 할머니에게는 자기의 사업을 망치고 사기전과를 얻게 된 원인이 그 재벌기업이요, 자신의 인생을 재기 불가능으로 만든 것이 미국 정부가 된 것이다. 이제 이들을 상대로 원한이 담긴 고소를 반복하게 되고 형사적으로 처벌할 수 없다는 검사는 모두 그들과 한 통속으로 원수가 된 것이다. 마침 미국 대통령이 한국을 방문하는 시기를 잡아 미국 대사관으로 시위 장소를 옮겼고 미군 부대 방화라는 '테러'로 원한이 폭발하게 된 것이었다.

할머니는 이런 이야기를 쏟아내면서도 간간이 "미국에서 보낸 우주선의 광선이 자기를 쏘아 자기가 미치게 되었다."는 식으로 말을 해 "정신이상으로 인한 심신미약"이라는 치료감호 결과를 뒷받침해 주기도 했다. 이런 사연을 이야기하는 동안 할머니는 퇴근 시간이 끝나서도 자기 이야기를 끊임없이 들어주기를 바랬다. 나는 퇴근을 기다리는 교도관과 수사관의 양해를 구하면서, 똑같은 이야기를 되풀이하는 사람에게 흔히 쓰는 방법으로 백지 몇 장을 주어 그 사연을 글로 쓰도록 했다. 심신미약인 상태에서 글을 쓴 사람들의 글씨를 보면 굉장히 힘을 준 상태에서 끝이 뾰족한 글자들로 약간 섬뜩한 느낌이 드는 필체인데, 그 할머니도 여지없이 그런 필체로 몇 장의 흰 종이들을 순식간에 채워 나가곤 했다. 조사를 마치고 기소를 앞둔 날. 나는 할머니의 사연이 안쓰럽기도 하고, '나도 고소는 피해 보자.'는 생각에 할머니의 소원 하나를 이야기해보라고 했다. 치료감호로 몇 년간 치료감호소에 있을 것이니 내가 들어줄 수 있는 것이면 들어주겠다고, 그러니 저를 상대로 고소는 하지 마시라는 심정으로, 소원이 뭔지 물어보았다. 할머니가 바란 것은 국제전화로 미국에 있는 큰아들에게 전화 한 통만 하게 해 달라는 것이었다. 의외로 간단한 소원이었다. 할머니는 심신미약 상태라는 것이 믿기지 않을 정도로 스스로 외우고 있던 큰아들의 미국 집 전화번호를 눌러 아주 논리적으로 큰아들과 대화를 했다. 큰아들에게 자기가 실수로 미군 부대에 불을 질러 사람이 다치게 되었다, 내가 지금 정신적으로 문제가 있지만 치료를 받으면 나을 수 있다, 다시는 이런 잘못을 하지 않으마… 아들의 안부도 애절하게 물은 다음, 할머니는 큰아들이 나에게 할 이야기가 있다고 하면서 전화기를 내게 주었다. 이 할머니를 이렇게 만든 사람 중 하나라는 생각이 들어 과연 무슨 말을 할까 순간 궁금했지만, 전화를 하는 아들은 차분히 나에게 어머니를 잘 부탁한다, 조만간 한국에 들어가 나를 만나고 어머니도 찾아뵙겠다는 내용의 인사를 했다. 전화를 끊은 할머니는 잠시 정상으로 돌아온 사람처럼 아무 말 없이, 가지런히 모은 자기 손만 물끄러미 내려다보았다.

할머니가 기소된 다음, 그 아들로부터 나에게 연락이 온 적은 없었다. 나는 이후에 궁금해서 아들이 혹시 면회라도 왔는지 알아봤으나, 할머니를 면회 온 사람은 아무도 없었다고 한다. 할머니는 몇 년 뒤 출소하면 또 누구를 상대로 자신의 한을 풀어갈지 궁금했다. 할머니를 기소한 다음 6년 정도가 흐른 2012년 여름. 이 일을 거의 잊어갈 무렵에 한 통의 전화가 걸려왔다. 바로 그 할머니였다. 할머니는 긴 치료감호 시기를 보내고 출소한 듯했다. 내 이름도 생생히 기억하고 있었고, 내 근무지를 확인하여 전화를 한 것으로 보였다. 나는 순간 몇 년 전의 일을 다시 기억해내며 약간은 불안하게 할머니의 전화를 받았다. 할머니는 침착한 말투로 나의 안부를 물은 다음, 한 가지만 묻고 싶은 게 있어 전화를 하게 되었다고 했다. "검사님, 제가 그때 아들과 통화를 한 다음, 혹시 아들로부터 연락이 없었나요?"

검찰청 앞 단골손님들은 저마다 한 맺힌 사연들을 가지고 있다. 법적으로 해결할 수 없는 사건들이 대부분이라 안타깝고, 또 도와주려다가도 나도 고소당하는 것이 아닌가 하는 생각이 앞서기도 한다. 그러나 아직도 검찰청에 이런 '단골손님'들이 많다는 것은 그만큼 다른 곳에 자기의 한을 하소연할 곳이 없기 때문은 아닌지, 검찰만은 자기의 원한을 풀어줄 수 있다고 믿는 사람들이 아직도 많다는 것은 아닌지 되새겨 보게 된다.

검사는 외로워

공판정은 또 다시 금융감독원 직원들로 가득 차 있었다. '1심 때도 몰려오더니, 2심까지 이렇게 몰려왔나.' 공판정을 아무리 둘러봐도 '내 편'은 아무도 없었다. 항소 요지를 파워포인트로 준비해 달라는 재판장의 요청에, 밤새워 준비한 파워포인트 파일을 스크린에 띄웠다. 한참 페이지를 넘기며 설명을 하려는데, 스크린에 비춰진 파일이 깨져 나오기 시작했다. 순간, 방청석에서 흘러나온 작은 목소리가 내 귀로 흘러들었다. "검사가 제대로 준비를 안했네. 재판 포기했나 봐. 하하."

2011년 검찰을 가장 뜨겁게 달궜던 사건은 이른바 '저축은행 비리사건'이었다. 여러 저축은행의 소유주 또는 경영진들이 수백억 원 대의 불법적인 대출을 해 주고 사례비를 챙기거나 은행돈을 횡령한 혐의가 적발되어 전국이 떠들썩했고, 검찰은 '저축은행비리 합동수사본부'까지 꾸려 불법을 저지른 저축은행 관련자들과 이들을 비호해 주며 뇌물을 받은 금융감독원(이하 금감원) 전·현직 간부와 국세청 공무원 등 수십 명을 구속했다. 부산에 있던 저축은행 몇 곳의 비리로 시작되었던 이 사건은 감독기관의 추가적인 감사와, 감사에 뒤이은 수사가 반복되면서 눈덩이처럼 커지게 되었고, 전국에 산재한 저축은행들의 총체적 부실과 이를 둘러싼 감독기관들의 비리 실태를 확인하는 계기가 되었다. 부산 저축은행의 최초 비리가 확인되고 이를 대검찰청 중앙수사부에서 맡기로 한 초기 단계만 하더라도, 당시 '대검 중수부 폐지'를 요구하던 정치권 일각에서는, 검찰이 위기를 모면하기 위해 '꺼리'도 안 되는 저축은행 비리 수사를 위해 대검 중수부가 나선 '꼼수'를 부렸다고 비판하고 나섰다. 그러나 수사가 거듭되면서 확인된 비리는 예상을 초월하는 수준이었고, 중수부만으로는 벅차 합동수사본부를 별도로 구성할 정도로 큰 비리 규모임이 확인되었다. 2012년에 치러진 총선과 대선을 앞두고 여권의 최대 악재라고 할 만큼 경제 전반과 민심에 끼친 영향도 지대한 것이었다. 저축은행 자체의 비리도 문제였지만, 이들을 감독해야 할 금감원 등 감독기관의 부실 감독과 직원들의 비리 실태는 더 충격적이었고, 소문으로만 떠돌던 '금피아'라는 단어가 보도 지면을 장식했다.

2011년 마지막 날, 신문 지면들은 그해에 있었던 주요 사건들을 정리한 기사들로 채워졌는데, 상당수가 저축은행 비리사건을 정리한 기사들이었다. 그중의 한 기사에서는 "전원주택 땅까지 공짜로 받은 '금피아'들"이란 제목으로 금감원 전현직 직원들의 비리 실태를 담고 있었다.

"금융감독원 직원들이 퇴직 후 은행, 보험회사, 증권회사, 저축은행에 감사로 취업한 뒤 인맥을 이용해 새 직장의 방패막이 역할까지 했다. 금융회사 운영 실태를 점검하는 일로 직장생활을 한 뒤 이번에는 자신이 검사했던 금융회사의 임원으로 가 친정격인 금감원에 로비를 벌이는 것이다. 이 때문에 금감원은 선·후배 사이가 돈독해 서로 밀어주고 당겨주는 전통이 자리잡고 있다. 조직력이 강해 이탈자가 적은 속성이 암흑세계를 주름잡고 있는 마피아를 닮아 금감원 출신들을 비꼬아 '금피아'라고 부르기도 한다. 저축은행 사태로 올 한 해 세상을 떠들썩하게 했던 이 금피아 4명이 이번에는 검사대상인 저축은행으로부터 8억원대 전원주택 용지를 공짜로 받아 저축은행 비리 합동수사단의 조사를 받고 있다. 이 중 한 사람은 뇌물로 고급 소나무인 금송金松 1000그루를 받아 화제가 됐다…"(국민일보 2011년 12월 30일 기사)

'금피아'란 단어는 '금감원'과 '마피아'란 단어의 한국식 합성어인데, '서로 밀어주고 당겨주는 전통(?)'을 비꼬아 부른 용어이다. 원래 이런 전통이 강하기로 유명한 옛 재무부(현 기획재정부의 전신)의 영문 약자 'MOF'Ministry of Finance와 마피아Mafia를 연결시켜 '모피아Mofia'란 용어가 심심치 않게 사용되었는데, 이제 그런 전통이 새로이 확인된 금감원에 '금피아'란 불명예스러운 이름이 붙은 것이었다.

그로부터 정확히 5년 전이었던 2007년 초 전·현직 금감원 간부가 연루된 사건을 맡은 경험이 있었던 나에게는 이 기사가 강렬한 '데자뷰'로 다가왔다. 금융계와 법조계, 정치계에 넓은 인맥을 이용하여 거물급 브로커로 활동하다가 부도를 내고 해외로 도피했던 범죄인이 2006년 말 은밀히 귀국하였다가 서울서부지방검찰청에 붙잡혀 구속되었다. 부도 금액도 엄청난 액수였지만 해외로 도피하기 전 자신의 인맥을 이용하여 온갖 뇌물 사건에 연루되었다는 의혹을 받던 인물이어서 세간의 관심이 집중되었다. 이 거물 브로커를 지명수배해 두었던 서부지검에서 새로이 수사팀을 꾸려 의혹이 제기되었던 사건들을 재수사하게 되었는데, 당시 서부지검에서 경력이 오랜 축에 속했던 나도 이 수사팀에 투입되었다. 이 브로커는 금융계의 인맥을 바탕으로 금감원 고위 간부들과 친분을 유지하면서 그 친분을 이용하여 금감원의 감독을 받는 저축은행들로부터 불법적인 대출을 받아쓰는 한편, 자신이 직접 저축은행의 인수를 꾀하기도 했다. 또 정관계 고위직들과의 얽히고설킨 친분을 이용하여 금감원 직원들의 인사에도 개입한 정황이 포착되었다. 즉, 정관계 고위직을 이용하여 금감원 직원들에게 입김을 넣고, 다시 금감원 직원들을 이용하여 저축은행을 주무르고, 저축은행에서 나온 불법대출금을 이용하여 다시 정관계 고위직에 로비를 하는 '쓰리쿠션 전법'을 이용하여 거물 브로커 노릇을 오랫동안 해 왔던 인물이었다. 해외로 도피할 당시부터 정관계의 거물 로비스트로 이름이 났던 탓에 이 브로커를 구속한 이상 속전속결로 관련 의혹을 파헤쳐야 했다. 수사는 크게 세 갈래로 나눠 진행되었는데, 이 거물 브로커 본인의 사업상 횡령과 배임행위 등에 대한 수사, 그 다음이 저축은행 인수나 불법 대출과 관련된 금감원 고위직에 대한 로비, 그리고 다른 정관계 인물들에 대한 로비 수사였다. 내가 처음 이 수사에서 담당했던 파트는 금감원 고위직에 대한 로비, 그중에서도 이 거물 브로커와 금감원을 연결시켜 준 '연결고리'를 찾아 구속하는 것이었다.

해외로 도피하기 전부터 소문이 떠돌았던 전·현직 금감원 간부들이 우선 수사 대상이 되었다. 현직 고위 간부에 대한 직접적인 수사는 다른 검사가 맡았고, 나는 이들 고위직과 거물 브로커 사이에서 '전령' 역할을 했던 전직 금감원 간부의 수사를 맡았다. 거물 브로커는 자신의 능력을 넘어서 과도한 사업을 벌이다 부도가 난 상태였는데, 저축은행에서 대출을 받은 금액만도 수십억 원에 달했다. 물론, 불법적인 대출을 위장하고자 이런 저런 '페이퍼 컴퍼니'를 만들거나 제3의 인물을 내세워 한도를 초과한 대출을 받았다. 이런 불법 대출이 성공할 수 있었던 데에는 누군가 저축은행에 영향력을 미쳤음이 분명했고 그 영향력을 미친 인물을 파헤쳐 가던 중 영향력의 장본인은 바로 저축은행에서 가장 두려워하는 금감원의 전직 간부였음이 확인되었다. 이 전직 간부는 금감원 고위직을 끝으로 퇴사하여 국내 유수 금융업체의 감사로 재직하고 있었는데, 금감원 재직 시절 저축은행에 전화 몇 통화로 거물 브로커에게 대출이 가능하도록 알선했던 사실을 확인할 수 있었다. 이 간부는 그 브로커를 오래 전부터 '형님'이라 부르며 따랐던 사이로 서로가 서로를 친형제처럼 지낸 것을 수사 과정에서도 스스럼없이 이야기했다. 이 간부는 브로커의 오른팔이 되어 브로커에게 금감원의 다른 고위직들을 소개시켜 주면서 중간에서 뇌물도 전달해 준 것으로 의심받는 인물이었다. 뇌물을 받은 것으로 의심되는 금감원 고위직에 대한 수사는 다른 검사가 별도로 진행하고 있었는데, 그 수사가 탄력을 받기 위해서는 이 전직 간부에 대한 수사가 우선 종결되어야 했다. 나는 거물 브로커에게 거액을 대출해 준 저축은행 관련자들을 소환하여 조사를 하였고, 그 과정에서 이 전직 금감원 간부가 영향력을 행사했다는 정황을 확보하여 수사에 착수한 지 4일 만에 그를 구속했다.

수사 과정에서 저축은행 관련자들은 그 금감원 전직 간부가 관여되어 마지못해 대출을 해 준 것이라고 진술을 하면서도 혹시나 자신들이 이 일로 불이익을 받지 않을까 하는 걱정으로 전전긍긍하고 있었다. 저축은행은 금감원으로부터 감사를 받는데 감사 과정에서 불법적인 대출이나 경영진의 비리가 확인되면 영업정지에서부터 허가 취소라는 사실상의 폐업까지 제재가 가능했으므로, 그야말로 금감원 앞의 저축은행은 '고양이 앞의 쥐' 신세였다. 그러니 금감원에서 저축은행에 대한 감사를 담당했던 '비은행감독국장'은 저축은행의 생사여탈권을 가지고 있다고 평이 나 있었고, 업계에서는 저축은행의 전신이었던 '상호신용금고'의 이름을 딴 '금고국장'으로 불리며 최고의 실세로 통하고 있었다. 이 사건 수사 이전에도 전·현직 '금고국장'이 저축은행 인허가나 감사와 관련하여 뇌물을 받았다는 사건이 간혹 있었으나 개인적인 일탈행위로 취급될 뿐 크게 언론의 관심을 끌지는 못하였다. 그러나 이번 사건은 거물 브로커가 관련되어 정·관·금융계의 대형 비리사건으로 비화될 조짐을 보이고 있었고, 금고국장을 거쳐 현재 금감원 최고위직에 있는 인물이 수사선상에 떠올라 언론에서도 큰 관심을 보이고 달라붙었다. 거물 브로커에게 불법 대출을 알선했던 전직 금감원 간부를 구속하고 기소를 준비하고 있을 무렵, 이 전직 금감원 간부를 통해 브로커가 현직 금감원 간부에게 거액의 뇌물을 전달했다는 혐의에 대해서도 수사가 진행되고 있었고 그 수사 상황이 언론에 보도되기 시작했다. 현직 금감원 간부의 뇌물수수 사건을 조사 중이던 검사는 거물 브로커로부터 내가 구속시킨 전직 금감원 간부를 통하여 이 현직 금감원 간부에게 뇌물을 전달했다는 자백을 받았고, 이를 토대로 구속된 전직 금감원 간부로부터도 '중간 다리' 역할을 맡아 뇌물을 전달한 것이 맞다는 자백을 받아냈다. 수사는 급물살을 탔고, 현직 금감원 최고위직 간부가 거액 뇌물수수 혐의로 구속되기에 이르면서 수사가 절정에 달했다.

거물 브로커 본인의 불법 대출 및 횡령 등 범행과, 전직 금감원 간부가 불법 대출을 알선했다는 부분의 수사는 별 문제없이 진행되었다. 그러나 수사의 가장 중요한 부분이자 언론의 관심이 집중된 부분은 현직 금감원 간부에게까지 뇌물이 전달되었다는 부분이었다. 어차피 현직 금감원 간부는 처음부터 부인으로 시종일관하고 있던 터였고, 거물 브로커는 그 간부에게 전달하라며 거액의 현찰을 사과상자에 담아 전직 금감원 간부에게 주었다는 상반된 진술을 하고 있었기 때문에, 사건의 열쇠는 내가 구속시킨 전직 금감원 간부의 입에 달려 있었다. 나는 전직 금감원 간부를 불법 대출 알선 혐의로 구속시키면서, 동시에 이 전직 간부가 현직 금감원 간부에게 돈을 전달했다는 혐의로 별도 수사가 진행 중이란 것을 알고 있었기 때문에, 판사 앞에서 진행된 전직 간부에 대한 영장심사 당시 이 부분도 추궁을 하였고, 전직 금감원 간부는 판사 앞에서도 자신이 거물 브로커와 현직 금감원 간부 사이에 돈 전달 역할을 했다는 사실을 인정했다. 구속이 된 이후에도 현직 금감원 간부를 조사하던 검사 앞에서 자신이 거물 브로커로부터 사과상자에 담긴 현찰을 받아 현직 금감원 간부의 집까지 가져다주는 역할을 했다고 자백했다. 이런 이유로 현직 금감원 간부는 범행을 극구 부인했음에도 구속을 피할 수 없었다. 그런데, 현직 금감원 간부를 구속시킨 담당 검사가 며칠 후 빙판에서 미끄러지는 낙상사고를 당하여 오른쪽 손목이 부러지는 예기치 못한 사고가 발생했다. 최종적으로 현직 금감원 간부와 전직 금감원 간부를 대질 조사하려던 참에, 담당 검사는 손목 부상으로 더 이상의 조사가 어려운 상황이 되고 만 것이다. 대신 내가 현직 금감원 간부에 대한 뇌물수사 사건까지 맡기로 하였고, 대질 조사만은 받지 않겠다는 전직 금감원 간부를 설득하여 범행을 부인하는 현직 금감원 간부 면전에서 뇌물을 전달한 사실이 있다는 자백을 다시 한 번 받아냈다.

그러나 수사는 정해진 운명이 있다고 했던가. 순탄한 것처럼 보이던 수사가 꼬이기 시작했다. 뇌물을 전달한 상황을 재현하기 위해 은행에서 현찰까지 빌려 사과상자에 담아 보는 등 보강 조사를 마무리해 갈 무렵, 전직 금감원 간부는 갑자기 나에게 면담을 요청해 왔다. 전직 금감원 간부는 갑자기 모든 것을 체념한 듯, 사실은 자기가 중간에서 뇌물을 전달한 사실이 없었으니 현직 금감원 간부는 기소하지 말아 달라고 갑작스럽게 태도를 바꾸기 시작한 것이었다. 거물 브로커가 다른 검사에게 범행을 자백했다는 말을 듣고 자신도 '얼떨결에' 그 진술에 맞춰 범행을 인정하고 말았다는 것이다. 나는 처음 자백을 받았던 검사와도 상의해 보았으나 최초 진술에 상당한 구체성이 있었고, 자신의 구속 여부를 결정하는 판사 면전에서, 그리고 부인하면서 펄펄 뛰던 현직 금감원 간부 앞에서도 뇌물 전달 사실을 재확인한 이상, 이제 와서 진술을 바꾼다고 해도 뇌물을 전달했다는 기존의 진술이 '얼떨결에 한 허위 진술'이라고 볼 수는 없었다. 법정에서 치열한 공방전이 벌어질 것은 어차피 각오한 상태였으므로, 나는 뒤바뀐 진술도 그대로 조서로 정리해 기록에 붙여 법원의 판단을 받아보기로 하였다.

거물 브로커와 현직 최고위 금감원 간부, 그리고 전직 금감원 간부를 모두 구속 기소하는 것으로 검찰 수사는 일단락되었다. 기소 이후 재판이 열리기 전에 수사팀에도 많은 변화가 생겼다. 마침 검찰 정기 인사이동으로, 수사를 지휘했던 검사장이 바뀌었고 같은 팀에 있던 검사 몇 명도 서부지검을 떠났다. 동료 검사의 예기치 못한 부상 탓에 수사의 후반 과정 대부분을 담당했던 내가 결국 공소유지를 담당할 수밖에 없었다. 피고인인 현직 금감원 간부는 자신의 범행을 계속 부인했고, 뇌물을 전달한 사람까지 진술을 바꾸었으니 공판 과정이 순탄치 않으리라는 것은 익히 짐작한 터였다. 재판이 열리면 현직 금감원 간부가 선임한 대규모 변호인단이 검찰을 공격할 것이고 뇌물을 전달했다고 지목한 사람까지 저쪽 편에 서서 그런 사실이 없다고 대들 것이니, 보통의 사건보다 몇 배 더 검사로서는 외로운 싸움이 될 것이라고 생각했다. 이런 종류의 사건은, 법정에서 검사가 지독한 외로움을 느낄 수밖에 없다. 기록상으로는 공소사실을 충분히 뒷받침할 증거들이 들어있으나, 변호인은 법정에서 잘못된 기소라며 수사의 흠집을 찾아 떠들어대고, 피고인이나 방청석에 앉아 있는 피고인의 친지들도 모두 검사를 원망하는 눈초리로 바라본다. 피고인과 인간적으로 친분이 있던 증인들의 경우, 법정에서 피고인과 대면하면 피고인이 측은해서인지 검찰에서 진술한 것보다는 피고인에게 조금이라도 유리한 진술을 하려는 분위기가 형성된다. 결국 검사 혼자만 '억울하게 기소된 불쌍한 피고인'을 공격하는 악한 역할을 담당하게 된다. 실제로 이 사건의 공판은 예상했던 것보다 더 외로운 싸움이었다. 재판이 열리는 날이면 법정은 금감원 직원들로 가득 찼다. 이 사람들은 근무 시간도 없나? 현직 최고위직 간부에 충성이라도 맹세하듯 방청석이 비좁을 정도로 금감원 직원들이 법정을 메웠고, 검사인 내가 피고인을 공격이라도 한다 싶으면 은근한 야유를 보내기도 했다. 피고인이 신청한 피고인 측 증인들도 역시 금감원 직원들이 대부분이었는데, 이들은 한결같이 "평소 검소하고 성실하여 후배 직원들의 귀감이 되었던 이분이 뇌물을 받았다는 것은 상상도 할 수 없다."는 식의 증언을 이어갔다.

뇌물을 받았다는 것은 한사코 부인하는 피고인이었지만 거물 브로커와의 관계에 있어서는 부인하지 못하는 부분도 있었다. 자신의 선배로부터 거물 브로커를 소개 받아 평소에 가끔 연락을 하는 사이가 되었고, 저녁 식사도 몇 차례 함께했으며, 거물 브로커의 사무실도 방문한 사실이 있다고 했다. 그리고 '금고국장' 재직 시절, 이 거물 브로커가 저축은행을 인수하려고 한다는 사실을 알고 저축은행 소유주와 브로커가 만나고 있는 현장에 나타나 "괜찮은 분이니 잘 협의해 보라."는 식으로 말하면서 저축은행 인수에 도움을 준 사실도 있다고 했다. 공소사실상 뇌물이 전달된 시점이 이 무렵이라는 것이었는데, 중간 전달자가 진술을 바꿔 뇌물수수 여부는 공방이 되고 있었지만, 브로커가 직접 진술할 수 있는 이런 정황들에 대해서는 피고인도 부인할 수 없었다. 뇌물 수수 여부는 둘째 치더라도, 저축은행에 대한 감독을 총괄하는 '금고국장'의 처신으로는 누가 봐도 의심을 살만한 정황들이었다. 그러나 피고인은 이런 역할도 금고국장의 역할에 포함된다고 주장을 하면서 자신은 '공무원'이 아니니(금감원 직원들은 공무원과 유사한 역할을 하지만 법률적으로 공무원은 아니다.), 저축은행 인수 당사자들을 만나서 중재 역할을 하는 것이 잘못된 것이 아니라고 주장했다. 이러한 주장에 금감원 직원까지 증인으로 나와 '충분히 있을 수 있는 일'이라고 거들었다. 나만 이런 정황을 이상한 것으로 의심하는 '꽉 막힌' 검사가 되어 있었다. 법정 공방이 치열해질수록 나에게는 공판정에서의 검사처럼 외로운 상황이 또 있을까라는 생각이 들었다. 수많은 정황 증거를 들이대 보았지만, 중간에서 뇌물을 직접 전달하였다고 지목된 사람이 그런 사실이 없다고 부인한 이상, 검찰에서 그런 진술을 몇 차례 하였다는 사실은 증거로서 힘을 쓰지 못했다.

결국 현직 금감원 간부의 뇌물수수 혐의에 대해서는 무죄가 선고되었다. 법정에서의 진술에 최고의 가치를 두는 '공판중심주의'의 구조에서는, 그 이전에 판사나 검사의 면전에서 한 진술을 모두 합쳐도 법정에서의 진술 한마디를 이겨내기 어렵다는 것을 실감했다. 항소심에서도 무죄를 뒤집지는 못하였고, 오히려 공개된 법정에서 더

외로움만 느끼고 말았다. 항소심은 내가 서부지검을 떠나 법무부로 파견 발령된 뒤에 계속되었는데, 법무부에 근무하면서 재판이 열리는 날이면 혼자 법정에 들어가 공소유지를 담당해야 했다. 법무부의 수많은 업무를 두고 법정에 가야 하는 것도 눈치가 보였고, 혹여나 서부지검을 떠났다고 재판에 소홀한 것이 아니냐는 지적을 받지나 않을까 하는 눈치도 보였다. 하루는, 밤새워 혼자 준비한 파워포인트 자료를 법정에서 시연하며 사건을 설명해야 하는 상황이 생겼다. 호화 변호인단으로 구성된 피고인 측의 화려한 프리젠테이션이 끝나고 내 차례가 되었는데, 파워포인트 버전이 달라서 그런지 내가 준비한 파워포인트 화면이 온통 깨져 나오기 시작했다. 항소심에도 어김없이 방청석을 메우고 앉은 금감원 직원들이 킥킥거리면서 비아냥거리는 분위기가 역력히 느껴졌다. 검사실을 떠나 법정에 와 있는 검사는 중동에서 어웨이 경기를 치르는 대한민국 축구팀과 비슷하다는 검사들의 말이 실감이 났다. 그렇게 항소심도 끝나고 결국 현직 금감원 간부에게는 무죄가 확정되었다.

금감원은 우쭐한 분위기였다. 상대방 변호인들도 나에게 혼자서 고생했다며 격려의 말(?)을 전했다. 다시 업무에 복귀한 그 간부는 얼마 후 퇴직하여 보란 듯이 국내 최대 금융회사의 사장으로 '스카웃' 되기도 했다. 뇌물수수 부분이 무죄가 되었으니, 나 또한 뇌물수수 사실은 없었던 것임을 인정한다. 그 간부에게 억울한 기소였고, 명예에 큰 상처가 되었음도 인정한다. 다만, 금융감독원 고위 간부가 저축은행을 인수하려는 사업가와 어울리고 그 인수 과정에 어떻게든 관여가 되었었던 사정, 금감원 간부로 재직하면서 친분이 있는 사업가가 불법 대출을 받을 수 있도록 저축은행에 알선했던 사실, 기소된 금감원 간부를 응원하려고 금감원 직원들이 근무 시간 중임에도 법정을 가득 메웠던 현실들에 대해서는, 과연 그것이 잘한 것인지 잘못한 것인지에 대해 전혀 돌아보지 못하고 묻혀 지나갔던 것이 아쉽다. 그때 조금이나마 진지한 성찰이 있었더라면, 그리고 자숙의 기회가 있었더라면, 그로부터 5년 뒤에 전국을 떠들썩하게 했던 저축은행 비리사건들로 그 감독의 당사자인 금감원이 국민들로부터 "고양이에게 생선을 맡겼다."는 비난을 받는 처지는 되지 않았을지 모를 일이다. '금피아'라는 호칭까지 굳이 만들어지지 않으면서 말이다.

협상의 유혹

"불법행위를 한 기업하고 협상을 해서 처벌을 면하게 해 준다는 것인데, 이게 국민 정서적으로 납득이 되겠습니까?" '동의명령제'를 도입할 것이냐를 두고 설전을 벌이던 중, 나는 '국민 정서'를 거론하며 반대했다. 이 제도를 추진하던 공정거래위원회 측 참석자는 "미국에서는 플리바게닝Plea Bargaining도 하지 않습니까? 검찰도 이 제도에 찬성하시는 모양이던데, 동의명령제라는 것도 그것과 같은 차원입니다." 나는 순간 대답이 궁색했다. '검찰에서 플리바게닝 도입하자고 하니 다들 쌍수를 들고 반대하던데?'

특수 수사를 오래했다는 선배 검사로부터 이런 이야기를 들은 적이 있다. "사건마다 검사들이 자백을 받아내는 방법들이 다 틀려. 특수 오래한 검사들끼리 하는 이야기인데, '압박형'이 있고, '회유형'이 있지. 마지막으로 이도 저도 안 될 때, 최후의 수단으로 쓰는 게 있는데, '읍소형'이야." 죄를 지은 사람에게서 자백을 받는 것은 쉬운 일이 아니다. 폭행 사건이나 교통사고처럼 피해자가 분명하고, 또 그 피해자가 두 눈을 부릅뜨고 살아 있는 경우에도, 폭행의 정도나 교통사고의 경위를 두고 자기의 잘못을 시원하게 자백하는 경우는 드물다. 상대방은 여기저기 멍든 자국이 선명한데 자기는 딱 한 대 때렸을 뿐이라거나, 중앙선을 침범한 교통사고를 내고도 '어디선가 갑자기 나타난 오토바이를 피하느라' 부득이하게 중앙선을 넘었다고 한다. 법정형이 중하면서도 피해자의 진술이 불가능하거나 정확한 진술이 어려운 살인사건이나 강간사건의 경우에는 가해자가 부인하면 수사에 여간 애를 먹는 것이 아니다. 그래도 이런 류類의 강력사건은 현장에 '강력한' 증거가 남기 마련이므로, 가해자의 악착같은 부인에도 불구하고 기소할 수 있는 경우가 많다. 피의자가 자백을 하지 않는 경우에 가장 골치가 아픈 류의 사건들은 애초에 피해자도 없는 사건들, 즉 뇌물이나 정치자금과 관련된 사건들이거나, 피해자를 딱히 특정하기 어려운 사건들, 즉 배임이나 횡령과 같은 기업비리나 금융비리와 관련된 사건들이다. 이런 사건들을 주로 취급하는 곳이 특수부이기 때문에, 특수 수사를 오래한 검사들은 자연스럽게 위에서 말한 바와 같은 자신만의 '자백받기 노하우'를 가지고 있고, 이를 적절히 활용하는 것이 수사 능력이다.

'압박형'은 말 그대로 이실직고하라는 으름장형이다. 그렇다고 흔히 오해하듯이 폭언을 하거나 욕설을 하는 것을 말하는 것은 아니다. 폭언을 하거나 욕설을 한다고 해서 자백을 할 사람도 없고, 그런 방법을 쓰는 검사가 있다면 하류 검사로 낙인찍힐 뿐만 아니라, 오히려 검사만 징계 받기 십상이다. 보통은, 자백을 하지 않으면 '별건'이라고 흔히 불리는 여죄를 더 수사하겠다거나, 증거를 찾기 위해서 관련자들도 소환해서 조사할 수밖에 없다거나, 회사나 집을 압수수색해서 물증을 찾아내겠다는 식으로 압박을 하게 된다. '검사가 수사하고 있는 사건에 대해 자백하지 않으면 이 검사가 뭘 더 들춰서 큰 것을 찾아내지는 않을까, 내가 아는 사람들이 불려 나오고 회사가 압수수색 당한다면 수사 받는다는 것이 온 세상에 소문나지 않을까.' 이런 생각에 피의자는 마음이 흔들릴 수밖에 없다.

'회유형'은 피의자가 자백할 경우 피의자에게도 유리할 수 있다는 일종의 설득형이다. 일각에서는 '수사기관의 회유'에 대해 무슨 거짓말을 하여 피의자로부터 자백을 받는 것으로만 인식해서 부정적으로 보지만, 수사하는 사람의 입장에서는 굳이 거짓말을 하지 않더라도 피의자를 설득할 수 있는 '꺼리'는 충분하다. "이때까지 확보된 증거가 이런 저런 것이 있는데, 이를 종합하면 당신이 죄를 지었다는 것은 명백해 보인다. 그런데도 계속 부인하면 재판에서 결코 당신에게 유리할 것이 없고 오히려 형만 높아질 수 있다. 쉽게 털고 가자." 가장 기본적인 설득의 방법이다. 상황에 따라서는, "이렇게까지 거짓말 하실 분일지 몰랐다. 솔직하게 말씀하시는 것이 속이 시원하지 않겠느냐."는 식으로 피의자의 양심 아래에 잠자고 있는 도덕심을 자극해 보기도 하고, "당신이 자백하면 범죄의 전말이 확인될 수 있다. 왜 혼자 뒤집어쓰려고 하느냐."는 식으로 정의감에 호소해 보기도 한다. 이러한 '회유형' 중에서도 가장 효과적일 수 있는 방법은 일종의 거래, 즉 피의자와 협상을 하는 것이다. "이대로 재판 가면 징역 5년 구형이다. 솔직히 인정하면 징역 3년." 또는 "이 부분만 사실대로 인정하면, 다른 부분은 더 이상 문제 삼지 않겠다." 흔히 미국 드라마 속에서 볼 수 있는, 미국 검사들이 범죄자를 앞에 두고 '플리바게닝'(이를 우리나라에서는 '유죄답변협상'이라고 하는 다소 어색한 용어로 번역한다.)을 벌이는 모습과 흡사하다.

마지막으로 '읍소형'은 말 그대로 검사가 피의자에게 제발 자백해 달라고 매달리는 형이다. 압박도 안 되고 회유도 통하지 않을 때 쓸 수 있는 마지막 방법인데, 이쯤 되면 이미 수사의 결과는 불을 보듯 뻔한 형국이다.

회유형에 속하는 협상형을 두고 이것을 우리나라에서도 미국과 같이 법률로 제도화할 것이냐에 대해 간혹 논란이 된다. 검찰에서는 이러한 협상이 피의자로서도 거부할 수 있는 것이기 때문에 피의자의 권리를 침해하는 것도 아니고, 오히려 신속하게 수사절차와 재판 절차를 종결할 수 있어 피의자에게도 유리한 면이 있다고 주장한다. 또 조직범죄나 뇌물범죄, 정치자금이나 마약 관련 사건처럼 관련자들 사이에서만 은밀히 이뤄지는 중대 범죄에 대해서는 다른 어떤 수단보다 효율적으로 수사할 수 있는 장점이 있다고 한다. 그러나 국내의 형사소송법 학자들을 비롯한 반대론자들은 '자기부죄自己負罪금지의 원칙'(범인이 스스로 자기의 죄를 인정하지 않는다는 이유로 불이익을 받을 수 없다는 원칙)에 반하며, 무엇보다도 검사의 권한만을 강하게 할 우려가 있다는 이유로 반대한다. 법원 입장에서도 재판으로 유죄와 양형을 결정해야 하는데, 재판 전 단계인 수사 단계에서 이런 협상을 공식화한다면 사법부의 권한을 침해한다는 이유로 부정적이다.

사실 플리바게닝이라는 절차는 미국 형사사법제도에서 독특하게 발달된 제도로서, 다른 나라에서는 찾아보기 어려운 제도이다. 미국에서는 중한 범죄의 경우 일반 시민으로 구성된 배심원들에 의한 배심재판이 이뤄지는데, 이 배심재판은 많은 시간과 비용을 요구하는 절차이므로 가급적 배심재판으로 가는 사건을 줄여야 할 필요가 있다. 그래서 범죄자가 자기의 죄를 인정하는 대신 배심재판에서 예상되는 형보다는 가벼운 형으로 처벌받는 것으로 신속하게 절차를 종결하는 플리바게닝이 발달하게 되었고, 대부분의 사건은 재판절차가 열리지 않고 플리바게닝 절차에 따라 종결된다. '실체적 진실'보다는 '절차적 진실'을 중시하는 미국 사법제도의 '실용주의' 정신이 잘 반영되어 있는 제도라고 할 것이며 미국에서는 큰 이론 없이 정착되어 있는 하나의 전통으로 자리 잡았다. 외국의 다른 사법제도와 마찬가지로 플리바게닝 절차도 과연 우리나라에 적합한 것이냐를 두고 여러 차례 논란이 되어 왔는데, 아직까지는 반대론이 우세한 분위기이다.

나는 대검찰청 검찰연구관으로 있으면서 이 제도를 우리나라에 도입할 수 있을지에 대한 연구를 담당한 적이 있고, 교수에게 외부 용역을 의뢰하여 그 타당성을 검토하기도 했었는데, 가장 큰 문제점으로 지적되었던 것이 '협상'을 하는 당사자, 즉 검사와 피의자가 과연 대등한 입장에서 협상을 할 위치에 있는 것인가라는 점이었다. 이는 물론 미국에서도 문제로 지적될 수 있으나, 우리나라의 경우 검사가 피의자보다는 '갑'의 입장에서 협상을 이끌어갈 것이고 피의자는 자신에게 불리한 협상에 응하지 않을 수 없는 상황이 될 것이라는 인식이 강하게 자리 잡고 있었다. 간단히 말해 '지금도 검사가 칼자

루를 쥐고 있는데, 유죄협상 인정하면 검사에게 칼 한 자루를 더 주는 꼴'이라는 지적이 강했다. 연구 단계를 넘어 더 이상의 추진은 어려웠다.

그런데 내가 법무부 국제형사과에 근무한 2007년에는 전혀 예상하지 못한 형태로 일종의 플리바게닝 절차가 우리나라에 도입되는 것을 경험했다. 2012년에 발효된 한미 FTA에 따라 우리나라 '독점규제 및 공정거래에 관한 법률'에 도입된 '동의의결' 제도가 그것인데, 한미 FTA 체결에 따른 논란이 불붙었던 2007년에는 '동의명령'이라는 이름으로 처음 등장했다. 동의명령제도란 어떤 기업이 공정거래법상의 불공정 거래행위 등 위법행위를 한 경우에 공정거래위원회가 일방적으로 조사를 완결하여 제재를 가하는 것이 아니라, 조사를 받는 해당 기업이 스스로 잘못을 인정하고 적절한 시정방안을 제시하면, 공정거래위원회가 추가적인 제재나 형사고발을 하지 않고 이를 승인하여 시정하도록 하는 절차를 말한다. 즉, 위법행위를 한 기업의 '동의'를 받아 공정거래위원회가 시정을 '명령'한다는 의미에서 '동의명령'이라는 독특한 이름을 달고 있었는데, 쉽게 말하면 형사절차에서의 플리바게닝을 공정거래법에 도입하겠다는 것이었다.

이 제도가 한미 FTA에 연결되어 있었던 이유는, 미국의 경우 '동의명령'Consent Order에 의해 절차가 종결되는 경우가 대부분으로 한미 FTA가 체결될 경우 한국에서도 이러한 제도를 도입함으로써 한국에 진출할 미국 기업이 이 제도의 '혜택'을 볼 수 있어야 한다는 미국 측의 요구사항을 반영한 결과였다. 미국에서는 플리바게닝과 같은 전통을 배경으로 위법행위에 대해 수사나 재판과 같은 절차 대신 위법행위자와 국가기관간의 협상을 통한 절차의 신속한 종결이 우선시되고 있으며 동의명령 또한 다분히 실용주의를 바탕으로 한 미국의 전통에 근간을 두고 활용되고 있는 제도였다. 그런데 특이한 점은 FTA 협상 과정에서 미국 측이 동의명령 도입을 한국 측에 요청했을 때 우리 공정거래위원회가 가장 적극적으로 이 제도의 도입에 찬성을 했다는 점이다. 공정거래위원회로서는 위법행위에 대해 힘들게 조사를 하고 기업 측의 저항을 무릅쓰고 제재를 가하는 것보다는 해당 기업이 알아서 자신의 잘못을 인정하고 시정까지 스스로 하겠다는 것이니 나쁠 것 없다는 것이었다.

법무부는 처음부터 동의명령제 도입에는 반대하는 입장이었다. 법무부에서 반대한 이유는, 동의명령의 대상이 되는 공정거래법상 불법행위에 대해서는 형사처벌도 가능한 것이 대부분인데, 전속고발권(공정거래위원회의 고발이 있어야 형사처벌이 가능한 것으로 우리나라와 일본에만 있는 제도)을 갖고 있는 공정거래위원회가 동의명령을 이유로 고발권을 행사하지 않을 경우 형사처벌도 불가능하게 된다는 것이었다. 즉, 공정거래위원회와 위법행위를 한 기업 사이에 동의명령이라고 하는 일종의 플리바게닝을 하게 되면, 우리나라 형사소송법에서도 인정되지 않는 플리바게닝이 공정거래법에 먼저 도입되는 것이 되고, 결과적으로 검사가 아닌 공정거래위원회에 의해 플리바게닝이 행사된다는 이유였다. 당시 법무부에는 동의명령제 도입 문제를 검토할 별도의 부서조차 없는 상태였는데, 서부지검에서 근무하던 내가 법무부 국제형사과에 파견되어 본격적으로 이 업무를 담당하게 되었다. 이 제도를 도입할 것인지를 둘러싸고 각종 간담회와 공청회가 개최되었고, 나는 법무부의 입장을 대변하여 동의명령제도는 우리나라 법체계와 상이한 배경을 갖고 있고, 전속고발권이라고 하는 독특한 우리나라 제도와 합쳐질 경우 플리바게닝 제도가 도입되는 것이므로, 형사처벌에 관한 기본법인 형사소송법에도 없는 제도가 도입되는 것이란 이유로 반대하였다. 공정거래위원회와 법무부의 찬반 입장이 맞선 가운데, 정작 이 제도의 대상이 되는 기업들의 반응도 엇갈렸다. 공정거래위원회의 조사를 받고 중한 제재를 받는 것보다 스스로 시정방안을 마련하는 것이 편하다는 찬성 견해도 있었지만, 공정거래위원회와 기업과의 관계가 상하관계나 다름없는 우리나라에서는 기업이 억울한 면이 있어도 '울며 겨자 먹기' 식으로 동의명령에 응하지 않을 수 없다는 반대 견해도 있었다.

공정거래위원회와 유대관계가 좋은 공정거래법학계에서는 대체로 미국과 유럽에서도 시행하고 있는 제도이고 효율적인 제도이니 우리나라에도 도입해 보는 것이 좋겠다는 쪽이 우세했다. 반대론을 전개하는 나에게 어떤 교수는 미국 형사사법절차의 플리바게닝과 유사한 것이 동의명령제도인데 검찰에서는 플리바게닝 도입에 긍정적이면서 왜 이 제도는 반대하냐고 물었다. 검찰에 비우호적인 형사소송법학계와는 달리 공정거래위원회에 우호적인 공정거래법학계의 입장을 보면서 공정거래위원회가 부럽다는 생각도 들었다. 나는 그 교수님께 "형사소송법학계에서는 플리바게닝 도입에 대해 반대하고 있다. 검사와 피의자가 대등한 입장이 아닌데 공정한 협상이 되겠느냐는 것이 주된 이유이다. 그리고 중한 처벌을 받아야 하는 피의자가 협상을 통해 가벼운 처벌을 받는 것이 국민 정서에도 맞지 않는다고 한다. 저는 공정거래위원회와 위법한 행위를 한 기업의 관계가 검사와 피의자의 관계와 다르지 않다고 보며, 플리바게닝에 대한 국민 정서와 동의명령제에 대한 국민 정서란 것이 서로 다른 것이라고 보지 않는다."는 취지로 대답했다.

공정거래위원회와 법무부의 거듭된 협의와 조정의 결과, 불법성이 강한 부당공동행위, 즉 기업 간의 담합행위는 동의명령의 대상에서 제외하기로 하고, 우리나라 형사사법체제와 부합하지 않는 면을 최소화하기 위하여 동의명령 시행 전에 공정거래위원회가 검찰과의 협의를 거치는 조건을 두기로 하는 선에서 동의명령제를 도입하기로 하였다. 이후 한미 FTA 시행을 둘러싼 국가적인 논란의 와중에도 동의명령제는 동의의결제로 이름만 바뀐 상태에서 큰 논란의 대상이 되지 않고 공정거래법에 도입되었다. 공정거래법 분야에 국한된 작은 변화라고 할 수도 있으나, 국가기관과 사기업체 사이의 협상을 통해 행정제재와 형사처벌 면제가 가능하다는 면에서는 우리 법률 체계와 '국민 정서'에 큰 영향을 미칠 수 있는 변화였다.

기업체의 입장에서 보면 위법행위에 대해 공정거래위원회의 조사를 받는 상황이 되면, 동의의결이라는 협상을 통해 절차를 마무리하고 싶은 유혹을 떨치기 어려울 것이다. 동의의결에 의하지 않을 경우 예상되는 더 중한 제재가 걱정되기도 하고 공정거래위원회가 '형사 고발' 카드까지 들고 나올 경우 기업 오너가 수사기관에 불려나가야 하는 위험도 발생할 수 있다. 그러니 공정거래위원회와 어떻게든 협상을 통한 마무리를 우선 고려해야 하는 것이 기업의 입장이다. 반대로 공정거래위원회는 이런 기업의 입장을 적절히 활용하여 힘들이지 않고 제재 절차를 마무리할 수 있는 효율성을 거둘 수 있다. 누이 좋고 매부 좋은 것이다. 효용 면에서 보면 장기간의 조사와 제재 절차 없이도 사안에 따라 가장 적절한 시정방안을 기업 스스로 마련하게 되는 것이니 국민 생활 전체에 미치는 영향에서 보면 경제적인 면도 분명히 있다. 여기까지는 '협상'이 갖는 긍정적인 면이다.

그러나 반대로 생각해 보면, 기업은 불법행위를 저지르고도 책임자 개인은 처벌받지 않고 '적절한 선'에서 마무리할 수 있는 길이 열리고, 공정거래위원회로서는 불법행위의 전체 규모를 파악하고 개인별로 책임을 따져 물어야 하는 힘든 절차 없이도 사안을 마무리할 수 있는 수단을 갖게 된다는 '협상의 유혹'을 떨치기 어려울 것이다. 기업들 사이의 담합행위에 대한 '리니언시Leniency 제도'(담합행위 자진신고자에 대한 제재 감면 제도)를 두고 공정성 문제가 제기되고 담합행위를 주도한 개인들의 형사처벌 면제의 적정성에 대한 논란이 끊이지 않는 것처럼, 동의의결제도 또한 '협상의 유혹'을 극복하지 못하면 또 다른 논란거리가 될 수 있을 것이다.

검사라면 누구든지 '언제 검사직을 그만두게 될까.'라는 생각을 해보게 된다. 마치 사람이 태어남과 동시에 죽음이란 결론이 정해져 있듯, 검사라면 언젠가는 검사직을 떠날 날을 맞을 수밖에 없다. 사람이 모두 명예롭고 행복한 죽음을 기대하듯, 검사들도 모두 명예롭고 행복한 사직을 기대한다. 검찰총장이 된 검사든, 검사로서의 경험이 일천한 검사든 자신이 명예롭게 검사직을 떠나는 날을 기대하며 검사생활을 해 나가는 것이다. 부장검사 승진이나 검사장으로의 승진 시기에 승진하지 못한 검사들이 사직하는 것을 두고 외부에서는 특이한 '기수문화' 탓이라고 말하기도 하지만, 개인으로 봐서는 자신이 그나마 명예롭게 퇴직할 수 있는 시기를 선택한 것으로 볼 수도 있다. 각자 검사로서 기대했던 삶과 검사를 떠나 새로운 도전을 할 수 있는 기회를 비교해 봤을 때, 기대했던 검사로서의 삶을 마무리하고 이제는 새로운 도전을 해 보아야 할 시기라고 결단을 하는 것이기 때문이다. 이러한 결단을 스스로의 판단에 따라 할 수 있는 것도 검사로서 갖는 큰 '락' 중에 하나라고 할 것이다.

2
'긍정'으로 살아간다

초대 직선제 학생회장

학생회장 선거에 출마할 것인지 고민하고 있을 무렵, 선생님 한 분이 나를 교무실로 불렀다. "규택아, 칼을 쓸 때 써야지 함부로 뽑았다가 자기만 다치는 경우도 있다. 대입 시험만큼 중요한 것이 없는데, 학생회장 하느라 시험만 망치고 후회할 수도 있지 않겠냐. 잘 고민해 보거라." 나는 담임 선생님도 아니었던 그 선생님의 충고가 너무도 감사했다. 그러나 칼도 쓸 때 써야 한다는 선생님의 말씀은 오히려 내게 출마의 결심을 굳히는 계기가 되었다.

1987년 6월 민주항쟁. 나는 당시 고등학교 1학년이었다. 고등학교 입학 직전 겨울에 발생했던 '서울대생 박종철 고문치사사건'은 그 해 전국을 뜨겁게 달궜던 민주화 운동의 기폭제가 되었다. 나는 그 박종철 열사의 출신 고등학교인 혜광고등학교에 배정되었다. 혜광고등학교는 비교적 전통이 오래된 사립 고등학교였으나 과거에는 인근 명문 공립학교인 경남고등학교의 그늘에 가려 2류 학교로 평가되었다고 한다. 고등학교 평준화 이후 명문으로 부상한 다른 사립 고등학교들처럼 혜광고등학교도 선생님들의 헌신적인 노력으로 서울대 합격자 수를 대폭 늘리는 데 집중하여 후발 명문 사립 고등학교로 점차 자리 잡게 되었다. 1980년대 소위 '명문'으로 부상한 다른 사립 고등학교들처럼 한 해에 서울대 합격자를 20~30명 이상씩 배출해 내며 부산에서는 꽤 유명한 학교가 되었다. 박종철 선배도 그 세대에 포함되어 있었는데, 고문치사 사건으로 인해 출신 학교인 혜광고등학교도 전국 방송에 몇 차례 등장하기도 했다. 지방 고등학교 출신들이 서울로 대학을 진학한 이후에도 같은 대학교, 같은 써클(지금의 동아리), 같은 하숙집으로 연결되며 고등학교 동문 선후배간의 연을 이어갔던 것처럼, 박종철 선배도 서울대에 다니던 고등학교 동문 선후배들과 함께 학생 운동을 하던 중 고문의 희생자가 되었다고 했다. 재단 산하에 하나뿐인 고등학교였기 때문에 선생님들도 장기 근속을 하고 계시는 분들이 많았고 모두들 '종철이'에 대한 기억을 생생히 간직하고 있었다. 그 종철이와 종철이가 친하게 지냈던 이른바 '운동권 선후배'들도 고등학교 시절 모두 같은 선생님들의 제자였기 때문에 1987년의 학교 분위기는 마치 '민주화의 발상지' 같은 비통함이 있었고, 선생님들은 제자를 빼앗아 간 당시 정부에 대해 일종의 반골 기질들도 갖추고 있었다.

1987년 민주화 운동이 한창 전개될 무렵에는 부산 중구 시내에 위치한 미국 문화원이나 카톨릭센터를 중심으로 매일같이 대학생들과 시민들의 시위가 이어졌다. 혜광고등학교는 바로 그 카톨릭센터 위쪽 언덕에 자리 잡고 있어 시내에서 터진 최루탄의 매캐한 연기가 교실까지 번져 수업을 방해하는가 하면, 간혹 학생들이 최루탄 불발탄을 주위와 교실에서 터뜨리는 바람에 같은 교실에 있던 선생님과 친구들이 모두 눈물을 흘리며 난리를 쳤던 때도 있었다. 수업 시간에 이런 경험을 하고 귀가하면, 당시 대학교 2학년, 1학년이던 형과 누나가 "오늘 시내에서 도망치다가 짭새한테 잡힐 뻔했다."며 부모님을 불안하게 하는 말을 심심찮게 내뱉기도 했다. 중산층 가정의 대학생들까지 매일 시위에 가담할 정도로 당시 시위는 일상적인 것이었다. 당시 정치 상황이나 시국에 대해 거의 알 수가 없었던 나도 갓 입학한 고등학교의 분위기나 또 당시 집안 분위기를 보면 뭔가 정치적으로 큰 변화의 시기라는 것을 직감할 수 있었다. 초등학교 2학년 때로 기억되는 1979년 '부마사태'로 인해 "어제는 공수부대 탱크가 택시를 깔아뭉갰다."느니 "시위하던 학생들이 군인들에게 무차별 구타를 당했다."느니 하는 불안한 어른들의 이야기를 들었던 공포가 다시 되살아나는 기분이었다. 전국적인 시위가 몇 개월간 지속된 혼란 끝에, 당시 노태우 민정당 대표의 대통령 직선제 개헌을 골자로 한 6·29 선언이 나왔고, 나는 고등학교 수업시간 중에 긴급 방송 소식을 전하는 선생님을 통하여 6·29 선언의 정치적 의미를 배울 수 있었다.

1987년 역사적인 대통령 직접 선거를 계기로 사회 전반에 불어온 민주화 열풍은 고등학생인 나도 느낄 수 있는 우리 사회의 큰 변화였다. 1988년에 진행된 국회 '5공 비리 청문회'는 그해 열린 88 서울 올림픽을 능가하는 국민의 관심을 끌었고, 그동안 억눌려왔던 노동운동, 남북 통일방안 논의가 봇물처럼 터져 나왔다. 우리 사회 전체에 급속하게 퍼진 자유화·민주화의 바람은 여러 분야와 계층에 영향을 미쳤는데, 내가 다니던 고등학교에도 작지만 큰 영향을 미치기 시작했다. 교내에서는 그 동안 반 대표들을 모아 간접적으로 선출해 오던 학생회장을 전교생들의 직접 선거로 뽑자는 학생들의 요구가 나타나기 시작했고, 교외에서는 두발 자유화나 체벌금지와 같은 고등학생들의 요구를 조직화한 '부고협'(부산 고등학교 학생 협의회) 같은 단체가 생겨났는데 우리 고등학교에서도 여기에 가입하여 활동하는 친구들이 생겨났다. 이 부고협 소속 친구들은, 지금으로 말하면 '학생 인권조례'에 포함된 내용들을 당시 고등학교에 적용할 것을 요구하면서 학생회장 직선제를 실시하자는 내용으로 대자보를 교내에 뿌리기도 하였다. 지금 생각하면 대학생들의 학생 운동을 표방한 고등학생들의 '의식화'된 초기 행동이었는데, 민주화 바람에 익숙했던 당시 고등학생들에겐 신선한 변화로 다가왔다. 고등학교 1, 2학년 때 반장을 했던 나는 이 친구들로부터 부고협 활동을 함께 할 것을 제안받기도 했는데, 당시로서는 초기 형태라 부고협이 주장하는 것이 애매하고 비현실적인 면도 있어, 나는 부고협 활동에는 가담하지 않고 대신 교내 민주화의 상징처럼 생각되던 학생회장 직선제는 함께 추진하기로 했다. 당시 학교 분위기 덕분에 선생님들도 이 친구들의 행동을 크게 탓하지는 않았고, 교육적으로도 학생회장 직선제를 해 볼 필요가 있다는 결정을 내려 부산 시내 고등학교로서는 선구적으로 1989년부터 전교생이 참가하는 직선제 학생회장 선거를 도입하기로 하였다.

막상 학생회장 직선제를 도입하기로 했으나, 고등학생 차원에서의 자율적인 학생회 조직과 운영에 '대학 입시'는 큰 벽으로 다가왔다. 당장 선거운동에도 시간을 뺏길 뿐만 아니라 당선된 이후에도 학생회 운영에 필요한 시간과 노력을 고려하면 자칫 대학 입시에 악영향을 미치지 않을까 하는 것이 당연한 고등학생으로서의 고민이었다. 하필이면 1987년과 1988년 간접 선거로 선출된 학생회장들이 모두 대학 입시에서 고배를 마신 터라 선생님들도 성적이 우수한 학생들의 출마를 우려하는 분위기였다. 나와 부고협 소속 친구들은 함께 직선제 도입을 추진했지만 나는 부고협 활동과는 선을 그었던 탓에 부고협 소속 친구들은 그들끼리의 학생회장 후보를 따로 정해 나가는 분위기였다. 나는 1, 2학년 동안 친하게 지냈던 친구 몇 명, 그리고 친한 후배들과도 내가 학생회장에 직접 출마할 것인지를 상의해 보았다. 고등학교 친구 중에 어려서부터 하숙생활을 한 탓에 또래들보다 비교적 성숙한 친구가 있었는데, 이 친구는 공부에는 별 관심이 없었으나 리더십이 좋고 붙임성이 좋아 따르는 친구들이 많은 녀석이었다. 이 친구가 2학년 때 옆 반 반장을 한 탓에 나와도 친해졌는데 이 친구 역시 부고협과 관계된 학생회장은 별로 탐탁지 않게 여기고 있었다. 이 녀석이 3학년 때 나와 같은 반이 되어 더 친한 사이가 되었는데, 이왕 직선제 학생회장을 처음 뽑는 마당이면 친구들과 후배들, 그리고 선생님들로부터도 신망을 받을 수 있을 정도로 학교 성적이 우수한 사람이 학생회장이 되어야 학생회장으로서 '말빨'이 서지 않겠냐면서 자기가 도울 테니 학생회장에 출마하라고 힘을 실어 주었다.

지금 생각하면 붙어도 그만 떨어져도 그만인 고등학교 학생회장 선거였지만, 당시 나로서는 대학 입시와의 관계상 출마 여부를 두고 고민에 고민을 거듭하지 않을 수 없는 상황이었다. 당연히 가족들과도 상의를 했고 담임 선생님과도 상의를 했다. 의외로 부모님은 학생회장 활동도 열심히 하면서 가고 싶은 대학에도 들어가는 것이 더 보람 있지 않겠냐고 하시면서 내 뜻대로 하라고 충고해 주셨다. 아버지께서는 "미국에 살고 있는 친구들 말을 들어보면 미국에서는 대학 갈 때 고등학교 학생회 활동 같은 것도 중요하게 본다더라. 그래서 공부 잘하는 학생들이 서로 학생회장 하려고 한다 하더라. 미국에서도 그만한 이유가 있어서 그런 것 아니겠냐."고 말씀해 주셨다. 지금과는 달리 오직 고등학교 석차와 대학 입시 점수만으로 합격 여부를 판가름하던 시절엔 생소한 이야기였지만, 미국에 이민을 간 친구들로부터 귀동냥으로 들은 아버지의 충고가 내 귀엔 솔깃하게 들려 왔다. 아들을 아들답게 키우기 바랐던 어머니도 적극적이었고 형과 누나도 연설문을 함께 봐주겠다며 도움을 주었다. 담임 선생님도 나에게 확신을 주셨다. 고등학교 시절 학생회장 해 보는 것은 두 번 다시 얻을 수 없는 경험이 되지 않겠느냐면서 공부는 그만큼 더 열심히 하겠다는 각오만 하면 충분히 극복할 수 있다고 용기를 주셨다. 담임 선생님은 아니셨지만 나에게 애착을 갖고 계시던 선생님 몇 분께서 혹시나 분위기에 휩쓸려 학생회장이 되었다가 나중에 후회할지도 모르지 않겠느냐면서 걱정도 해 주셨지만, 또 다른 선생님들은 "니가 학생회장이 되고 보란 듯이 좋은 대학에 합격해야 '우리 학교 학생회장은 꼭 재수하더라.'는 징크스도 깰 수 있다. 그래야 후배들도 직선제 학생회장 계속 출마할 거 아니냐."고 긍정적으로 봐 주시기도 했다. 어느 쪽 모두 진심으로 고마운 관심이었다. 결국 나는 초대 직선제 학생회장도 되고 '징크스'도 깨는, 두 마리 토끼를 잡는 도전을 해 보기로 결심했다.

선거 운동은 치열했다. 지도교사와 학생들로 정식 선거관리위원회를 구성하고, 1주일간의 선거 운동 기간이 주어졌다. 3학년 학생회장 후보와 2학년 부학생회장 후보로 구성된 '러닝메이트' 방식으로 입후보를 하고 당선된 학생회장이 3학년 부학생회장 1명을 지명하는 방식으로 회장단을 구성하기로 했다. 지금으로 봐서도 재미있는 선거절차였다. 팀을 이룬 3학년과 2학년 후보자들이 등하교 시간과 점심시간을 이용하여 유권자인 학생들을 상대로 개별 선거운동을 하고, 점심 시간 한 차례씩 방송을 통한 정견 발표를 한 다음, 선거 당일에는 전교생을 상대로 운동장에서 합동 유세를 하고 곧바로 투표에 돌입하기로 했다. 당시 3학년 문과반에서는 나와 부고협에서 미는 후보가 출마하고, 이과반에서 1명이 출마해 총 3명이 입후보했다. 2학년 때부터 갈리는 문과반-이과반 사이에는 묘한 경쟁 의식이 있었고 숫적으로 열세이던 문과반의 단점을 극복하기 위해 나는 2학년 이과반 후배를 러닝메이트로 삼았고 3학년 이과반 친구들도 대거 선거운동원으로 영입했다. 선거 운동 기간 1주일 동안 후보자들은 기호가 쓰인 어깨띠나 가슴판을 두르고 나름대로의 구호를 외치며 치열한 선거 운동을 펼쳐 나갔다. 선생님들과 학생들 모두 처음으로 경험하는 선거에 대한 관심이 컸고 요란한 선거 운동이 이어져 1주일간은 학교 전체가 축제 분위기로 휩싸였다. 돌이켜보면, 고등학생들이 민주주의를 직접 경험해 볼 수 있는 중요한 기간이기도 했다. 전교생 2천명 정도가 운집한 선거 당일 합동 유세장은 여느 선거판을 능가하는 열기가 느껴졌다. 기호 1번으로 출마한 부고협 측의 후보자는 1987년 대선에서의 백기완 선생을 연상시키는 두루마기를 입고 깃발을 앞장세워 유세를 펼쳤다. 기호 2번의 이과반 후보자는 걸쭉한 입담으로 유권자들의 관심을 끌었다. 마지막으로 단상에 오른 나는 연설을 끝내면서 교정에서 바라보이는 부산 앞바다를 가리키며 당시의 히트 유행가인 '저 바다에 누워'를 열창하는 것으로 유세를 마무리했다. 어른들의 선거를 똑같이 경험해 본 우리들만의 잔치를 흥겹게 끝내보자는 의도였는데, 함께 박수를 치며 노래를 따라 부른 청중들의 반응도 좋았다.

개표 결과, 치열할 것으로 예상되었던 것과는 달리 나는 60%가 넘는 압도적 지지율로 초대 직선제 학생회장에 당선되었다. 기호 1번이 20% 남짓, 2번이 10%가량의 득표율을 기록했다. 함께 열심히 선거 운동을 도와 준 친구들의 몫이 컸다. 그리고 나를 신뢰해 준 선생님들의 입소문도 크게 작용했을 것이다. 고등학교 때는 모든 능력이 성적과 연결되어 평가되는 경향이 큰 만큼, 고등학교 내내 전교 최상위권 성적을 유지했던 것에 대해 친구들과 후배들이 신뢰를 보내주었다는 느낌이었다. '학생 인권보장'과 같은 공허한 구호보다는 '교내 매점 음식값 인하'를 내건 나의 구호가 더 통했다는 느낌도 받았다. 초대 직선제 학생회장으로 당선된 이상 이전보다 더 학생들의 입장을 대변해야 한다는 생각에 무거운 책임감을 느꼈다. 학생들의 관심이 큰 학교 시설 개선 문제, 교내 매점 음식값 인하 문제에 대해 선생님들과 학교 측과도 더 많은 시간을 논의해 나가야 할 것이고, 스승의 날 행사나 가을에 있을 축제도 작년과는 색다르게 더 많은 학생이 참가하는 방식으로 만들어야 할 것이란 생각이 들었다. 그리고 학생회비도 직접 학생들을 위해 더 많이 사용되도록 해야겠다는 계획도 세웠다. 무엇보다도 보란 듯이 희망한 대학에 합격하여 학생회장으로 열심히 활동하고도 충분히 대학에 진학할 수 있다는 좋은 선례를 남기는 것이 필요했다. 남들보다 두세 배 바쁠 고3 수험생활을 각오하면서도 누구보다 멋질 마지막 고3 생활을 머릿속에 떠올려 보았다. 친구들과 함께 '고갈비집'에서 가진 당선 축하 자리에서 다시 한 번 노래 불렀다. "저 바다에 누워~ 외로운 물새 될까~ 떱띠리 딥띠 디비디비딥!!"

귀순용사의 꽃다발

강단 위에 서 있던 탈북여성의 눈에 눈물이 고이는 것이 보였고 입술이 떨리는 것도 보였다. 나는 그 여성이 마치 북한에 있을지도 모를 나의 친척처럼 느껴졌다. 안쓰러운 마음이 들었다. '꼭 이렇게까지 해야 하나.' 나는 순간 나도 모르게 자리에서 일어나 그 여성의 편을 들어주었다.

학생회장이 된 다음 처음 착수한 것이 교내 매점 가격 인하였다. 당시 우리 고등학교 안에는 학생들을 상대로 한 구내 매점이 한 곳, 식당이 한 곳 있었는데 그 주인이 달랐다. 할머니와 아들이 경영하고 있는 식당에서는 라면과 국수, 김밥 등 간단한 식사류를 팔고 있었고, 재단 이사장의 친척으로 보이는 아저씨가 운영하는 매점에서는 문방구류와 콜라, 사이다, 과자 등을 팔고 있었다. 각자 역할 분담을 한 듯 식당에서는 콜라, 사이다와 같은 청량음료를 팔지 않았고 매점에서는 컵라면과 같은 조리 식품은 일절 팔지 않았다. 그러니 학생들은 식당에서 밥을 먹고도 음료수를 사먹기 위해서는 매점으로 옮겨야 하는 불편이 있었고, 또 교내 매점에서 공산품을 독점 판매하다

보니 가격도 시중보다 다소 비싼 형편이었다. 나는 학생회장이 되기 전부터 이 둘 사이에 경쟁 관계만 도입하면 시중보다 훨씬 싸고 편하게 학생들이 이용할 수 있을 것이라고 생각했고, 학생회장 선거에서 교내 식당과 매점의 가격을 인하하도록 하겠다고 '공약'을 내세웠었다. 학생회장이 된 다음 나는 먼저 식당 할머니를 설득했다. 식당에서도 음료수 같은 공산품을 판매해 달라는 나의 요구에, 역시 예상대로 매점에서 판매하는 제품은 식당에서 판매하지 않는다는 조건으로 식당을 운영하는 것이기 때문에 중복 판매가 어렵다고 했다. 재단 측에서 식당에 이런 조건을 붙인 것은 매점 운영에 편익을 주고자 한 것으로 보였는데 이 때문에 학생들만 불이익을 보고 있을 수는 없었다.

나는 식당과 매점 운영권을 다루는 서무과와 매점을 운영하고 있는 아저씨에게 식당에서도 공산품을 팔도록 하지 않으면 매점에 대해 불매 운동을 벌이겠다고 압박했다. 그리고 학생회를 통해서도 이를 공지했다. 매점 아저씨는 갑작스런 요구에 불만이 많았지만 내가 이런 사항들을 공약으로 내걸고 직선제 학생회장으로 당선된 이상 밀어붙이지 않을 수 없었다. 결국 식당에서도 매점과 똑같이 공산품에 해당하는 음료수 등을 자유롭게 판매하도록 하고 대신 매점에서도 컵라면과 같은 간단한 조리식품을 판매하도록 합의가 되었고, 그때부터 식당과 매점 간의 경쟁 판매 체제가 도입되었다. 학생들은 짧은 쉬는 시간에 비좁은 매점에서 음료수 하나를 사려고 길게 줄을 설 필요가 없이 식당에서도 편하게 원하는 것을 살 수가 있게 되었다. 또 매점에서 컵라면을 사서 식당에서 편하게 먹을 수도 있었고,

식당에 간 김에 그곳에서 판매하는 청량음료를 함께 구입할 수 있게 되었다. 무엇보다도 양쪽에서 같은 제품을 판매하도록 하자 서로 가격 경쟁이 붙어서 시중에서 500원 하던 청량음료 가격이 450원, 300원 하던 아이스크림이 250원에 판매되기 시작했다. 작은 변화였지만 학생들이 일상생활에서 가장 많이 사용하는 식당과 매점 운영이 바뀌고 가격까지 떨어지니 그 만족도는 매우 큰 것으로 느껴졌다. 어떤 친구들은 나에게 "우리 학교에서는 직선제 학생회장 선거하고 나니 매점과 식당의 가격이 바뀌더라."면서 다른 학교에 다니는 친구들에게 자랑삼아 이야기한다고 나를 격려해 주었다. 나도 매점 아저씨에게는 다소 미안한 생각이 들었지만, '공약사항'을 이뤄냈다는 생각에 보람이 있었다.

학생회 간부들을 대상으로 한 간부수련회도 새로 만들어 시행했고, 학생들과는 무관한 용도로 많이 사용되던 학생회비 사용도 개선하여 학생동아리 운영 보조금 등으로 지급되도록 하여 많은 호응을 얻어내는 등 그런대로 첫 직선제 학생회장으로서의 일들은 잘 풀려 나갔다. 다만 3~4월 기간 동안 선거나 학생회장 업무에 시간을 많이 쓰다 보니 성적에 신경이 쓰이지 않을 수 없었다. 당시에는 종로학원이나 대성학원처럼 대형 학원들이 월별로 시행하는 전국 대입 모의고사를 전국 고등학교에서 함께 치르고 그 결과를 가지고 자신의 수준이 전국적으로 어느 정도인지를 가늠해보는 방식으로 대입 시험을 준비해 나가는 것이 일반적이었다. 고등학교에서도 이 모의고사 결과 나오는 통계를 가지고 학생들에게 진학 상담을 하고 있었으므로 그 성적 결과에 많은 신경을 쓰고 있었다. 나는 2학년 때까지 전교 문과반에서 1~2등을 다투면서 서울대 법학과를 희망하고 있었는데 전국적인 수준으로 봐서 서울대 법학과 입학이 가능한지 여부에 대한 예측이 바로 이 모의고사 결과에 달려 있었다. 그런데 5월까지도 모의고사 결과로는 서울대 법학과 진학이 어려울 것으로 보이는 전국 등수가 나오고 있었다. 물론 교내 성적으로는 여전히 1~2등에 속하고 있었지만 서울대 법학과 진학 안정권인 전국 300등 내의 성적에는 미치지 못하고 있었다. 모의고사 결과를 보고 고민하는 나에게 당시 담임 선생님은 큰 힘이 되어 주셨다. 선생님은 몇 번 고3 담임을 한 적이 있는데, 학년 초에 이 정도의 성적이면 굉장히 좋은 것이라고 칭찬해 주시면서 어차피 재수생들이 1학기에는 강세를 나타내지만 2학기가 되어 모든 교과 진도가 끝나는 단계에서는 재학생들의 성적이 올라가게 되어 있으니 염려 말라고 격려해 주셨다. 그리고 과거 서울대에 진학한 선배들의 모의고사 성적들을 보여 주시며 지금 나의 페이스를 유지해 나가면 2학기에는 안정권에 포함될 수 있을 것이라고 확신을 주셨다. 선생님의 말씀을 믿고 나는 힘든 보충수업과 자율학습시간을 버텨 나갔고, 원래 해왔던 것처럼 학원이나 독서실에 가지 않고 내 방식대로 공부를 계속해 나갔다. 여름 방학 때부터 모의고사 성적이 향상되기 시작했고 서울대 법학과 안정권에 포함되기 시작하더니, 2학기가 되어서는 전국 100위권 내로 성적이 올라갔다. 이제는 나와의 싸움만이 남았다는 생각이 들었고 한때 고민되었던 학생회 운영도 안정적으로 공부와 병행해 나갈 수 있었다.

1989년 당시에는 대형 학원에서 전국 고교생을 상대로 치르는 모의고사처럼, 지금은 찾아보기 힘든 것들이 몇 가지 있었다. 그 중에 한 가지가 간혹 탈북자들이 고등학교를 방문하여 학생들을 상대로 실시하는 안보교육이란 게 있었다. 지금은 새터민이라고 부르는 탈북자들을 우리 주위에서 흔히 볼 수 있지만, 당시만 해도 북한을 탈출하여 남한으로 귀순하는 소위 '귀순용사'가 발생하면 언론에 떠들썩하게 날만큼 탈북자를 보기가 어려운 시절이었다. 이런 탈북자들을 각급 학교에 보내어 학생들을 상대로 반공 교육과 안보 교육을 시켰는데 내가 고3 때에도 이런 교육 시간이 마련되었다. 2, 3학년 일부 학생들을 모아 두고 '기관원'으로 보이는 중년 남자와 함께 귀순용사라는 여자 한 명이 강단에 등장했다. 그 여성 탈북자는 여자 군인이었는데 북한의 참상을 이기지 못하고 임진강을 헤엄쳐 남한으로 탈출하였다고 하면서 긴장된 표정으로 북한에서의 고단했던 삶에 대해 이야기를 해 나갔다. 문제는 강의가 끝나고 시작된 질문 시간에 생겨났다. 1987년과 1988년에 이어진 민주화 바람으로 인하여 대북관에 있어서도 많은 변화가 있었고 이런 경향은 고등학교 학생들에게도 적지 않은 영향을 미치고 있었다. 주입식 반공교육에 대한 반감이 형성된 시기였고 특히 안기부와 같은 공안기관에 대한 반감이 어느 때보다 고조되어 있는 시기였다. 탈북 여성의 강의를 듣던 2학년 학생 하나가 이런 반감이 들었는지 용기 있게 손을 들고 일어섰다. 지금은 정확하게 기억나지 않는 내용이지만, 요약하자면, 그 여성의 뒤에 근엄하게 앉아있던 '기관원'을 비꼬며 탈북 여성이 진짜 북에서 온 것인지, 또 그가 말하는 북한의 참상을 어떻게 믿을 수 있는지 의

문스럽다면서 굳이 고등학생들을 상대로 이런 식의 반공교육을 계속 해 나가야 하느냐는 내용이었다. 예상하지 못한 학생의 과감한 발언에 탈북 여성을 대동하여 온 기관원의 얼굴이 심하게 굳어졌고, 교육 시간을 주관하던 국민윤리 선생님의 얼굴도 굳어졌다. 무엇보다도 이런 과감한 질문을 처음 겪었을 탈북 여성은 어쩔 줄을 몰라 하는 분위기였다. 말투나 행동으로 봐서 분명히 북한을 탈출해 온 것으로 보였던 그 여성은 남한의 당찬 고등학교 학생이 던진 질문에 당황해 하는 모습이 역력했다.

백여 명의 학생들이 모여 있던 강당은 순간 어색한 침묵이 흘렀다. 질문을 던졌던 학생처럼 늘 같은 형식의 반공교육에 식상해 있던 다른 학생들도 그 탈북 여성의 입장을 고려하기보다는, 질문을 던진 학생의 용기가 더 멋있어 보인다는 표정들이었다. 그 질문은 선생님이나 기관원이 대답할 수 있는 성격도 아니었고, 그 여성이 대답할 수 있는 성격도 아니었다. 단지 우리 체제에 대한 고등학생으로서의 투정일 뿐이었다. 그러나 그 탈북 여성에게는 충격이 아닐 수 없는 질문이었다. 나는 순간 그 여성의 눈가에 눈물이 고이고 입술을 떨면서 안절부절못하는 모습을 보았다. 나로서는 열일곱 나이에 고향인 북한을 떠나 생소한 남한 사회에 정착한 내 아버지의 모습을 보는 것 같았다. 마치 지금도 북한에 있을지 모를 내 혈육들도 저런 모습이겠다는 생각도 들었다. 이유야 어찌되었건 가족과 고향을 버리고 목숨을 걸어 남한으로 왔건만 여기에서도 자기편은 없다고 생각되었을 그 탈북 여성의 심정이 안타깝게 느껴졌다. 나는 내가 대답해 보겠다고 일어섰다. "이런 교육이 필요한 것인지 아닌지 라는 질문은 우리가 해결해야 할 문제이고, 지금 저기 서 있는 저 분에 대해 던져야 할 질문은 아닌 것 같습니다. 목숨을 걸고 이곳까지 온 분에 대한 인간으로서의 기본적인 예의는 지켜야 되겠습니다. 여기서 이런 교육을 하게 된 것이 저분으로서는 얼마나 가슴 아프겠습니까." 질문을 던졌던 2학년 후배의 얼굴은 다소 떨떠름한 표정이었지만 나의 대답에 더 이상의 질문은 나오지 않았다. 오히려 학생들 사이에서는 '우리가 좀 심했던 것 같다.'는 분위기가 흘렀고, 입장이 난처했던 국민윤리 선생님께서는 다행이라는 표정으로 강의 시간을 마무리했다. 나는 더 이상 말하지 않았지만 학생들은 나의 대답에 공감한다는 의미로 그 여성에게 박수를 보내 주는 것으로 강의를 마쳤다. 탈북 여성은 뺨을 타고 흐르는 눈물을 조용히 닦으며 고개를 숙여 인사했다. 강의를 끝내고 기관원을 따라 나가던 그 여성은 나에게 자기가 강의를 시작하면서 받았던 꽃다발을 건네주었다. 아무 말도 하지 않았지만 자기가 받은 꽃다발을 나에게 주는 표정에서 '고맙습네다.'라는 떨리는 북한 음성을 느낄 수 있었다. 나와 함께 있던 친구들은 "아이구, 니가 잘 마무리했다. 질문이 멋있긴 했는데, 그 여자가 참 안됐더라."라고 하면서 어깨를 두드려 주었다.

난데없이 북한 여성으로부터 꽃다발을 받아보는 특이한 경험도 했다. 지금 생각하면 아마 나보다 불과 대여섯 살 정도 많았을 북한 여성이었을 것이다. 어린 나이에 인생의 극한을 경험하고도 남한 사회에서 또 다른 냉담함을 맛본 그 여성이 준 꽃다발이 그 여성만큼이나 측은해 보였다. 국민윤리 수업 시간에 다시 들어오신 선생님은 그날의 강의 시간을 상기하시면서 국민윤리 시간에 이야기했던 '측은지심'이라는 것이 그 날 내가 한 답변에 들어있다고 하셨다. "규택이. 니가 왜 전교 회장에 당선되었는지 알 만하더라."라고 쑥스러운 칭찬을 해 주셨다. 그 선생님은 그 이후에도 국민윤리 시간마다 그때의 일을 말씀하셨는지 고등학교 졸업한 지 몇 년이 지나서도 까마득한 고등학교 후배로부터 "선배님께서 북한 여성한테 꽃다발을 받으셨다면서요?"라는 이야기를 듣곤 했다.

이런저런 재미있는 일들을 경험한 고3 1년을 보내고 드디어 대입 학력고사를 치르게 되었다. 당시에는 먼저 자기가 희망하는 대학교 학과에 지원한 다음 그 대학교에 가서 대입 학력고사를 치르고 그 점수와 내신 석차에 따라 당락을 결정하는 방식이었다. 지금도 '입시 한파'라는 것이 있는 것처럼 부산 출신의 고등학교 학생에겐 대입 시험일 서울 날씨가 유난히 춥게 느껴졌다. 눈이 쌓여 있는 서울대 교정을 신기롭게 바라보며 시험장으로 들어서던 기억이 지금도 눈에 선하다. 다행히 큰 실수 없이 시험을 치렀다. 시험이 끝난 날 저녁 예상 답안지를 구매하여 채점을 해보니 합격 안정권에 들 수 있겠다는 생각이 들었다. 물론 정식 합격자 발표일까지는 긴장이 풀리지 않았다. 대입 학력고사를 치르고 난 후 고등학교 축제 행사를 치렀다. 예년과는 달리 크리스마스와 연말 분위기를 한껏 살릴 수 있도록 학생들의 밴드 경연과 '미스 혜광 선발대회'를 포함시켰다. 대입 학력고사까지 끝난 이후라 인근 학교 학생들의 참여도 대폭 늘었는데, 남학생들을 여자로 분장시켜 가장 아름다운(?) 남학생을 선발하는 '미스 혜광 선발대회'는 주변 학교 여학생들에게 폭발적인 인기를 끌었다. 학생회장으로서 가장 큰 행사 중 하나였던 축제도 성공리에 끝냈고, 드디어 합격자 발표일이 다가왔다. 지금은 인터넷이나 전화로 합격자 여부를 바로 확인할 수 있지만, 당시만 해도 서울대 운동장에 합격자 명단을 게시하는 것이 가장 빠른 합격자 발표였다. 나와 어머니는 발표일에 맞춰 서울대 운동장으로 함께 갔다. 어느 정도 합격을 예상하고 있었지만 운동장에 내걸린 내 이름을 본 순간 정말 나도 모르게 고함을 치면서 날뛰었고 어머니는 나를 껴안고 눈물을 흘리셨다. 어느 틈에 이 장면을 사진사가 찍었는지, 어머니와 내가 부둥켜안고 있는 생생한 모습을 카메라에 담았다며 사진을 구매하라고 다가왔다.

지금도 고등학교 앨범을 보면서 꿈 많았던 학창 시절로 돌아가 곤 한다. 가장 잊히지 않는 사진이 학생회장 선거에서 유세하는 장면을 담은 사진과 합격자 발표일 어머니와 부둥켜안고 있는 짠한 장면이 담긴 사진이다. 비록 사진으로는 남아 있지 않지만 나에게 꽃다발을 건네주던 그 북한 여성의 표정이 고등학교 시절과 함께 항상 떠오르는 또 하나의 장면이다.

X세대

1971년생. 90학번으로 대학에 입학한 우리 세대의 대학 생활은 그전 세대와는 확연히 다른 것이었다. 해외여행 자유화 조치의 혜택을 본격적으로 보기 시작한 대학생들은 너도 나도 배낭여행으로 여름방학을 보냈고, 3학년이 되어 사법시험 공부에 한창이던 1992년 전국은 '서태지와 아이들'이라는 아이콘에 열광하고 있었다. 언론에서는 우리를 가리켜 "X세대"라고 불렀다. 정체성을 한 가지로 특정하기 어려운 새로운 세대라는 뜻의 X세대. 나는 그 첫 X세대로 대학 생활을 시작했다.

"드디어 대학생이 되었다!" 부산 시내 한 복판의 고등학교에서 학생회장도 했고 또 비교적 무난하게, 주위 사람들의 부러움을 받으며 '서울대 법대'라는 명문 학과에 진학한 나는 나름대로의 자부심도 갖고 서울로 올라왔다. 자식들 중에 처음으로 부모 품을 떠나 객지 생활을 하게 된 내가 걱정되셨는지, 부모님은 하숙이나 자취 대신 서울에 있던 아버님 친구 분 댁에서 살면서 대학생활을 시작하도록 해 주셨다. 어렸을 때부터 부모님끼리, 아이들끼리 모두 친하게 지냈던 친척집 같은 곳이라 편안하게 타향 생활을 시작할 수 있었다. 같은 하숙집, 자취집 친구들끼리 몰려다니며 시간을 보내는 지방 출신 대학생들의 낭만은 맛볼 수 없었지만, 같은 대학에 다니고 있던 그 집 형님들의 도움을 받으며 대학 생활에 적응해 갈 수 있는 장점이 있었다.

그러나 처음으로 맛보는 대학 생활의 '자유'는 여러모로 낯설게 느껴졌다. 아침부터 밤늦게까지 조밀 조밀하게 짜여 있는 시간표에 따라, 늘 함께 보는 친구들, 선생님들과 생활했던 고등학교 때까지의 학창 생활에 익숙해져 있던 나에게, 모든 것을 내가 정하도록 되어 있는 대학 생활은 신기하기도 하고 불안하기도 한 일과였다. 법학과 자체는 3백 명이라는 많은 학생으로 구성되어 있었지만 강의시간마다 강의실이 바뀌고 옆 자리에 앉은 학생이 바뀌니 고등학교 때처럼 '정해진 친구'가 있을 수 없었다. 어느 녀석과 함께 옆자리에 앉아 강의를 들을까, 누구와 함께 점심을 먹을까 하는 것도 매일 매일 정해야 하는 선택의 문제가 되어 있었다. 교양과목과 필수과목의 비율에 따라 내가 맞춰 둔 시간표의 모든 강의를 성실히 수강해도 하루에 서너 시간만 강의실에서 보내면 나머지 시간은 자유였다. 남는 시간을 무엇을 하고 보내야 할지도 정해야 하는 '행복한 고민'이 반복되었다. 정해진 친구가 없고 정해진 일과가 없으니 자연히 외롭다는 생각도 들기 시작했다.

90학번부터의 대학 생활은 그 이전 세대의 대학 생활과도 확연히 달랐다. 학교 안에 사복 경찰이 상주해 있었고 강의 시간은 종종 수업 거부 투쟁으로 휴강되기도 했다는 선배들의 이야기는 마치 '전설'처럼 들려오는 까마득한 옛날이야기가 되었다. 80년대 대학가의 모습으로 상징되는 최루탄 냄새, 수업거부, 휴교령 같은 것은 이제 더 이상 찾아보기 힘들었다. 그나마 남아있던 운동권 동아리들의 활동도 전처럼 활기찬 것이 없었고, 간혹 몇 명 학생끼리 모여서 외치는 구호 소리도 이제는 식상한 것이 되어 있었다. '학생 운동'으로 대변되던 대학교의 모습은 새로운 것들이 차지하기 시작하고 있었다. 여전히 형편이 어렵게 대학 생활을 이어가고 있는 '고학생' 이미지의 대학생들이 많은 서울대학교였지만, 자기 승용차를 타고 대학을 다니는 학생들이 늘어나고 있었고 한창 유행하기 시작했던 '나이트클럽 부킹 문화'에 익숙한 '오렌지족' 대학생들도 많아졌다. 또 방학이 되면 외국으로 '배낭여행'을 떠나는 것이 유행처럼 대학가에 퍼지기 시작했고, 간혹 공산권 국가였던 동유럽이나 중국을 다녀와 '신기한' 여행 체험을 이야기하는 친구들도 늘어났다. 또 한 가지 큰 대학생활의 변화는, 컴퓨터가 본격적으로 대학생들 사이에서 사용되기 시작했다는 점이었다. 1학년 때 초반만 해도 리포트를 원고지에 써서 제출했고 교수님들은 원고지 매수를 기준으로 학점을 준다는 이야기들이 떠돌고 있었는데, 불과 몇 달 사이에 '이제는 워드프로세서나 컴퓨터로 작성된 리포트만 받겠다.'는 교수님들이 나타나기 시작했다. '시대를 앞서간다.'는 대학생들은 '컴퓨터 통신'이라고 하는 새로운 취미에 빠져들었고, 당시로서는 거금인 몇 백만원을 들여 최신 기종 컴퓨터를 장만했다는 친구도 나타났다.

지금 생각해보면, 1990년대 초반의 대학 생활은, 그 이전 1980년대와는 국내외 환경 자체가 확연히 다른 새로운 세대의 대학 생활이었다. 당시에도 언론에서는 "X세대의 등장"이라는 표현으로 이전과 달라진 대학 풍속도를 자주 보도하곤 했다. 내가 직접 경험한 당시 'X세대'의 대학 생활이 그 이전의 대학 생활과 달라진 원인은 무엇이었을까?

여러 가지 이유가 있을 수 있겠지만, 가장 큰 원인은 무엇보다도 '민주화 투쟁'으로부터 자유로워진 국내 정치 상황이었다. 광주민주항쟁 이후 지속된 민주화 투쟁으로 얻어진 1987년 6·29 선언과 직선제 대통령 선거는 처음으로 평화적 정권교체를 경험하게 했고, 1992년 '문민정부'의 탄생으로 30년 군부 독재를 청산하게 되었다. 1990년대 대학 생활을 시작한 대학생들에게 이런 정치 환경의 변화는, '학생 운동'이라는 큰 의무감에서 벗어날 수 있게 하는 계기가 되었고 더 이상 '비운동권 학생들'이 '운동권 학생들'에 대해 갖고 있던 채무 의식이란 것도 존재하지 않았다. 이런 상황을 'X세대의 개인주의'라고 부르기도 했지만, 반대로 대학생들은 지금의 상황에서 자신에게 필요한 것을 스스로 찾아야 하는 '자유'와 '의무'를 동시에 갖게 되었다.

경제적인 원인으로는, 1980년대 이른바 '3저 현상' 속에 고도의 경제성장을 지속해 온 결실을 본격적으로 누리기 시작한 세대가 1990년대 초반 대학생들이라는 점을 들 수 있다. 우리나라 전체의 상황과 마찬가지로 70년대를 모두 어렵게 살았던 부모들이 80년대 들어서면서 경제적 기반을 잡은 경우가 많았고, 그 자식들인 90학번대의 대학생들부터는 '마이카'나 '컴퓨터', '배낭여행'으로 대변되는 경제 성장의 결실을 누릴 수 있게 되었다. 또 대학생들의 과외 아르바이트가 자유화되면서 대학생 고액 과외를 통해 웬만한 직장인 못지않은 경제적 여유를 갖게 된 대학생들도 늘었다. '농활'이나 '위장 취업'과 같은 1980년대식 대학 생활은 어느덧 먼 나라 이야기가 되었고, 영어 학원이나 컴퓨터학원에 다니며 '자기계발'을 하거나 해외 배낭여행이나 어학연수를 통한 '세계화'에 매진하는 대학생이 늘기 시작했다.

국제적인 환경을 보면, 1990년대 초반은 베를린 장벽 철거, 소련의 해체로 촉발된 동구권의 몰락, 중국과 러시아의 본격적인 개방·개혁 정책, 노태우 정부의 북방 외교와 남북한 동시 UN가입 등이 동시 다발적으로 일어난 시기였다. 1988년 서울올림픽을 계기로 우리나라가 본격적인 국제화의 길로 접어들었다면 그 열매를 처음으로 향유한 것도 90년대 대학생들이었다. '이념'과 '냉전'이 사라진 자리를 '세계화', '지구촌'이라는 단어가 대신했다. 탈냉전 체제의 시작으로 본격적인 '통일 운동'이 대학가에 퍼지기 시작한 시기였기도 하지만, 동시에 'NL과 PD'라느니 '주사파, 주체사상'이니 하는 용어들은 고도로 '전문화된' 운동권만의 용어로 이해되면서 일반적인 대학생들과는 동떨어진 개념으로 다가왔다.

1990년대 초반 대학 생활의 여러 변화는, 이처럼 정치, 경제, 국제, 그리고 이념면에 걸친 광범위한 환경의 변화에 따른 것이었고, 대학생 개개인의 삶의 모습도 이런 환경의 변화에 그대로 순응해서

변하게 되었던 것이다. 아이러니컬하게도 이런 변화는 1990년대 초반 대학 생활을 시작한 세대, 그러니까 'X세대'가 10년, 20년 뒤 겪어야 했던 역경으로 그대로 이어지기도 했다. 이들이 사회생활에 본격적으로 뛰어들기 시작한 1990년대 후반, 우리나라는 'IMF 사태'라는 초유의 경험을 하게 되었고 'X세대'가 그 직격탄을 맞은 첫 세대가 되었다. 또 IT 기술의 선구자로 통했던 X세대는 2000년대 초반 'IT 버블 붕괴', '닷컴 기업의 몰락'을 경험해 본 첫 세대가 되었다. 정치적으로는, 민주화 운동 경험을 등에 업은 '386 세대'와 진보 정치의 토대를 형성한 '88만원 세대'의 틈에 끼어 제 목소리를 못 내본 세대이기도 하다. 민주화 운동에 청년을 바쳤고 이제 정치적으로 보상을 받아야겠다는 386세대의 드센 질주가 2000년대 정치판을 주도했다면, 2010년대 들어서는 '청년 실업'과 '신자유주의의 폐해'를 보상받겠다는 88만원 세대의 목소리가 정치판에 밀려들었다. X세대는 그야말로 '낀 세대'가 되어 정작 정치권의 주력이 되었어야 할 시기를 놓치는 경험도 했다.

돌이켜보면 나의 대학 생활도 이런 X세대의 대학 생활 그 자체였다. 학생 운동이나 이념 같은 문제는 먼 과거의 이야기처럼 식상하게 들려왔고, 변화된 환경 속에서 스스로의 길을 찾아가야 하는 대학 생활이었다. 1학년 때는 여느 대학생처럼 고교 동문 선배들과 어울려 주점에서 밤을 세거나, 또 '조인트 동문회'나 소개팅, 미팅으로 여학생들과 어울려 보는 시간도 가졌고, MT라고 하는 여행도 부지런히 따라 다녀봤다. 변화된 환경의 영향 탓에 나름대로 영어 공부나 컴퓨터 공부도 했고, 고전으로 불리는 책들도 몇 권 읽어보았다. 그러나 1년이 지나면서 이런 것들에서 얻는 재미도 시들해졌고, 대학생으로서 나의 경쟁력이 남들보다 커지고 있다는 생각도 들지 않았다. 더군다나 가족과 떨어져 혼자 모든 것을 결정해야 하는 상황에서, 내가 처한 입장을 냉정하게 판단해 봐도 주위 친구들보다 별로 나을 것이 없었다. 고등학교 때까지는 주변으로부터 '촉망받는' 학생이었지만, 서울에 와서는 간혹 명절이나 방학 때 부산에 간다고 하면 친구들로부터 "시골 잘 다녀와."라는 소리를 듣는 지방 출신 학생에 불과했다. 같은 과 친구들은 전국에서 모인 수재들이니 공부로도 내가 뛰어날 리는 없었다. 한창 맹위를 떨치던 '강남 8학군' 출신 친구들이 법대에서도 다수를 차지하고 있었는데 집안 환경이나 경제적인 면에서도 나보다 좋아 보였다. 혈혈단신으로 피난을 와 온갖 노동과 장사를 하면서 의사가 된 아버지에 대한 자부심이 누구보다 강했지만, 어느 총리 집 손자라느니 어느 유명 교수 집 딸이라느니, 아버지가 고위직 판검사였다느니 하는 친구들을 보면 솔직히 나와 다른 세상을 살아온 특별한 존재들이라는 생각도 들었다. 부산에선 보기 드문 대기업 사장이 아버지라는 친구들도 있었고, 내 형님은 다니던 의대를 집어치운 상황인데 형제들이 모두 서울대에 다니고 있는 친구들도 있었다. 또 이런 친구들은 중학교, 고등학교 때부터 서로 알고 지낸 친구 사이들이었고 동문 선후배들도 '빵빵한' 친구들이 많았다. 이런 친구들과 경쟁해야 한다는 생각을 하면 약간 주눅이 들기도 했고 별로 한 것 없이 1년을 지냈다는 생각이 들었다. 2학년에 접어들면서부터는 법학과 학생으로서 반드시 거치는 '사법시험을 언제부터 준비해야 하나?' 하는 고민도 찾아왔다.

 '학생 운동'이 사라진 자리를 온갖 다양한 대체재들이 비집고 들어오던 1990년대 초반의 대학 풍경. 그 속에서 자유롭지만 외롭게 시작한 대학 생활. 처음으로 가족을 떠나 별다른 배경도 없이 혼자 헤쳐 나가야 할 서울대 법대에서의 남은 3년. 이런저런 생각으로 방황할지도 모를 남은 대학 생활을 생각하며 내가 무엇을 이루고자 여기에 왔는가를 다시 한 번 생각해 보았다. 서울대 법대를 졸업하고도 제때에 사법시험에 합격하지 못하면 '서울대 법대생'으로 통하는 것이 아니라 '불쌍한 고시생'으로 대우받게 된다는 것을 여러 선배들의 사례에서 직접 보기도 했다. 또 철 지난 학생 운동을 한다고 여기저기 기웃거리다가 소리 소문 없이 사라진 경우들도 있었고, 컴퓨터니 영어니 배낭여행이니 이런저런 것 다 하려고 들다가 막상 사법시험은 장수생의 길을 걷고 있는 경우도 있었다. 정체성을 하나로 특정하기 어려운 X세대였던 만큼 사는 모습도 다양한 대학 생활이었지만, 법대에서만큼은 모든 기준이 사법시험에 합격했는지 여부로 결정되어지는 느낌도 들었다. 2학년이 되면서부터, 나는 모든 것을 제쳐두고 고등학교 때 마음먹었던 법조인으로서의 길을 빨리 준비해 나가기로 마음먹었다. 새로운 환경, 새로운 문화, 새로운 이념들은 잠시 잊기로 하고, 한 번은 겪어야 할 '고시생'의 길을 남들보다 조금 빨리 가는 것이 나의 중심을 잡고 알찬 대학 생활의 열매를 맺는 것이란 생각이 들었다. 그렇게 X세대 대학생의 첫 1년은 마무리되고 고시생으로서의 새로운 생활이 시작되었다.

고시생에서 사법연수원생으로

사법연수원 2년차 시험을 한창 준비하던 1995년 여름. 뉴스 속보에서 '삼풍백화점의 붕괴'를 긴급히 전하는 앵커의 다급한 목소리가 터져 나왔다. 나는 여자 친구에게 급하게 삐삐를 쳐댔다. 아무리 기다려도 응답이 없었다. 집 전화도 받지 않았다. '무슨 일이 생긴 것은 아닐까.' 지금도 삼풍백화점 붕괴 때의 화면을 보면 그때 마음 졸이던 내 모습이 떠오른다.

"어차피 봐야 할 사법시험이라면 빨리 붙을수록 시간 낭비를 줄이는 것이다."

고등학교 때부터 법조인이 되겠다는 생각, 그리고 검사로서의 꿈을 키워 서울대 법대에 진학한 이상, 나에게 있어 대학 생활에서의 목표는 이미 정해져 있는 것이란 생각이 들었다. 바로 사법시험 합격이라는 목표였다. 어차피 봐야 할 시험, 주위 사람을 덜 피곤하게 하고 나도 덜 피곤해지기 위해서는 사법시험에 들이는 시간과 경제적 손실을 줄이는 것이 최상이라고 생각되었다. 내가 사법시험을 남들보다 비교적 빨리 준비하게 된 것은, 법조인이 되겠다는 생각을 고등학교 때부터 확실하게 정했던 영향이 크다고 할 수 있다. 나는 고등학교 1학년 시절 문과文科를 전공할 것인지, 이과理科를 전공할 것인지를 두고 많은 고민을 했다. 의사인 아버지를 두고 있는 탓에 의사가 되면 어떨까라는 생각도 솔직히 많이 해 보았다. 그리고 중학교 때 미술에 심취한 경험이 있었고, 고등학교에 올라와서는 88서울올림픽을 앞두고 당시 건축가로 쌍벽을 이루던 김수근 씨나 김중업 씨가 잠실 올림픽 주경기장이나 올림픽 공원의 기념물을 설계하여 자신의 이름을 영원히 남기는 모습이 멋있게 보여 건축가를 꿈꿔 보기도 했다. 아마 이런 쪽에 욕심이 더 컸다면 고등학교 2학년이 될 때 의학이나 건축학을 전공할 수 있는 이과에 지망했을 것이다. 특히 중학교 때부터 수학에서 다른 친구들보다 좋은 성적을 올려 이과를 전공했어도 충분한 성적을 올릴 자신도 있었다. 그러나 고등학교 2학년 진학을 앞두고 나는 문과로 진학하여 법조인이 되어보겠다는 쪽으로 결심을 굳히게 되었다.

부모님은 나에게 어떤 직업을 택하라고 말씀하신 적이 한 번도 없었다. 다만 어떤 직업을 택하든 내가 평생 재미있게 할 수 있는 직업을 찾으라는 조언을 해 주셨다. 아버지는, 고등학교 1학년 때 건축가에 흥미를 갖고 있던 나에게, 당시 유명했던 건축가 김중업 씨의 긴 인터뷰를 담은 신문 기사를 구해 보여주기도 하셨다. 다만, 6·25 전쟁을 겪어보고 고향을 떠나 타향에서 자리 잡은 아버지는, 직업 중에서 국가로부터 부여받은 자격을 갖는 직업이 세상이 어떻게 변하더라도 자신만의 안정적인 직업을 갖는 것이란 말씀을 자주 하셨다.

그러시면서 의사나 건축가, 법조인처럼 '면허'를 갖는 직업은 평생을 할 수 있고 또 보람도 있는 직업이라고 하셨다. 당신께서는 전쟁을 겪으면서 북한군이나 남한군도 의사를 죽이지는 않더라는 경험을 하게 되었고, 피난 오기 전 북에 계시던 아버지로부터 집안에 의사가 한 명 있었으면 좋겠다는 말씀을 들어 피난 온 이후 어려운 환경 속에서도 의사 공부를 시작했다. 가난한 형편 탓에 8년이라는 긴 기간을 군의관으로 보낸 후 내가 태어난 1971년 피부과 전문의로 개업한 아버지는 20년의 노력 끝에 낯선 타향 부산 땅에서 비교적 성공한 의사로 자리 잡을 수 있었다. 이런 배경 탓에 아버지는 '의사 면허'에 대한 고마움을 늘 마음속에 간직하고 계셨던 것 같다. 그러나 아들에게 의사가 되라는 권유보다는 자신이 평생 재미있고 보람을 느낄 수 있는 직업을 택하라고 권하셨고, 그 방법 중에 하나로 이왕이면 면허를 딸 수 있는 직업을 권하셨던 것이다. 나는 아버지가 생각하신 '면허'를 갖는 직업 중에서도 법조인이라는 직업에 대해 고민해 보았다. 우선 아무런 배경이 없더라도 스스로의 노력만으로 얻을 수 있는 자격이라는 매력이 있었고, 또 자신의 능력을 발휘하는 것이 곧 남을 돕는 것으로 연결된다는 것이 좋아 보였다. 또한 미국과 같은 선진국처럼 나라가 발전할수록 법조인의 역할이 중요해 진다고 생각되었고, 우리나라처럼 오랜 군부 통치를 벗어나 새로운 질서가 형성되는 사회에서는 법조인의 역할도 그만큼 커지고 중요해질 것이라고 기대되었다. 고등학교 진학 직전에 발생했던 '박종철 군 고문치사 사건'에서 자칫 은폐될 뻔했던 사건의 전말을 검찰의 수사를 통해 밝혀냈던 장면, 변호사 출신인 노무현 의원 등이 국회 5공 비리 청문회에서 맹활

약하는 장면 등은 그런 기대감을 굳혀 주는 것들이었다.

개인적으로 내가 커온 환경도 법조인이라는 직업을 선택하게 된 토대가 되었다고 할 수 있다. 나는 전쟁 통에 고향을 떠나 부산에서 어렵게 생을 일군 아버지와, 가난 때문에 고향인 목포를 떠나 부산으로 이주해 온 어머니 사이에서 태어났다. 두 분 모두 자기의 의지와는 상관없이 고향을 떠나 타지에서 새로운 삶을 개척한 세대이고 나는 그런 부모를 둔 '피난민 2세대'에 속했다. 남들처럼 '몇 대 할아버지가 어떤 동네 제일 부자였다.'거나 '가족 중에 장차관을 지낸 사람이 있는 명문가'라는 자랑과는 거리가 먼, 오직 '아무것도 없이 혼자의 힘으로 고생 끝에 오늘날 여기까지 왔다.'는 것만을 자랑할 수 있는 가정환경이었다. 누구의 후광을 업어 사회에 진출한다거나 누구의 회사를 물려받아 키워보겠다는 생각은 원천적으로 불가능했고, 오로지 자기의 노력으로 얻은 나름대로의 성공을 소중한 것으로 여기는 의식이 무언중에 어린 나에게도 자리 잡았던 것 같다. 그런 분위기에서 컸기 때문에 법조인이라는 직업이 특히 매력이 있는 직업으로 다가왔을지도 모르겠다. 나는 법조인 중에서도 '피난민 2세대'로서 확실하게 대한민국 땅에 자리 잡고 사회 발전에 일정한 기여를 하면서도 내 도움이 필요한 사람들에게 봉사할 수 있는 길은, 공직자로서의 법조인, 즉 판사나 검사가 아닐까 하는 생각을 하게 되었다. 그중에서도 보다 적극적이고 능동적인 모습으로 보이는 검사라는 직업에 호감을 더 갖게 되었다. 이런 생각, 저런 고민 끝에 법률가, 검사라는 직업을 목표로 삼아 고등학교 문과반으로 진학하였고 첫 번째 관문인 서울대 법대에도 합격할 수 있었다.

　이제 내가 꿈꿔 온 법률가로 가는 데 가장 중요한 사법시험이라는 관문 앞에 서게 되었다. 당시 사법시험은 1차 시험을 봄에 치르고 2차 시험은 여름에 치면서 1차 시험 합격자에게는 다음해까지 1차 시험이 면제되었다. 대학 2학년 때부터 사법시험을 준비한 내가 가장 빠르게 사법시험에 합격하는 것은 3학년 봄에 1차 시험, 그리고 4학년 여름에 2차 시험에 합격하는 것이었다. 2학년 때부터 1차 시험 과목에 대한 시험 준비 계획을 세우고 공부 장소는 학교 도서관과 집으로만 한정했다. 2학년 때부터 부산에 있던 누나도 서울에 취직하여 둘이서 자취를 시작하였고 서울대 구내까지 다니는 노선버스를 가장 쉽게 이용할 수 있는 곳에 집을 얻었다. 남들처럼 유명 학원을 다니거나 고시원을 이용하는 방법도 고려해 보았지만, 고등학교 때 경험상 나 혼자 공부할 수 있는 시간을 가장 많이 확보하는 것이 제일 중요하다는 생각에 학교 도서관과 집에서 혼자 공부하는 것을 원칙으로 삼았다. 매일 아침 6시에 일어나 식사를 하고 집 앞에서 버스에 올라 학교 도서관에 도착하여 자리를 잡는 시간이 7시 30분. 커피 한잔에 신문을 본 후 8시부터 공부를 시작하면 밤 10시까지 도서관의 한 자리를 지키고 있었다. 점심, 저녁 시간과 강의시간을 빼면 거의 10시간 정도를 한자리에서 법률 책들과 씨름했다. 밤 11시에 집에 도착하여 1, 2시간 정도 더 정리를 하고 잠자리에 드는 다람쥐 쳇바퀴 같은 생활을 꼬박 2년을 했다. 도서관 밖으로 보이는 나무들의 변하는 모습에서 계절이 변하는 것을 느끼고, 도서관에서 낯익은 얼굴들이 계속 바뀌는 것을 보면서 나도 대학 4학년이 되었다는 것을 깨달았을 때 어느덧 사법시험 2차 시험일이 다가왔다. 2차 시험을 앞두고 불안하다는 생각보다는 나도 이제 이 지긋지긋한 고시생 생활을 끝낼 수 있게 되었다는 기대감이 더 컸을 만큼 스스로 느끼는 시험준비도 웬만큼 되어 있었다. 4일간 피 말리는 2차 시험을 끝내고 격려차 서울에 올라오신 아버지와 저녁을 함께했다. 아버지께서 조심스럽게 "시험 잘 본 것 같으냐?"고 물어보셨다. 나는 "다시는 이 시험 안 봐도 되겠습니다."라고 말씀드렸다. 나는 마라톤 코스를 완주하고 두 팔을 치켜들어 골인하는 선수들의 심정처럼, 너무나 힘들었지만 내가 그 힘든 길을 드디어 끝냈다는 생각으로 자신감 있게 말씀드렸다. 다행히 예상처럼 대학 4학년 재학 중에 사법시험 합격이라는 큰 열매를 얻을 수 있었다. 그동안 막내를 바라보며 마음 졸였을 가족들에게 보답했다는 생각이 무엇보다도 기뻤다. 그리고 모든 대학 생활을 '올 인'하여 목표를 달성했다는 생각에 나 스스로에게도 고맙다는 생각이 들었다.

대학생으로, 아니 인생 전체에서도 마지막 방학인 그해 여름방학과 겨울방학은 어느 방학보다도 달콤한 방학이었다. 고시생의 찌든 생활을 보상이라도 받듯, 그렇게 부러웠던 유럽 배낭여행을 여름에 다녀왔고, 겨울에는 미국에서 유학 생활을 하던 형님의 집에 함께 살면서 어학연수를 했다. 처음으로 가본 외국, 그것도 유럽과 미국을 1개월 정도씩 경험하고 나니 왜 다른 대학생들이 그렇게 배낭여행과 어학연수를 가려고 난리들이었는지 이해가 되었다. 해가 바뀌어 1994년부터 사법연수원생이 되었다. 첫 사회생활을 시작한 것이었지만 만 23세라는 어린 나이였고 사법연수원 1년차 생활도 강의를 듣는 것이 대부분이라 마치 다시 대학생이 된 것 같은 기분이었다. 바뀐 게 있다면 양복을 입고 강의를 듣는 것, 나와 같은 막내에서부터 가장 나이가 많은 스무 살 정도 연상의 교수님 같은 형님들과 함께 동기생으로 생활한다는 것 정도였다. 그리고 이제 자유롭게 연애도 할 수 있는 여유가 생겼다. 지금은 집사람이 된 아내를 그해 4월에 친구의 소개로 만났다. 법조인이 될 자격은 이미 갖췄고 진로에 대한 선택은 군법무관을 마칠 때쯤인 4년 뒤에 하면 된다. 여유롭게 강의를 들을 수 있고 사랑하는 사람까지 생겼으니 대학교에 갓 입학한 1학년이 된 기분으로 사법연수원 1년차를 보냈다. 부산지방검찰청과 서울남부지방법원, 법무법인 태평양을 거치며 '시보'로서 실무수습도 알차게 보냈다.

서울남부지법에서 법원 시보를 하면서 사법연수원 2년차 시험 준비에 한창이던 1995년 여름. 당시 사법연수원 건너편에 자리하고 있던 삼풍백화점이 대낮에 붕괴되는 기가 막힌 일이 발생했다. 가까운 위치 탓에 사법연수원생들이라면 내 집 드나들 듯이 오가던 곳이었는데 눈 깜짝할 사이에 콘크리트 더미로 변해버리면서 500명이라는 인명을 빼앗아 갔으니 이보다 황당한 일이 어디 있겠는가. 무너진 백화점 주변은 삽시간에 몰려든 앰뷸런스와 구조대원, 가족을 애타게 찾는 사람들로 인해 그야말로 아수라장이 되었다. 평소 같았으면 사법연수원생 몇 십 명 정도는 희생되었을 가능성이 많았지만, 불행 중 다행으로 2년차들은 시보 실무수습 기간으로 연수원을 비우고 있었고, 1년차들은 그날따라 단체로 외부 강의를 듣기 위해 연수원을 떠났던 터라 연수원생들의 희생은 단 한 명도 없었다. 나는 친지들과 친구들로부터 안부를 묻는 연락을 받느라 정신이 없으면서도 몇 시간째 연락이 되지 않는 여자 친구가 더 걱정되었다. 당시에는 휴대 전화가 드문 시절, 유일한 연락 수단이었던 '삐삐'를 계속 날려도 응답이 없었다. 간혹 삼풍백화점을 이용하던 여자 친구가 하필 이때 연락이 되지 않으니 '나도 현장으로 가봐야 하나.'라는 생각이 들었다. 몇 시간 후 여자 친구는 영문도 모른 채 왜 이렇게 삐삐를 계속 보냈냐면서 연락이 왔다. 나는 버럭 화를 내면서 어디 있었기에 이렇게 연락이 안 되었냐고 고함을 쳤다. 여자 친구는 그 시간에 미장원에 있었던 탓에 삼풍백화점이 무너진 걸 알지도 못했다며 영문을 몰라 했다.

역사상 최악의 인명사고로 기록된 삼풍백화점 붕괴 현장을 씁쓸하게 바라보면서 사법연수원 2년차 생활도 마무리 되어갔다. 또 한 번의 큰 시험인 사법연수원 2년차 시험도 무난히 마치고 사법연수원 수료와 입대를 앞두게 되었다. 돌이켜보면 고시생에서 사법연수원생으로 숨 가쁘게 달린 젊은 시절이었다. 20대 초반 인생의 최고 황금기를 법률 서적, 판례집과 같은 재미없는 책들과 씨름하며 보냈다면 재미없는 흑백 무성영화 같이 보일지도 모르지만, 손짓과 표정 하나하나에 열정을 불어넣고자 애쓴 주연 배우에겐 기립 박수를 보내고 싶은 영화로 내 마음 속에 남아있는 시기였다.

39개월 군 생활

내 직속 상관이던 법무참모가 씩씩거리면서 사무실로 들어왔다. "참 나. 법무참모를 뭘로 보고 말이야…" 흥분한 법무참모에게 무슨 일이 있었기에 그런 말씀을 하시냐고 묻자 "나보고 검찰관님한테 말씀 좀 잘해 달란다. 법무참모를 뭐 검찰관 직속 따까리 정도로 아는 모양이지." 군법무관들의 상하관계를 잘 모르는 다른 병과 장교가 검찰관인 나를 법무참모의 상관으로 착각하고 법무참모의 심경을 거스른 모양이었다.

1996년 2월, 사법연수원을 수료하고 경북 영천에 있는 3사관학교에서 군법무관 훈련을 받았다. 2월이었지만 '영천 말X 바람'이라고 불리던 차가운 바람의 기세는 역시 매서웠다. 원래 군법무관은 복무기간이 3년으로 규정되어 있었고 영천에서 받는 군사훈련 기간도 복무기간에 포함되는 것으로 해석해 왔었다고 한다. 그런데 함께 훈련을 받는 군의관들은 군사훈련 기간이 복무기간에 포함되지 않는 것으로 해석되어 그동안 군법무관들보다 장기간 복무를 해 왔었는데, 군의관들이 이것을 문제 삼아 1995년에 자신들도 군법무관들과 마찬가지로 군사훈련 기간을 복무기간에 포함시켜 달라고 항의를 했다고 한다. 그런 문제 때문에 군의관들의 복무기간을 줄여 주는 대신, 군법무관들도 군사훈련 기간을 복무기간에 포함시키지 않는 것으로 '공평하게' 규정을 해석하여 1996년에 입대한 우리 기수부터 군법무관도 36개월 복무기간에 군사훈련 기간을 더한 39개월이 복무기간으로 확정되었다. 군의관, 군법무관의 복무기간이 규정의 해석에 따라 늘었다, 줄었다 할 수 있는 것이라니 황당하기도 했지만, 어차피 군법무관의 군 복무기간은 판, 검사의 재직기간에 포함되는 것이었기 때문에, 검사 임관을 희망하고 있던 나로서는 검사로서 보내야 할 3개월이 군법무관으로서 보내는 기간으로 바뀐 것 외에는 큰 불만이 없었다. 군법무관으로 함께 임관한 군 미필의 사법연수원생 동기들도 대부분 판사나 검사로의 임관을 기대하고 있었으므로 특별히 늘어난 군 복무기간을 문제 삼지 않았다. 아무리 장교로서 군 생활을 한다고 하지만, 현역병 복무기간 2~3개월 늘리고 줄이는 것이 정치적인 이슈로 온 국민의 관심사가 되는 것과 비교하면, 참으로 태평스러운 군인들(?)이 아닐 수 없었다.

약 3개월 동안의 군사훈련 기간은 나름대로 긴장감 있는 생활이었다. 현역병으로 입대한 경우보다야 훨씬 수월한 훈련 기간이었지만 처음 몇 주간은 외박도 허용되지 않았고 실탄 사격과 수류탄 투척, 각개 전투, 유격 훈련 등 일반 병사들과 다름없는 과정으로 훈련 기간이 짜여 있었다. 머리를 짧게 자르고 좁은 내무반에서 함께 생활하다 보니 사법연수원 동기생들은 영락없이 신병훈련소에서 생활하는 이등병들 같았다. 훈련기간 중에 간혹 PX에서 함께 먹는 쵸코파

이와 닭강정만으로도 호사를 누리는 기분이었고, 처음 허용된 외박에서는 다들 들뜬 기분으로 군복의 주름을 잡으면서 낄낄대곤 했다. 첫 외박을 나오는 나를 맞이하면서 당시 약혼녀였던 지금의 아내로부터 "이상하게 당신한테서 비 맞은 강아지 냄새 같은 게 나."라는 말을 들을 정도로 한 달 사이에 촉망받는 사법연수원생에서 영락없는 군인으로 변해 있었다. 군사훈련을 마치고 육군종합행정학교에서 장교 교육을 받은 다음 육군 제5사단 검찰관으로 발령받았다. 해군이나 공군으로 가면 좀 더 큰 도시에서 편안하게 군 생활을 할 수 있다는 기대감을 갖고 있었지만, 컴퓨터 추첨 결과 육군으로 배치가 되었고 경기도에 위치한 사단 중에는 격오지 서열상 두 번째인 사단에 배치되었다. 어차피 임지가 정해지면 결혼을 해서 집사람과 함께 생활하기로 했기 때문에 어디로 배치되는지는 큰 고려 사항이 아니었다. 경기도 연천이라는 낯선 곳에서 육군 법무장교로서 신혼살림을 차리고 군 생활 첫해를 보냈다.

한가할 것이라고 여겨졌던 전방에서의 군 검찰관 생활도 생각보다는 바쁘게 지나갔다. 검찰관으로 부임한 지 얼마 지나지 않아 경기 북부지역의 유례없는 폭우로 산하 부대에 대형 산사태가 일어나는 사건이 발생하였다. 사단 본부가 있던 곳의 하천도 범람하였고 전기와 수도가 끊기고 교통까지 마비될 정도로 폭우가 쏟아졌다. 9월로 예정되어 있던 결혼식 전까지 선임 검찰관과 함께 생활하던 나는 난생 처음으로 수재민 신세가 되어 사단 본부 안에 위치한 법무참모의 관사에서 피신 생활을 하기도 했다. 그때의 폭우는 전방에서 근무하던 젊은 병사들의 목숨까지 앗아가는 참사를 일으켰다. 진지 구축을 위해 산허리에 참호 공사를 한 상태였고 그 밑에 막사가 있었는데, 폭우로 쓸려 내려온 토사가 참호 공사를 해 둔 곳을 밀고 지나가면서 그 밑 막사까지 덮친 사건이었다. 변사사건 기록에 붙어 있는 현장 사진만 보아도 참혹한 사건이었다. 전방 군 생활이란 것이 어떤 것인지, 부임한 지 얼마 되지 않은 나에겐 큰 교훈을 주는 사건이었다. 군 검찰관으로서 담당하는 사건은 많지 않았지만 일단 사건이 발생하면 일반 사회에서는 경험하기 어려운 사건들이 주를 이루었다. 군대 생활에 적응하지 못하여 탈영한 병사의 사건, 부내 내 상급자의 부하 구타사건 등이 주를 이루었는데, 관련된 구속자들을 조사하다 보면 군 생활이라는 것이 참 위험하기도 하고 부조리도 많다는 것을 배우기에 충분했다. 또 그 속에서 일반 사회와 격리되어 국가에 대한 의무를 다하기 위해 청춘을 보내고 있는 병사들이 안쓰럽기도 했다.

군 검찰관으로 있으면서 일생 처음이자 마지막으로 총기 사고도 접해 보았다. 전방 초소에서 초병 근무를 하고 있던 일병이 허벅지에 총상을 입고 병원으로 후송되었고, 함께 근무하던 상병이 구속되었다. 다행히 생명에 지장이 없었던 일병의 진술로는, 함께 경계근무를 서고 있던 중 상병으로부터 구타를 당하게 되었고 상병이 자기에게 '원산폭격'을 시키면서 총구로 자기 허벅지를 찌르다가 총이 발사되었다고 하였다. 그러나 상병은 자기가 초소 안에 있는 동안 밖에서 총소리가 났고, 나가보니 일병이 허벅지에 총상을 입고 쓰러져 있었다고 주장하며 아마도 일병이 자해를 한 것 같다는 상반된 이야기를 했다. 이 사건에서 총상을 입었을 때 총알이 들어가는 '사입구'와 총알이 나오는 '사출구'의 특징이 무엇인지 등 과거 연수원 강의 시간에 얼핏 들었던 총기 사고의 특징들에 대해 다시 자세히 공부했다. 피해자인 일병의 진술이 일관될 뿐만 아니라, 일병이 자해를 할 만한 정황도 전혀 없었고, 사입구와 사출구의 위치상 추정되는 총알의 관통각도 등도 고려하여, 자해한 총상이 아닌 타인에 의해 뒤쪽에서 발사된 총상이라는 점을 입증했다. 상병은 수사 마지막 단계에서야 눈물을 흘리면서 자기도 총이 발사될 줄은 몰랐다며 범행을 자백했다. 군대에 와서 중상을 입은 일병이나, 죄인의 신세가 된 상병 모두 불쌍하다는 생각이 들었다.

그래도 이들은 목숨에는 지장이 없었으니 그나마 다행인 경우였다. 구정을 앞둔 겨울 무렵, 젊은 장교 4명이 한꺼번에 교통사고로 목숨을 잃는 가슴 아픈 사건이 발생했다. 중위와 대위로 함께 근무하던 장교 4명이 휴일 밤에 함께 술을 마시다가 부대를 벗어나 1시간 정도 떨어진 사창가로 차를 몰고 가다가 차량이 전복되어 4명 모두 즉사한 사건이었다. 사고가 발생한 위치나 정황상, 결혼도 하지 않고 전방에서 근무하던 혈기 왕성한 젊은 장교 4명이 객기를 이기지 못하고 음주 상태로 운전해 가다가 발생한 사고임이 명백했다. 한순간의 일탈로 치부하기엔 그 결과가 너무나 큰, 허망하고 안타까운 사고였다. 젊은 장교 4명이 동시에 사망하였으니 부대가 발칵 뒤집혔고 그들이 소속되어 있던 부대의 직속 상관들은 물론 사단 참모들까지 줄 징계를 피할 수 없었다. 전투나 훈련 상황 때문에 발생한 사건도 아니었던 만큼 징계 대상이 된 상관들도 결과 책임을 지게 된 것에 대해 억울한 측면이 없을 수는 없었다. 징계 간사가 되어 이들에 대한 징계 조사를 하던 나에게도 하소연이 이어졌다. 아무리 부대 관리를 열심히 한다고 해도 이런 사고까지 발생할 것을 예측하고 대비할 수는 없는 노릇이 아니냐는 것이었다. 어떤 간부는 내가 법무참모의 상관인 줄 알고 법무참모를 통해 "군검찰관에게 말씀 좀 잘 드려 달라."는 부탁을 하였다가 법무참모로부터 면박을 받는 경우도 있었다. 나도 군에 평생을 바친 고위 장교들을 이런 일로 징계한다는 것이 가슴이 아팠지만, 그런 책임을 지는 것도 상관으로서의 책임이라는 생각으로 징계 절차를 마무리했다.

전방 군부대는 적과의 싸움뿐만 아니라 자체적인 안전사고와의 싸움도 더 크게 대비해야 할 부분이라는 생각이 들었다. 비가 와서 죽고, 교통사고로 죽고, 총기사고로 다치고, 또 그런 일들로 인해 징계를 받고 군을 떠나고… 너무나 아까운 젊은이들이 군 생활을 하다가 자신의 의사와는 무관하게 일순간의 실수로 희생되는 일이 비일비재했다. 전방에서의 군법무관 생활을 마무리하려던 1997년 여름에는 동료 군법무관 한 명도 이런 안타까운 사고의 희생자가 되는 사건이 발생했다. 전방 부대에서 1년간 군법무관 생활을 마치고 후방으로 전출을 기다리고 있던 무렵. 인근 부대 검찰관으로 근무하던 동기생 한 명이 교통사고로 인해 목숨을 잃는 사건이 발생했다. 나의 대학 선배이자 사법연수원 동기로 인근 부대에 배치되어 간혹 함께 모임도 했던 형님이었다. 안타깝게도 결혼한 배우자와 사이에 유복자도 남겨둔 채 젊은 법조인의 삶이 허망하게 끝나는 사건이었다.

돌이켜보면 짧지만 유독 사건도 많았던 전방에서의 군법무관 생활을 마치고, 2년차부터는 국방부 조달본부에서 군법무관 생활을 이어갔다. 군 전체의 조달업무를 담당하는 곳이었던 만큼 많은 수의 법무관들이 계약 업무나 분쟁으로 인한 소송 업무 등에 투입되었다. 계약 조건이 관계 법규에 부합하는 것인지를 법률적으로 자문하는 역할에서부터, 소송이 발생한 경우 국가를 대리하여 직접 법정에서 소송도 수행하는 업무였다. 전방에서의 군 생활과는 달리 어떻게 보면 로펌의 변호사와 같은 다소 고급스런(?) 업무를 담당했는데, 그때까지는 경험해 보지도 못했던 큰 금액의 계약서들을 들여다보니 전방에 있을 때와는 또 다른 종류의 긴장감이 느껴지기도 했다. 처음에는 0이 10개 정도는 붙어 있는 금액 단위를 보고 눈이 휘둥그레지기도 했고, 별의별 종류의 특이한 군수물자도 다 있다는 생각에 신기하게 계약서를 들여다보기도 했다. 군납업체로 있다가 적격심사에서 탈락하여 국방부를 상대로 소송을 제기한 사건에 국방부를 대리하여 소송을 수행하다가 방청석에 있던 업체 대표로부터 악담까지 들었던 경험도 했다. 그렇게 로펌 변호사 같은 조달본부에서의 군법무관 생활도 2년이 지나갔다.

39개월의 긴 군 생활, 사법연수원을 마치고 바로 판사나 검사, 변호사로 진출한 동기들에 비해 다소 느슨한 생활을 했던 것도 맞지만, 나름 얻은 것도 많은 군 생활이었다. 무엇보다도 안전하게 대한민국 육군 중위로서 국방의 의무를 다하였다는 뿌듯함도 있었고, 군 생활을 하는 동안 결혼도 하고 예쁜 큰딸도 얻었다. 틈틈이 야간 수업을 통해 서울대 행정대학원에서 행정학 석사 학위도 받았다. 전역을 얼마 앞두지 않은 시점, 이제 최종적으로 진로를 선택해야 할 시기가 다가왔다. 진작 검사를 꿈꾸고 있었던 터라 진로에 대한 갈등은 없으리라 생각했지만, 막상 다양한 선택이 가능한 상황이 되니 이런저런 생각이 들기도 했다. 사법시험 성적과 사법연수원 성적을 고려하면 법원으로 가도 서울중앙지방법원에서 첫 판사 생활을 할 수 있었고, 국내 유명 로펌들로부터도 영입 제안이 들어왔다.

하필이면 진로를 선택해야 할 무렵 터졌던 대전 법조비리 사건으로 인해 검찰이 한창 욕을 먹고 있던 시기라, 검사를 지망하는 데 잠시나마 갈등을 겪기도 했다. 그러나 초심으로 돌아가 내가 가장 즐겁게 할 수 있는 일이 무엇인지를 고민해 보았다. 사람을 직접 만나 이야기를 듣고 그 사람과 고민도 함께하고, 그 사람이 죄인이라면 어떤 처벌이 합당한지, 그 사람이 피해자라면 어떤 보호가 필요한지를 결정해 나가는 검사라는 직업이 역시 내 적성에 맞는 직업으로 느껴졌다. 성적이 아까워 판사가 되거나 돈이 그리워 변호사가 된다면, 언젠가는 내가 원했던 길이 아니었다는 후회가 될지도 모른다는 생각이 들었다. 나는 고등학교 시절, 그리고 대학 시절, 내 머리 속에 그려왔던 검사로서의 모습을 다시 떠올리며 검사의 길을 가기로 결심했다. 그리고 십수 년간, 나의 젊음과 함께했던 검사로서의 긴 여정을 돌아보는 지금, 후회는 없다. 웃으면서 달렸던 지난 시간들이 행복한 추억으로 다시 떠오를 뿐이다.

사투리의 묘미

2001년 봄 한국 영화계를 강타한 영화 '친구'. 전국에 굵직하고 짧은 말투의 부산 사투리 신드롬을 낳으며 800만이 넘는 흥행 신기록을 세웠다. "니가 가라 하와이", "고마해라. 마이 무따 아이가."는 지금도 한국 영화 최고의 명대사로 꼽히고 있다. 이 '친구'의 부산 사투리 대사들을 충청도 사투리로 바꾸면 어떻게 될까?

　내 형님 곽경택 감독은 긴 말할 필요 없이 '친구' 감독으로 통한다. 내가 검찰에서 다른 사람에게 소개될 때에도 '곽경택 감독의 친동생'이라는 수식어가 늘 붙어 다녔다. 곽경택 감독을 언급했다가 듣는 사람의 반응이 미약하다 싶으면, 얼른 '친구' 감독 동생이라고 바꿔 소개하면 소개받는 사람은 "아, 그 분 동생이시군요."라고 친근감을 표시한다. 그 정도로 영화 '친구'는 2001년 봄에 개봉된 이래 한국 영화계에서 대중들에게 가장 많이 회자되는 영화로 기억되고 있다. 나는 곽경택 감독의 친동생이기 때문에 작품성에 대해 객관적으로 말하기 어렵고, 또 사실 영화에 대해 일반 대중 이상의 전문성은 없기 때문에 그럴 능력도 없다. 하지만, 이 영화가 기존의 한국 영화와는 확연히 다른 몇 가지 신기원을 세웠다고는 자신 있게 말할 수 있다.

우선, 기존의 한국 영화 흥행 판도를 몇 백만 단위에서 천만 이상 단위로 건너 뛰게 한 역할을 하였다고 하는 데에 전문가들도 이의가 없을 것이다. '친구' 개봉 이전에는 한국 영화의 흥행 기록이 장기간에 걸쳐 2백만, 3백만, 4백만을 차례로 돌파해 가는 과정이었는데, '친구'가 단박에 8백만이라는 흥행 기록을 세움으로써 한국 영화계에서 '대박'의 기준은 새로 정립되었고, 이로써 영화계에 대한 투자 금액이나 상영관 수가 비약적으로 발전하는 계기가 되었다. 흥행 판도의 변화 못지않게 한국 영화계에 미친 영향이라면, 과거 '충무로 출신'이라고 하는 한국 영화계의 고정된 인맥을 다양한 인맥으로 확대시키는 전기가 되었다는 점일 것이다. 과거에는 한국에서 영화감독이 되려면 어느 감독 밑에서 '연출부 시다'로 시작하여 몇 년, 조감독으로 몇 년을 거쳐 40대가 넘어서야 속칭 '입봉'(영화 감독 데뷔)을 하게 되는 구조로 틀이 고정화되어 있었다. 당시 국내 영화계는 충무로 밑바닥에서부터 출발하지 않고는 감독이 되기 어려운 상황이었고, 이렇다 보니 소재 면이나 인재 면에서 진부한 틀을 벗어나는 데 한계가 있었다. 그런데, 충무로를 전혀 거치지 않고 미국에서 유학을 마친 30대 초반의 젊은 감독이 내놓은, 그것도 전혀 흥행을 기대하지 않았던 작품이 흥행 신기록을 세우게 되자 이때부터 우리 영화계는 인적 구성면에서도 일대 변화를 겪게 되었다. 국내외에서 영화를 공부한 젊은 영화 감독들이 참신한 소재를 갖고 곧바로 데뷔작을 발표하는 문화가 형성되면서 영화계는 세대교체에 성공할 수 있었고, 관객들은 새로운 이야기의 영화들을 접할 수 있는 기회를 만끽할 수 있게 되었다. '친구'를 계기로 확대된 투자금액, 늘어난 상영관 수, 폭증한 영화관객을 바탕으로 한국 영화계는 하나의 '산업' 단계로 성장할 수 있었고, 그 이후 천만을 넘는 흥행 대작을 쏟아 낼 수 있었다.

　이런 외형적 영향 외에도 나는 '친구'라는 영화가 갖는 또 한 가지 중요한 의미로, 우리 문화 전반에 미친 '사투리에 대한 인식 변화'를 들고 싶다. 과거 영화나 드라마에 등장했던 사투리가 '촌스러움'이라는 부정적인 의미로 비춰졌다면, '친구' 이후는 '리얼리티'나 '정다움'이라는 긍정적 의미로 변화하게 된다. '친구'에서 사나이의 우정을 대변하는 것으로 부산 사투리가 등장한 이래, 영화 '황산벌'에서는 전라도 사투리가, '웰컴 투 동막골'에서는 강원도 사투리가 등장하였다. 모두 질벅한 사투리가 흥행 성공의 한 요소로 자리매김하였다. 특히 '친구'에 등장하였던 사투리 중 "내가 니 시다바리가?", "니가 가라. 하와이.", "마이 무따 아이가." 등은 리얼리티를 극대화시키면서, 지금도 '영화 속 명대사'를 꼽는 여론조사에 빠지지 않고 등장하는 유행어로 자리 잡았다. 당시에는 쩐한 사투리로 등장하는 이들 대사를 잘 알아듣지 못하는 다른 지역 출신 관객들도 많았다. 사투리를 해석하기 위해 한 번 더 영화를 본 관객이 많아 흥행기록을 세울 수 있었다는 우스갯소리도 있었다. 2시간 내내 영화 전편에 흐르는 부산 사투리를 800만 관객이 접하고 따라 했으니, 부산 사투리는 이제 촌스러운 것이거나 싸구려의 이미지가 아니라 멋스럽고 사나이다운 이미지로 이해되게 된 것이다.

검사로 근무했던 나는 직업 덕분에 고향과 서울을 떠나 다양한 지방에 근무할 수 있는 기회가 있었다. 사실 검사로 근무하면서 지방 생활이 어려운 면도 있으나, 우리나라의 여러 지역에서 근무할 경험이 생긴다는 것은 다른 직업에서 얻기 힘든 장점이 되기도 한다. 지방에서 근무할 때 접하게 되는 사건관계인이나 지역 주민들, 그리고 직원들과 어울리면서 그 지역의 특성도 어느 정도 이해하게 되고, 그 지방만의 독특한 사투리를 접하고 웃을 수 있는 기회도 얻는다. 초임을 서울에서 마치고 첫 지방 근무를 했던 천안. 특유의 충청도 기질로 인해 합의도 잘되지 않고 사건 처리에도 시간이 걸린다는 말을 부임하면서 새겨들었다. 수도권과 가까운 지역이므로 구수한 충청도 사투리를 들을 기회는 적었지만, 서울말을 쓰는 것 같던 여직원이 걸려온 전화를 받을 때는 "예, 제가 그 사람 맞습니다."라는 말을 여지없이 "예, 지가 긴데요."라고 간단히 말하는 것을 보고 혼자 웃었던 기억이 난다. 천안에서 충청지역 사투리를 가장 실감나게 접했던 기억이 있다.

바로 '친구'가 개봉되었던 2001년 봄. 나는 천안에 부임한 지 얼마 되지 않아, 형님이 "마지막 작품이 될지도 모른다."고 공언했던 영화의 개봉을 맞게 되었다. 형님은 한국 영화판에 '억수탕'이란 영화로 데뷔했는데, 흥행에는 성공하지 못했으나 나름대로 좋은 평을 받아 두 번째 영화 '닥터K'까지는 개봉을 할 수 있었다. 그러나 이 영화도 흥행에 실패하자 영화판에서 더 이상 투자를 받기 어려운 상황이 되었고, 영화의 길을 계속 가야 하는가에 대한 기로에 서 있었다. 내

자형도 영화 '해피엔드', '은교'로 유명한 정지우 감독인데, 형님의 영화들보다 자형의 첫 영화 '해피엔드'가 흥행에 먼저 성공한 상황이어서 형님은 더욱 흥행에 목마르게 되었다. 마지막으로 자기가 잘 찍을 수 있는 자신만의 스토리로 영화를 만들어보고, 그 영화마저도 흥행에 실패하면 영화를 그만두겠다는 각오를 하고 나선 상황이었다. 나는 새로 근무하게 된 천안지청 직원들과 친하게 지낼 계기도 만들 겸, 마지막이 될지도 모를 형님 영화의 흥행에 일조도 할 겸, 영화표를 대량 구입해서 직원들에게 나눠 주기로 했다.

영화 흥행은 개봉일 성적이 가장 중요하다. 그 정도는 나도 알고 있던 터라, 개봉일에 맞춰 천안 시내에 있는 극장의 '친구' 관람권 100장을 미리 구매했다. 당시만 해도 천안에 있던 '친구' 개봉관은 좌석이 지정된 영화표가 아니라, 얇은 초록색 종이에 도장으로 상영 영화와 관람 날짜만 찍힌 옛날 영화표를 판매하고 있었다. 개봉일 영화표 100장을 미리 산 다음, 천안지청 직원들에게 "내 형님이 영화감독인데, 이번에 세 번째 작품을 개봉한다. 많이들 보러 가시라. 개봉날 영화를 보시려는 분께는 영화표도 무료 제공해 드린다."고 광고를 하였다. 첫 번째, 두 번째 작품을 성공하지 못한 감독이었으니까, 직원들도 별로 아는 사람이 없었다. 그래도 새로 부임한 검사가 공짜로 표를 준다고 하니 2장, 3장씩 표를 받아가는 직원들이 있었다. 나는 미리 시사회에서 보았던 영화였지만, 천안에서의 개봉날 표정이 궁금하여 퇴근 후 극장으로 혼자 찾아갔다. 긴장된 마음으로 개봉 첫날 분위기를 살폈다. 영화관은 꽉 들어찼는지, 보고 나오는 사람들의 표정은 어떤지… 형님이 첫 두 작품에서 흥행에 실패하자, 세 번째 작품을 마지막으로 알고 자기가 가장 영화로 만들고 싶었던 이야기를 영화로 찍어보겠다고 달려들었던 작품. 이 영화마저 흥행이 안 된다면 난 이제 '영화감독의 동생'이라는 직함은 더 이상 사용할 수 없게 될 것이었다. 바짝 긴장하여 극장 출입구 밖에 서서 영화를 보고 나오는 사람들의 반응에 귀를 기울였다. 그 반응이 바로 '입소문'으로 연결될 것이기 때문이다. 30대 중반으로 보이는 두 남자가 영화를 보고 나오면서 신나게 충청도 사투리로 떠들었다.

A: "야, 아까 장동건이가 유오성한테 시비걸께 유오성이가 뭐라 했었냐?"
B: "뭐여? 어떤 장면?"
A: "아따, 그 '내가 니 시다바리가' 그렁께 유오성이가 팍 인상 쓰면서 한 말 있잖냐."

나는 순간 긴장이 되었다. 이 사람들이 부산 사투리나 제대로 알고 영화를 봤을까? 재미있게 영화를 본 거는 같은데, 충청도 사람들도 대사가 재미있었을까? 짧은 순간이었지만 질문을 받은 사람의 대답이 너무나 궁금했다.

B: "아하, 장동건이 그랬지, 죽을텨!!"

부산 사투리 "죽고 싶나?"가 충청도 사투리 "죽을텨?"로 변한 상황이었다. 나는 혼자 낄낄거리고 웃으면서, 영화가 대박까지는 몰라도 형님이 계속 영화를 찍을 수는 있겠다는 생각이 들었다. 관객들이 극 중 대사에 흠뻑 빠져, 그것을 자기 말로도 신나게 따라 하고 있으니 말이다. '친구'가 대박이 난 이후 TV 개그프로그램 같은 곳에서는 '친구'의 전라도 말 버전도 등장하는 등 대사 하나하나가 사투리 그대로 유행어가 되었다.

그로부터 10년 뒤 나는 속초지청장으로 처음 강원도에서 근무할 기회가 있었다. 속초는 6·25 전쟁 이전에는 북한 땅이었기 때문에 나이 드신 분들 중에는 아직도 북한말을 구사하시는 분들이 있었다. 이북 피난민들이 모여 살면서 집단촌을 형성하였다는 '아바이 마을'도 북한식 순대와 냉면으로 유명하다. 나는 그때 폭행사건의 기록을 보면서 "간나 새끼!"라는 욕설이 등장하는 것을 보고, '이곳에서는 지금도 북한 사투리가 널리 쓰이는구나.'라고 생각한 적이 있다. 한 날은 퇴근 후 택시를 타고 관사가 있는 아파트로 가자고 했다. 나이 지긋하신 택시 기사분은 별로 말이 없는 분이었는데, 관사 아파트 입구에 이르자 대뜸 뒤를 돌아보며 물었다. "더 들어가야 되오? 동무?" 순간 나는 이곳이 북한인가 하는 생각이 들면서도, 10년 전 천안에서 들었던 "죽을텨?"라는 목소리가 다시 생각나 혼자 한참을 웃었다.

검사들은 나름대로 검사로서의 보람이라 할 수 있는 이런 저런 것들을 갖다 붙여 '검사의 3락樂'이라는 말을 만들어 쓰는데, 그 중에 빠지지 않는 것이 지방 생활의 '락'이다. 검사로 근무하다 보면 좋든 싫든 지방 근무를 계속해야 하는데, 그것이 힘든 면도 있지만 한편으론 즐거움도 줄 때가 많다. 처음으로 살아보는 지방에서 그 지역의 맛집을 돌아다니며 지역 특유의 별미를 즐길 수도 있고, 등산을 좋아하는 검사들은 지역의 명산을 자연스럽게 올라 볼 수 있는 기회를 누릴 수 있다. 그 지역에 살지 않으면 큰 마음 먹고 찾아봐야 하는 유명 여행지라도, 그 지역에 근무하는 동안에는 힘 안들이고 자주 찾아볼 수 있다. 어느 정도 경력이 쌓인 검사는 전국에 안 다녀본 명소가 없고, 여느 식도락가 못지않게 지역의 맛집들을 꿰고 있다. 지방 근무를 두려워하는 것이 아니라 즐기면서 일하는 여유가 쌓여 간다. 그것이 검사의 락이다.

검사와 시나리오

흔히 검찰의 수사가 의심스러운 경우, "검사가 각본을 쓴다."거나 "검사가 시나리오를 미리 만들고 사건을 맞춰간다."는 말들을 한다. 자신이 알고 있는 사실과 검사가 수사하는 내용이 다르다는 의미일 것이다. 검사가 허구의 시나리오를 쓴다는 말에는 동의할 수 없지만, 검사가 매일 매일 시나리오와 함께 살고 있다는 것은 부정할 수 없다. '영화 시나리오'와 아주 흡사한 '실생활의 시나리오'와.

내 형님이 영화감독인 까닭에 간혹 영화의 시나리오를 직접 볼 수 있는 기회가 있다. 형이 일부러 한번 보라고 주기도 하고, 다음 작품의 내용이 궁금할 때면 내가 먼저 이야기해서 시나리오를 읽어 보기도 한다. 영화 시나리오를 읽다 보면, 시나리오란 것이 내가 매일 보아왔던 수사기록과 아주 흡사하다는 느낌을 갖는다. 시나리오에는 등장인물의 대사가 주를 이루면서 간혹 그 장면을 어떻게 카메라에 담아야 할지에 대한 감독의 구상이 들어있다. 수사기록도 마찬가지이다. 피의자신문조서에는 검사나 경찰이 피의자와 나눈 신문, 즉 대화가 들어있고, 진술조서에는 피해자나 고소인, 목격자의 진술이 문답 형식으로 펼쳐져 있다. 조서의 중간 중간에 수사보고서가 붙게 되는데, 조사를 한 사람들의 진술에 따라 이런저런 내용을 확인해 보니 누구의 말에 신빙성이 확인된다느니 하는 수사관의 판단이 들어가게 된다. 영화감독이 그러하듯, 검사는 기록에 나오는 피조사자들의 대화를 잘 음미해 가며, 장면 하나하나를 머릿속에 영화를 찍듯 그려나가야 한다. 검사의 하루 일과를 보면, 아주 저속한 '성인물'에서부터 소름끼치는 '호러 영화'까지, 하루에 몇 편의 시나리오를 감상하는 것과 같다고 해도 과언이 아니다.

다만, 차이가 있다면 시나리오 작가는 자기가 미리 구상한 이야기를 등장인물들의 대화 형식으로 시나리오에 담게 되는 반면, 검사나 경찰은 다른 사람이 겪은 실제 상황을 시나리오로 써 나가야 한다는 차이가 있다. 또 하나의 차이라면, 영화의 시나리오는 감독이 영상으로 표현하여 스크린을 통해 관객들에게 직접 눈으로 보여 주는 것이 목적이라면, 수사기록은 조사한 사람의 손을 떠나 다른 사람이 읽었을 때 그 장면을 읽는 사람의 머릿속에서 그려내도록 해야 한다는 차이가 있을 것이다. 경찰의 수사기록을 읽고 검사는 범행의 모습을 그려보고 기소 여부를 결정해야 하고, 또한 경찰과 검사의 수사기록을 읽고 판사는 유무죄를 판단해야 하며, 변호사는 자신의 의뢰인에게 유리한 장면을 추출해 내야 한다. 그래서 수사의 시나리오가 리얼리티가 살아 넘치는 감동적인 것이 되려면, 즉 수사기록이 생생한 수사과정의 내용을 담아 읽는 사람으로 하여금 그 장면이 자연스럽게 그려지게 하려면, 가급적 피조사자가 사용한 언어의 특색을 살리는 것이 좋다. 범죄자의 말이 의심스러운 부분이 있으면 현장의 사진을 첨부하거나 범죄자가 사용한 범행 도구의 특성을 별도로 수사보고서로 잘 설명해 둠으로써 기록을 읽는 사람이 고개를 끄덕일 수 있도록 만드는 것이 좋은 '시나리오'를 쓰는 방법이다.

이런 면에서 아주 잘 쓰인 '시나리오'를 본 기억이 난다. 초임 검사시절이던 서울지검에 근무할 때 옆방 검사가 키득거리며 기록을 들고 와 내게 보여 준, 사기 사건을 조사한 경찰관이 작성한 피의자신문조서였다. 돈을 빌려가 갚지 않았다는 이유로 고소된 간단한 편취 사기 사건이었다. 고소인은 피의자가 빌린 돈의 일부만 갚았고 아직 돈을 다 갚지 않았다는 근거로 자신이 차용증을 보관하고 있다는 주장이었고, 피의자는 돈을 다 갚아서 차용증을 돌려받았지만 다른 이유로 고소인에게 그 차용증을 잠시 주게 되었을 뿐이라는 내용이었다. 기록상 그 '다른 이유'가 납득하기 어려웠는데, 조사한 경찰관은 그 점을 파고 든 모양이다.

문: 돈을 다 갚아서 차용증을 돌려받았으면 그 차용증을 폐기하면 그만 아닌가요?
답: 차용증을 돌려받았다가 고소인이 잠시 사용할 데가 있다고 하면서 달라고 하기에 줬을 뿐입니다.
문: 차용증은 중요한 서류인데, 고소인이 다시 달라고 한다는 이유로 그냥 줬다는 것이 말이 되는가요?
답: 저는 그런 이유로 줬을 뿐인데, 뭐 다른 이유는 없습니다.

피의자가 '뺀질뺀질'하게 경찰관에게 대답하고 있는 모습이 그려진다. 경찰관은 슬슬 약이 오른 모양이다. 경찰관의 예리한(?) 질문.

문: 피의자는 고소인이 간을 빼달라고 하면 간도 빼주는가요?

피의자의 대답이 걸작이다.

답: 내가 토끼입니까? 간을 빼주게?

경찰관이 얼마나 약이 올랐으면, 이런 '대사'를 그대로 조서에 남겼을까. 누가 읽어보아도 피의자가 합리적인 이유를 대지 못하고 있을 뿐만 아니라, 조사하는 사람에게 어떤 모습으로 비춰줬는지 눈에 선하게 그려졌다.

또 한 사건은 속초지청장 시절, 고소인이 술에 취하여 술집에서 행패를 부리던 중 출동한 경찰관에게 연행되어 가면서 경찰관으로부터 폭행을 당하였다는 내용으로 그 경찰관을 고소한 사건을 결재하게 되었다. 그 고소인 또한 술집에서 행패를 부린 이유로 벌금을 선고받았는데, 고소인은 자기가 한 일은 잘 기억이 나지 않는다고 하면서도 경찰관에게 폭행을 당하였다는 것은 확실히 기억한다고 했다. 통상 검찰에 접수된 고소사건도 경찰에서 수사하도록 지휘하지만, 이런 사건처럼 경찰관이 고소를 당한 사건은 검찰에서 직접 수사를 한다. 고소인의 전과나 언행으로 봐서 고소인의 말을 믿을 수 없는 대목이 많아 담당 검사는 당시 현장에 있었던 술집 여자 종업원을 목격자로 불렀다. 검사는 여자 종업원에게 당시 상황을 상세하게 묻던 중, 혹여나 출동한 경찰관들이 그 고소인을 체포하는 과정에서 불법적인 체포를 한 것은 아닌지도 질문을 했다.

문: 당시 출동한 경찰관들이 그 사람을 체포하면서 변호인 선임권이나 진술거부권은 고지를 하던가요?

술집 여종업원에게는 조금 어려운 질문이 아닐까? 기록을 보던 나는 조마조마해 지면서, 여종업원이 그때 경찰관이 그런 말을 하지 않더라고 진술해 버리면 불법체포일 수도 있다는 걱정이 슬 들었는데,

답: 예, 뭐 그런 말은 경찰관이 하더라구요.

응, 다행이다 싶었다. 검사도 약간 의심스러웠는지, 아니면 한 번 더 경찰관이 미란다 원칙을 고지했음을 확실히 해두고 싶었던지 질문을 이어갔다.

문: 그러니까 그 술 취한 사람이 뭐라고 대답하던가요?

여종업원의 대답…

답: '좃까' 라고 하던데요.

이 말 한마디만으로도 그 여자 종업원은 분명히 경찰관들이 고소인을 체포할 때의 과정을 지켜본 것이 맞고, 그 고소인은 술에 만취한 상태였음이 분명했으며, 경찰관들이 고소인을 폭행한 사실은 없다고 하는 여종업원의 이어지는 진술에 확 신빙성이 갈 수 있었다.

우리가 흔히 쓰는 용어로 '조서를 꾸민다.'는 말이 있다. 왜 '쓴다'고 하지 않고 '꾸민다'는 말이 통용되었는지 그 유래를 알 수는 없으나, 경찰이나 검찰에서 조사를 받은 경험이 있는 사람들은 자신이 실제로 말한 내용이 조서에는 대폭 축소되어 있거나, 다른 어투로 기재가 되어 있는 것을 보고 이런 말을 쓰기 시작했을 것이다. 그러나 조서란 원래 녹취록과는 달라서, 피조사자가 한 진술의 내용을 법적인 구조에 맞게, 그리고 육하원칙에 의거하여 새로 정리하는 것이 기본이다. 당시의 상황을 뒤죽박죽 말을 해도 조사를 하는 사람은 범죄의 구성요건에 해당하는 필요 사항만을 정리하기 때문에, 완성된 조서를 본 사람은 '내가 말한 것과 다르네.' 라는 생각을 할 수밖에 없는 면이 있다. 시나리오 작가가 시나리오를 쓸 때에도 가장 '임팩트' 있는 대사를 골라 골라 쓰는 것처럼, 범죄의 구성요건에 맞춰가며 고심 끝에 만들어낸 조서이기 때문에 실제 진술과는 차이가 있을 수밖에 없다.

한때 법원에서 검사가 작성한 피의자신문조서에 대해 피의자가 실제 자신이 한 말과 다르게 기재되어 있다는 주장을 받아들여 검사 작성의 피의자신문조서에 대해 증거능력을 배척한 사례가 있었다.

이에 대한 대응으로 검찰에서는 조서 대신 아예 조사 장면을 영상녹화하여 그 녹화물을 증거로 삼자는 주장을 하였고, 이를 계기로 이른바 '조서논쟁'이 불붙은 바 있었다. 당시 나는 대검찰청 검찰연구관으로 재직할 때여서 이 문제에 대해 검토한 적이 있었는데, 검찰의 주장은 법원이 검사가 작성한 피의자신문조서를 믿지 못하겠다면 진술을 녹화한 장면을 아예 증거로 삼자는 것이었고, 법원은 수사기관의 영상녹화물은 '너무 생생하여' 법정에서 법관의 심증 형성에 방해될 우려가 있다는 이유로 증거로 삼을 수는 없다고 반박했다. 조서란 것이 원래 녹취록과 달리 범죄 구성요건에 맞춰 정리된 문답서인데 검찰이 오죽 답답했으면 이런 조서를 배제하고 녹화물 자체를 증거로 하자는 주장을 했을까 하는 안타까움이 들었다. 반면, 녹화물이 너무 생생하기 때문에 법정에서의 피고인의 진술과 배치될 경우 그 증거력 판단에 지장을 받을 수 있다는 법원의 주장도 궁색하다는 생각이 들었다. 결국 논란 끝에 형사소송법을 개정하여 영상녹화물에 대한 증거능력을 인정하되 조서의 진정성립 인정(증거로 삼을 수 있는 것인지 판단하기 위한 조건)을 위한 보충적 증거능력만 인정하는 선에서 마무리되었었다.

조서 작성의 한계를 벗어나 정말 시나리오를 쓰듯 '꾸며낸' 조서를 만들어서는 안 되는 것이 가장 기본적인 원칙이지만, 법정에서 뒤바뀐 피고인의 진술만으로 수사 당시 작성된 조서의 증거능력을 쉽게 배척해서도 안 될 것이다. 검사가 작성한 시나리오와 법정에서 만들어진 시나리오에 차이가 있다면 어느 것이 더 리얼리티가 있는 것인지, 즉 어느 것이 더 증거로서 가치가 있는 것인지를 냉정하게 판단할 문제이지, 자신의 마음에 들지 않는 시나리오는 읽어보지도 않겠다고 해서는 위험한 결론에 이르기 쉽다. 법률가의 위험한 결론은 영화가 아닌 실제 상황을 대상으로 한 것이어서 더욱 위험할 수 있음을 또한 명심해야 할 것이다.

고소하는 마음

검사란 직업, 넓게 봐서 법조인이란 직업은 남의 불평, 즉 남의 '고자질'을 들어주는 것이 가장 큰 비중을 차지한다. 그것도 아이들끼리의 가벼운 고자질과는 차원이 다른, 일생에 한 번 정도 있을까 말까 한 중대한 어른들의 고자질을 매일 듣는 것이다. 검사는, 법적으로 말하자면 고소告訴라고 하는 형식으로 그 '고자질'을 듣는 것이 직업이다.

차를 타고 나들이를 다녀오는 일요일 오후. 뒷좌석에서 늘어지게 한숨씩 자던 아이들도 "아직 멀었어?" 하고 물어보면서 지루해할 정도로 서울 근교 길은 막히기 일쑤다. 아이들은 재밌게 자기들끼리 이야기하다가도 사소한 것으로 말다툼을 시작한다. 자기네들끼리 문제가 해결되는 경우도 있지만, 말싸움에 부친 동생은 앞자리 부모에게 불평을 늘어놓기도 한다. "엄마, 언니가 놀려요!", "엄마, 언니가 자기 거 다 먹고 내 것도 먹으려고 해요!" 흔히들 이런 이야기들이 앞자리 아빠, 엄마에게 들리기 시작하면, "얘들아, 아빠 운전하시는데 얌전히들 있어라." 하고 조수석에 있던 엄마의 목소리가 점점 커지기 시작한다. 하루는 이런 식으로 뒷자리 아이들의 분쟁을 해결한 집사람이 "애들이 고자질하면 참 듣기 싫어, 응?" 하고 말한 적이 있다. 운전을 하던 나도 졸리는 눈에, 뻐근한 허리에 뒷자리 애들의 다투는 소리까지 들으면 기분이 좋을 리는 없다. 그래도 애들이 차에서 떠들거나 서로 싸우는 소리야 내가 평소 사무실에서 매일 듣는 어른들이 싸우는 소리에 비하면 아무것도 아니라는 생각이 들었다. "허허, 고자질하는 거 듣기 싫지. 그런데, 어른들이 고자질하면 오죽하겠어?" 이 말을 들은 집사람이 "맞네. 당신 직업이 그거네. 참 피곤하겠어요. 하하."

처음 검사가 되었을 때는 이런 어른들의 '고자질', 즉 고소라는 형식으로 매일 듣는 고소인의 하소연에 열심히 귀를 기울였다. 고소인들의 사연을 하나 둘 들어보면 단순하게는 곗돈을 열심히 부었는데 이를 가지고 도망간 계주를 잡아달라는 것에서부터, 복잡하게는 갖가지 문서를 위조해서 자기 재산을 빼앗아가려는 정부情婦와 그 자식을 처벌해 달라는 것까지, 고소인들 나름의 인생이 담긴 다양한 사연들을 만날 수 있었다. 내가 이 사람의 억울한 것을 풀어주려면 어떻게 해야 하나. 이 사람에게 이런 일생일대의 불평을 갖게 한 사람을 어떻게 처벌해야 할 것인가. 검사인 나로서는 고소인을 대신하여 피고소인을 처벌해야 한다는 사명감을 갖고 고민해 보기도 하였다. 다행히 형사刑事적으로 피고소인을 처벌할 수 있고 또 그렇게 처벌을 통해서 고소인의 원한을 어느 정도 달래어 준적도 있지만, 고소사건의 상당수는 형사와는 무관한 민사民事사건에 불과하거나 결국 법으로는 해결할 수 없는 그야말로 '고자질' 차원의 일들도 적지 않다는 것을 알게 되었다.

　우리나라에서는 고소에 대한 법적인 보장이 아주 강하다. 민사적인 소송과 형사적인 고소를 구별하지 못하는 것이 아직 일반인들의 의식이고, 민사적으로 소송을 제기한다고 해도 법원에서 승소판결을 받아봤자 가해자의 재산에 강제집행을 할 수 없다면 판결문도 하나의 '휴지조각'에 불과하다는 인식이 많기 때문에 사람들은 피해를 당하면 일단 형사적으로 '고소'부터 하고 본다. 고소를 해야 경찰서나 검찰청에서 고소당한 사람, 즉 피고소인을 불러내어 자초지종이라도 물어보고, 가끔은 속이 시원하게 고소인 앞에서 피고소인을 훈계(?)라도 해 주기 때문일 것이다. 또, 피고소인이 어디로 도망간 경우에는 고소를 통해서 지금 피고소인이 어디에 있는지 확인할 수 있는 경우도 있고, 하다못해 도망간 상태라 그 소재를 지금으로서는 알 수 없다는 확인이라도 받을 수 있는 장점이 있다. 이런 이유들로 해서 분쟁을 해결하려면 고소부터 해야 한다는 인식이 팽배하고 실제로 민사소송으로는 얻을 수 없는 이익도 가끔 얻을 수 있어 형사 고소 사건수는 해마다 증가하고, 그에 대한 상승작용으로 다시 고소인에 대한 법적인 보호도 점차 강화되어 온 것이 현실이다.

　기본적으로 고소를 하는 순간, 고소를 당한 피고소인은 '피의자' 신분이 된다. 민사소송에서는 단순한 '피고'에 불과했을 것을 형사소송에서는 고소를 당하였다는 이유만으로 '죄를 지었다고 의심되는 사람', 즉 피의자로 둔갑하고 마는 것이다. 경찰서의 담당 경찰은 일단 '피의자'의 소재를 확인해서 소환하여 조사를 해 주고, 이 단계에서 일단 심리적으로 고소인은 피의자보다 우월한 지위에 설 수 있게 된다. 경찰에서 조사가 끝나 혐의가 인정된 경우에는 두말할 것도 없겠지만, 혐의가 불분명한 경우에도 검찰에서 피의자를 다시 소환해 조사를 하거나 또는 실질적 피해를 산정해 주는 과정에서 민사소송에서 쓰일 증거까지 획득할 수 있는 장점이 있다. 피의자로부터 고소인이 피해를 입은 것은 맞다 하더라도 법적으로 처벌할 수는 없어서 '혐의없음' 처분이 내려지는 경우에도, 고소인은 고등검찰청에 항고를 함으로써 자기의 고소사실에 대해 피의자, 즉 피고소인을 재차 조사를 받게 할 무기를 쥐게 된다. 심지어 2008년 형사소송법 개정으로 모든 고소인은 검찰청에서 최종적으로 혐의없음 처분된 피의자를 대상으로 다시 법원에 '재정신청'을 함으로써 다시금 그 죄의 성립 여부를 판단 받을 수 있는 길까지 열렸다. 이런 절차가 반복되면서 고소인으로서는 피의자가 '처벌될 가능성'이라는 불안감에 휩싸이게 할 수 있고, 결국 이를 통해 전적인 피해 회복은 아니더라도 피의자로 하여금 스스로 고소인과 '합의'를 하고자 하는 강력한 유인책까지 사용할 수 있게 되는 것이다. 이런 각종 '혜택'으로 인해 고소인은 그 드는 비용에 비하여 민사소송에서는 얻기 어려운 효과를 얻을 수가 있고, 이런 장점은 다시 고소사건의 증가를 부추기는 요인이 되었다. 그러다 보니 형사 고소의 처리는 우리나라 검찰과 경찰의 업무량에서 가장 큰 비중을 차지하게 되었다. 검사들이 형사부보다 특수부나 공안부를 선호하는 이유 중에 하나도, 형사부에서 다뤄야 하는 지긋지긋한 고소사건에서 탈출할 수 있는 곳이 특수부나 공안부이기 때문이다.

연간 대략 200만 건의 형사사건 중 거의 50%가 이러한 고소사건에 해당한다.(반대로 강도, 절도, 폭행 등 신고에 의한 사건이나 경찰에서 스스로 입건한 사건이 '인지사건'이다.) 연간 최소한 100만 명의 국민이 고소를 당하였다는 이유로 피의자 신세로 전락하게 되는 것이다. 연간 국민 1만 명당 고소사건 수를 비교한 통계에 의하면, 우리나라의 고소사건 수는 일본의 50배에 달한다고 할 정도로 우리의 고소사건 비중은 일반인이 생각하는 것보다 훨씬 크다. 경찰이나 검찰이나 업무가 과중하다고 하소연하는데, 그 업무의 상당 부분이 흉악범을 잡거나 대형 뇌물사건을 수사해야 하는 것 때문이 아니라, 바로 고소사건 처리에서 비롯된다. 그러면, 고소사건 중 피고소인이 실제로 기소, 즉 법원에 넘어가 형사처벌까지 받는 경우는 얼마나 될까? 그 수치는 거의 매년 일정한데, 전체 고소사건의 약 20%만이 기소될 뿐이다. 즉, 80%는 피고소인이 아무런 형사적 책임이 없다는 결론으로 끝나는 것이다. 물론 이 80% 중에는 그 과정에서 분쟁이 해결되어 고소가 취소되었거나 또는 피고소인이 도망을 가 기소중지되는 경우도 포함이 되지만, 아무리 봐도 너무 많은 사건들이 들이는 노력에 비해 결국 아무런 처벌을 할 수 없는 사건으로 끝나고 만다는 인상을 지울 수 없다.

우리나라가 이처럼 '고소공화국'으로 불릴 정도로 고소사건이 넘쳐나는 이유는 민사적 분쟁도 형사사건화 하려는 국민의 '법감정' 때문이라고들 흔히 이야기한다. 그러나 이런 법감정을 야기하게 만든 제도상의 문제는 없는지 심각하게 고민해야 할 필요도 있다. 고소한 경우에는 자동적으로 수사를 진행하게 되어 있어 피고소인은 범인으로 취급되어 '피의자'로 조사를 받아야 하는데 이게 합리적인지, 또한 고소인에게 필요 이상의 절차반복 권한을 주고 있는 것은 아닌지 검토가 필요하다. 또, 정치적으로 해결해야 할 문제나 단체 내부에서 자체적인 협의로 해결해야 할 문제들을 법적으로 쟁점화해서 고소로 끌고 가려는 정치인들이나 사회단체들도 그릇된 관행에 대한 반성이 필요하다. 한때 모든 정치 쟁점들에 대해 고소를 제기해서 '화성인'으로까지 불렸던 국회의원도 있었는데, 우리나라 정치인들의 현주소를 대변하는 것 같아 씁쓸하기도 했다.

이처럼 일반 국민에서부터 사회지도층까지 형사고소를 남용하는 상황 속에 살다보니, 고소사건을 대하는 검사나 경찰들도 '어차피 기소할 수 없는 사건'이라는 선입견을 갖고 고소사건을 대하는 타성에 젖게 된다. 검사의 경력이 점점 쌓여 갈수록 고소사건을 보는 눈도 사무적으로 변질되어 가는 경향이 생긴다. 초임 검사로 고소인의 억울함을 해결해 주겠다는 생각이, 이제는 고소인도 결국 욕심을 내다가 피고소인에게 당한, 똑같은 '욕심쟁이'라는 생각으로 바뀌는 것이다. 정상적으로는 연 5%의 이자도 받기 어려운 마당에 몇 달 안에 20~30%의 이자를 보장해 주고 원금까지 확실히 돌려준다는, 고소인이 말하는 '사기꾼'에게 자기의 전 재산을 아무런 담보 없이 맡길 정도의 고소인이라면 그런 피해를 당할 만도 하다는 생각이 들기 시작하는 것이다. 정치인들이 제기한 고소사건도 '언젠가 또 자기들끼리 정리가 되면 고소취소 하겠지.'라는 생각으로 묻어두기 십상이다. 너무 많은 고소사건으로 인한 폐해는 결국 국민들에게 고스란히 돌아간다. '혐의없음'으로 마무리될 사건에 수사기관의 수사력이 낭비되고, 결국 고소사건은 어차피 기소하기 어려운 사건이라는 선입견에 수사기관 스스로 빠지게 한다. 정작 형사적인 처벌을 해야 할 피해자의 일생일대의 절박한 하소연도 단순히 '운전석 뒷자리 아이들의 불평' 정도로만 여기는 관성을 낳기에 이른 것이다. 수사기관도 깊이 반성해야 할 것이지만, 다른 목적으로 형사 고소를 '이용'하려는 사람들도 다시 생각해 봐야 할 대목이다.

용서하는 마음

비슷한 교통사고에 대해 피해자의 입장인 경우와 가해자의 입장인 경우에 대해 어떤 법률 조언을 해줘야 했을까? "가해자가 전혀 반성의 기미도 없고 합의나 보상에도 소극적이다."라는 피해자 측의 하소연. "피해자가 엄살을 부리는 것처럼 보이는데 굳이 별도 합의를 해야 하느냐."는 가해자 측의 불만. 서로가 입장을 바꿔 생각한다면 어떤 이야기를 할까?

검사 생활을 하다 보면 필연적으로 주위의 법률자문에 응해야 하는 경우가 많다. 간혹 자문의 범위를 넘어 자기와 관련된 사건이 어떻게 진행되고 있는지 알아봐 달라는 부탁이나, 심지어 사건을 담당하고 있는 검사에게 자기의 사정을 잘 설명해 달라는 청탁성 부탁도 있다. 초임 검사 시절에는 주로 법률자문 쪽이 많다면, 경력이 있는 검사로 올라갈수록 주위의 청탁성 부탁이 늘어난다. 사건관계자라면 검찰청에 전화 한 통으로 자신의 사건 진행상황을 확인해 볼 수도 있고, 또 하고 싶은 이야기가 있다면 진정서나 탄원서 형식으로 제출하는 것도 충분히 가능하지만, 그래도 아직 우리들에게는 아는 사람을 통하여 말하는 것이 좀 더 관심을 끌지 않을까 하는 생각이 일반적인 것 같다.

이런 법률자문이나 부탁을 받는 경우에 그에 대응하는 것도 검사로서의 경력에 따라 조금씩 다르다. 초임 검사 때에는 자신이 생각할 수 있는 모든 가능성을 자세히 설명해 주고, 실제로 아는 검사를 통하든지 해서 사건의 진행 상황을 상세히 파악하려 하는 것이 보통이다. 경력이 좀 쌓이기 시작하면 자신의 사건처리 경험을 바탕으로 결론에 가까운 정답을 단도직입적으로 조언해 주거나 중요한 사건인 경우 변호사의 도움을 받을 것을 권하는 것으로 마무리한다. 담당 검사의 관심이나 호의를 바라는 부탁이라면, '내가 검사라면 이렇게 이렇게 처리를 하는 것이 보통이니까, 상세한 설명을 담아 탄원서를 접수시켜라. 그러면 검사가 보게 되어 있고 원칙대로, 억울함 없이 처리해 줄 것이다.'라는 식으로 '스무쓰~하게' 조언을 해 주고 마무리한다. 어차피 사건은 주위에서 이런 저런 이야기를 해 줘도 사건 자체의 운명대로 처리된다는 경험이 작용하기 때문이다.

또, 검사로서 주위의 조언이나 부탁을 많이 접하게 되다 보면, 법적인 결론에 관한 '이성적인' 경우보다는, 그 사건을 당한 사람으로서 어디 하소연할 데가 없는지 찾던 중에 주위에 있다는 검사에게나마 자신의 억울한 심정을 토로해 보고 싶은 '감정적인' 경우들이 많다는 것도 알게 된다. 이런 때에는 그 사람 감정에 몰입해 주고 함께 상대방을 성토해 주는 것으로도 목적을 달성하는 경우가 많다. 이런 부류 중에는 역시 교통사고에 관한 것이 가장 많다. 그 누구나 당할 수 있는 것이 교통사고이고, 또 지위나 신분에 상관없이 범죄자가 될 수 있는 것도 교통사고이기 때문일 것이다. 한번은 비슷한 시기에 아는 지인 두 명으로부터 비슷한 사안에 대해 상반된 조언으로 답해 줬던 때가 있었다. 친구의 친구인 A씨로부터 자기가 횡단보도에서 어린 아이를 치어서 그 아이가 병원에 입원을 했는데, 자기는 사과를 하고 합의를 하려고 노력했지만 피해자 부모가 막무가내로 감정적으로 나오는 바람에 합의하기가 어려운데 어떻게 해야 좋을지 하는 물음이었다. 그 직후에 나는 친척 B씨로부터 5살된 아들이 음주운전 중이던 차량에 치어 병원에 입원했는데, 가해자가 경찰서에서 형식적으로만 미안하다고 한 번 말한 이후로는 보험사 직원만 연락이 오고 일체 사과나 합의할 기미가 보이지 않으니, 그 가해자를 엄하게 처벌받게 할 수는 없냐는 질문도 받았다. A씨에게는 피해자가 감정적으로 나오면 합의하기 어려운 경우가 있는데, 굳이 무리한 합의를 할 필요 없이 보험사를 통해서 해결을 하고 성의표시로 공탁을 추가로 해 두는 것이 좋겠다는 조언을 해주고, 그런 사안은 벌금 정도로 끝나니 너무 걱정하지 말라는 말도 덧붙였다. 반대로, B씨에게는 보험사에서 피해 보상은 받을 수 있으니 걱정하지 말고 가해자가 반성하지 않고 성의도 보이지 않으면, 피해자의 심정을 담아 탄원서를 검찰청에 제출하라고 조언해 주었다. 결국, 비슷한 사안에서 가해자에게는 가해자에게 유리하게, 피해자에게는 피해자에게 유리하게 조언해 준 셈인데, 만약 이것이 같은 사건이라면 그 사건을 처리해야 할 경찰관이나 검사는 어느 쪽의 말을 들어줘야 할지 난감하겠다는 생각도 들었다.

매일 범죄사건을 취급하는 검사의 입장에서는 이런 교통사고야말로 대수롭지 않게 생각하는 사건이지만, 그 일을 당한 사람의 입장에서는 일생에 한 번 경험하게 되는 법적 분쟁에 휩싸이게 되는 것이고, 가해자이건 피해자이건 상당 기간 정신적으로 시달리게 된다. 법적인 문제는 차치하고, 교통사고에서는 양쪽이 결국에는 감정적으로 치닫게 되어, 가해자는 피해자 측이 생떼를 쓴다고, 피해자는 가해자 측이 배짱을 튕긴다고 감정적인 불만을 갖고 끝이 나는 것이 대부분이다. 사소한 교통사고에서도 이런데, 생명을 잃거나 영구적인 장애가 오는 경우에는 그 감정이란 결국 용서와 합의가 있을 수 없는 상태로 종결되는 것이 보통이다.

담당했던 사건 중에, 유명 의과대학에 다니던 남학생이 밤늦게 학교에서 공부하다가 비슷한 방향으로 귀가하던 선배 누나를 태워주겠다며 자신의 차에 태워 가던 중, 운전 미숙으로 중앙선을 넘어 상대방 차와 정면충돌하는 바람에 상대방 차량 운전자가 즉사하고, 자기 차에 타고 있던 의과대학 선배 여학생은 눈을 실명하는 사고가 있었다. 남학생 본인은 다리가 부러지는 중상을 입었지만 생명에도 지장이 없었고 완치되면 다시 의사의 꿈도 키울 수 있는 상태였다. 상대방 차량 운전자의 유가족과는 그래도 원만히 합의가 되었지만, 문제는 같은 학교의 선배 여학생이었다. 여학생의 부모들 심정이 어떠했겠는가. 비교적 부유한 집에서 딸아이 곱게 키워 남들이 부러워하는 유명 의과대학에 넣었고, 젊은 딸아이는 의사로서의 꿈을 키워가고 있었다. 그런데, 하필이면 그 시간에 우연히 후배의 차를 얻어

탔다가 평생 실명이라는 장애를 얻게 되었으니, 어떠한 보상으로 그 여학생과 부모의 마음을 달래고, 가해 학생에 대한 용서를 받아낼 수 있겠는가. 가해 학생 측에서도 여러 차례 사과를 하고 용서를 구했지만, 결국 피해 여학생 측으로부터 형사적인 처벌은 원하지 않는다는 합의서를 받아낼 수는 없었다. 가해자 측에서는 상당한 금액을 공탁했고, 자신도 오랜 기간 병원에 입원하는 중상을 입었다는 점, 그리고 어떠한 전과도 없이 단순한 운전 미숙으로 사고에 이른 젊은 의대생의 입장을 잘 살펴봐 달라는 변호인의 변론으로 '법의 용서'는 받아 구속이나 실형 선고는 없이 사건은 마무리되었다. 대신 가해 학생은 선배 누나의 일생을 망치게 하였다는 자책감 속에 평생 용서를 구하며 살아야 하는 처벌을 받은 셈이다.

사건 처리에서 합의 여부는 형의 결정에 가장 중요한 요소로 작용한다. 합의가 되면 일응 피해자의 용서가 있는 것이고, 가해자도 그러한 합의 과정에서 충분히 자기 죄를 반성하였다는 고려가 반영되기 때문이다. 그러나 간혹은 도저히 인간의 감정으로는 용서할 수 없고, 진정한 합의를 할 수 없는 상황에서 가해자를 어떻게 해야 할지 망설여질 때가 있다.

이창동 감독의 '밀양'이라는 영화에서는 남편 없이 홀로 아들을 키우다 그 아들이 납치·살해되는 일을 겪은 어머니의 심리를 그리고 있다. 그 어머니는 그 큰 슬픔을 종교에 귀의하여 달래보고자 교회에 다니기 시작한다. 어느 정도 가해자에 대한 용서의 마음을 갖게 되었을 때 교도소에 있는 가해자, 즉 아들의 살해범을 면회하러 간다. 그 어머니가 가해자를 교도소에서 만나 말을 꺼내려는 순간, 가해자는 "저는 이미 용서를 받았습니다. 제가 믿는 우리 주님께서 저를 용서해 주셨습니다."라고 덤덤히 말을 꺼낸다. 순간 그 어머니에게는 용서의 마음도, 신에 대한 믿음도 사라진다. 내가 하려는 용서를, 그것도 이렇게 내가 어렵게 하려는 용서를 철천지원수인 당신이 스스로 받았다고? 어머니는 교회를 찾아가 미친 듯이 울부짖는다.

신이 내리는 용서가 다르고, 피해자가 스스로 하는 용서가 다르고, 법적으로 당사자 간에 했다는 합의는 서로 다른 것이다. 앞의 용서가 없이 뒤의 합의만 이루어지는 경우도 법적으로는 '용서'로 보아준다. 그러나 가해자와 피해자가 서로의 입장을 바꿔 생각해보고, 이해까지는 아니더라도 조금이나마 상대방의 심정을 감안만 해보더라도 진정한 용서를 담은 합의를 할 수 있지 않을까. 어느 누구나 가해자가 되고 피해자가 될 수 있는 작은 교통사고에 관해서라면 더더욱 그러할 것이다. 나는 사실 A씨와 B씨에게 반대되는 조언을 해 줬어야 하지 않을까 하는 반성도 해본다. A씨에게는 피해자에게 진정한 용서를 구하라고, B씨에게는 왠만하면 합의해 주는 것도 고려해 보시라고 말이다.

구치소에서 하룻밤을

사법연수원생들이 하나둘씩 지정된 호실에 수감(?)이 되었다. 한 명씩 호명되면서 감방의 철문이 닫히기 시작하자 공포는 최고조에 달했다. "교도관님, 교도관님~" 뭔가 불편했는지 애절하게 교도관을 찾는 사법연수원생들. 담당 교도관은 노련한 목소리로 대답했다. "자 자, 다 한 명씩 체크할 테니까 조용히 합니다! 조용히!" 예상과 다른 교도관의 엄정한 대꾸에 감방에는 침묵이 흘렀다.

2009년 1월. 검사가 된 지 10년 만에 고향인 부산에 발령을 받았다. 검사로서 언젠가는 고향에서 근무해볼 기회가 있을 것이라 기대하고 있었지만 그 기회가 10년 만에, 그것도 평검사가 아닌 부부장검사로 승진하면서 드디어 찾아왔다. 검사들 사이에서는 평검사 때보다는 간부가 되었을 때 고향에서 근무하는 것이 여러 면에서 좋다고들 이야기한다. 어린 나이에 고향에서 근무하다 보면 이런 저런 인연에 휘둘리기 쉽고, 직접 수사를 할 때 혹여 마주한 사람이 아는 사람이라도 되면 서로 불편한 경우도 발생하기 때문이다. 부부장검사도 직접 수사를 담당하는 것이 보통이지만, 나는 공안부에 있으면서 부산지검의 전체 기획 업무를 담당하기로 하고 직접 수사는 맡지 않아 그런 불편한 경우를 당할 일은 없었다. 당시 부산지검에서는 유일한 부부장검사였기 때문에 검사장 이하 다른 부장검사들도 나를 부장검사처럼 대우해 주었고, 후배들도 '부장님'이라고 호칭해 주어 나는 다른 동기들보다 일찍 부장검사가 된 기분이었다. 기획 업무를 담당하는 특성상 다른 부에 속해 있는 후배 검사들과도 어울릴 기회가 많았다. 부산 근무가 처음인 후배들에게 부산의 유명한 맛집이나 명소들을 소개해 주면서 함께 어울리는 시간이 즐거웠다. 고등학교 시절을 끝으로 부산을 떠나 생활했고, 그 이후로는 간혹 명절 때나 휴가 때만 부산을 찾았던 것을 생각하면, 이런 시간들 덕분에 나도 어른이 되어서는 처음으로 고향을 속속들이 들여다볼 수 있는 기회를 만난 셈이었다. 광안대교나 그 앞의 이기대 공원, 해운대 달맞이 언덕의 '문텐로드'처럼 내가 어렸을 때는 없었던 새로운 관광 명소도 들러보았고, 부산에 살아봐야만 그 맛을 알 수 있는 '이시가리'나 '기장 멸치회'도 소주를 곁들이며 실컷 맛볼 수 있었다.

그렇게 오랜만의 고향 생활에 적응해 가는 동안 겨울이 지나고 완연한 봄이 찾아왔다. 1, 2월에 간부 인사가 있었던 검찰청은 적응 기간이 끝난 3월이 되면 본격적으로 바빠지기 시작한다. 검사장이 나를 불러 "이제 봄도 되었으니 이것저것 챙겨 보시게."라며 몇 가지 기획 아이템을 주문했다. 그중 하나가 사법연수원생들의 1박 2일 구치소 체험! 꽤 파격적인 아이디어였는데, 예비 법조인인 사법연수원생들이 직접 구치소 생활을 체험하면서 수감자들의 입장에서 인권

문제를 다시 생각해 볼 수 있고, 또 교도행정이 어떻게 돌아가는지를 직접 경험해 볼 수 있는 좋은 기회로 생각되었다. 다만 아무리 아이디어가 좋아도 별다른 탈 없이 잘 진행되려면 몇 가지 선결조건이 해결되어야 했다. 우선 이런 특별한 경험을 기꺼이 체험하겠다고 나설 사법연수원생들의 자발적인 참여, 그리고 이 체험 행사가 직접 열리게 될 구치소 측의 적극적인 협조가 필수적이었다. 사법연수원생들은 2년차일 때 2개월 정도씩 검찰과 법원, 그리고 변호사 사무실에서 실무수습을 하게 되는데, 검사로서의 실무수습은 1월과 2월, 3·4월, 5·6월로 나눠 전국 검찰청에 배치되어 받게 된다. 당시 부산지검에도 3회에 걸쳐 15명 정도씩 사법연수원생들이 실무수습을 받았다. 내가 부산지검에 발령받은 것이 1월 하순이었으므로 수습기간이 1·2월인 사법연수원생들과는 충분한 교감의 시간을 가질 수 없었다. 반면 수습기간이 3·4월인 사법연수원생들은 처음 배치될 때부터 기획검사이던 내가 수습 실무를 총괄했으므로 이들과 가까워질 수 있는 시간이 충분했다. 그리고 사법연수원 수료시험 일정상 5·6월에 배치될 사법연수원생들보다는 시간적으로나 심리적으로 여유가 있는 시기였으므로, 3·4월을 부산지검에서 보내는 사법연수원생들과 함께 구치소 체험 프로그램을 운영하는 것이 적절하다고 판단되었다. 검사실 배치에서부터 실무교육 프로그램 운영, 그리고 사체 부검 참관과 소년원 견학 등을 함께하면서 어느덧 사법연수원생들과 나와의 친근감도 쌓여갔다. 혹시 구치소가 추울지도 몰라 가급적 구치소 체험 일정을 뒤로 미뤄 4월 하순으로 예정해 둔 상태에서, 4월 초에 사법연수원생들에게 조심스레 의견을 물었다. "사법연수원생들은 검찰 실무수습 기간 중에 구치소와 교도소 견학을 하게 되어 있는데, 이번에는 아예 1박을 하면서 제대로 체험을 해보는 것이 어떨까요? 대신 구치소에서 직접 하룻밤을 보낼 사람은 지원자에 한하며, 또 남자 연수생으로 한정하겠습니다. 다른 수감자들과 같은 방에 있을 것은 아니고 연수생끼리만 별도 수용입니다." 나의 제안을 받은 연수원생들은 처음엔 놀라는 분위기였다. 구치소에서 수감자와 똑같은 절차로 하룻밤을 보낸다는 생각에 호기심과 두려움이 교차하는 눈치였다. 처음엔 서로 눈치를 보던 남자 연수원생들이 하나둘씩 지원하고 나섰다. '이번이 아니면 다시는 직접 체험해 볼 수 없지 않을까.' 하는 호기심이, 걱정보다는 더 크게 작동했던 모양이다. 15명의 사법연수원생들 중 남자 연수원생은 9명이었는데 이중 7명이 지원자로 나섰다. 부산지검 동부지청에서 실무수습 중이던 남자 연수원생 3명도 소문을 듣고 전원 지원하기로 했다. 총 10명의 남자 연수원생들이 구치소에서 하룻밤을 보내기로 의기투합(?)했다.

구치소 측의 협조를 받는 것도 순조롭게 진행되었다. 나는 구치소 측에 예비 법조인인 사법연수원생들을 대상으로 한 구치소 체험 프로그램의 취지를 충분히 설명했다. 구치소 입장에서도 교도행정을 적극적으로 알릴 수 있는 기회라고 판단하여 긍정적으로 응해 주었다. 사실 구치소에 수감 중인 사람들이 간혹 교도관들을 상대로 근거 없이 인권침해를 당했다며 고소, 고발이나 소송을 일삼는 경우가 있는데, 이번 기회에 예비 법조인들에게 구치소의 실제 생활을 소개함으로써 그런 오해도 없앨 수 있지 않겠냐는 것이 구치소 측 판단이었다. 구치소 입장에서도 처음 해보는 사법연수원생 대상 1박 2일 체험 프로그램이었는데, 신병 인수 단계에서부터 입소절차, 거실생활, 신입교육, 접견, 출소 과정까지 실제 구치소에 수감된 범죄인들과 똑같은 절차를 적용한 프로그램을 마련했다. 체험 당일에는 프로그램에 참가한 사법연수원생 10명을 대상으로 아예 모의 구속영장 및 범죄사실까지 만들고 그 상황에 맞게 이들을 입소시키는 생생한 절차까지 준비해 두었다.

구치소 체험 프로그램 당일, 1박 2일 과정에 참가하는 사법연수원생들의 긴장한 표정이 역력했다. 하룻밤을 보내지 않는 여자 연수원생들까지 포함하여 구치소의 현황 설명을 함께 듣고 시설 견학을 할 때까지는 그래도 여유가 있는 분위기였다. 시설 견학이 끝난 후 감방에서 하룻밤을 보낼 10명의 참가자들이 따로 분류되고 이들을 대상으로 본격적인 입소절차가 진행되자 표정들은 굳어지기 시작했다. 신입수용자 신분확인을 거쳐 영치금 대장 작성을 마치고 신체검사가 이뤄졌다. 신체검사가 끝나고 공식적으로는 '관복', 흔히 하는 말로는 '수의'가 이들에게 건네지자 얼굴도 그 수의 색깔처럼 점점 황토색으로 변해가는 분위기였다. '사법연수원생들의 구치소 체험'이라는 이색적인 행사의 특성상 부산 지역 신문이나 방송 기자들도 대거 현장을 찾았다. 구치소 측 배려로 기자들에게 프로그램 진행 과정의 취재가 허용되었는데, 기자들도 평소에는 구치소 내부를 촬영할 수 없는 탓에 이날은 유독 카메라 기자들도 많이 현장을 찾았다. 나는 비록 긍정적인 행사이긴 하지만 사법연수원생들의 프라이버시를 고려하여 얼굴이 직접 신문이나 방송에 보도되지는 않도록 당부했다. 연수원생들이 수의를 갈아입은 모습을 보면서 한 기자는 "유명한 정치인이나 기업가들도 수의를 입으면 맥이 빠져 보이더니, 사법연수원생들도 수의를 입혀 놓으니 얼굴에 있던 총기가 다 빠져 보입니다."라면서 킥킥거렸다. 이날 프로그램의 진행을 맡은 교도관은 유난히 'FM대로' 절차를 진행해 갔다. 이왕 체험을 하려면 현실과 똑같이 체험해야 한다고 생각했는지 표정도 엄격했고 간혹 행동이 흐트러진 연수원생들이 있으면 똑바로 줄을 맞춰 걸으라거나 잡담은 금물이라는 식의 훈계도 빠뜨리지 않았다. 입실을 위해 죄수복을 입은 상태에서 수용기록부를 작성하고 사진 촬영을 하는 모습은 영락없는 피고인들의 모습이었다.

이제 드디어 하룻밤을 지낼 독거실(1인씩 수감되는 수용실)에 한 명씩 입실할 순서! 한 명씩 호명되는 이름을 복창하며 배정된 독거실로 들어가는 순간 긴장감은 최고조에 달했다. 나는 프로그램이 진행되는 모습을 지켜보면서 사법연수원생들이 원래 예상했던 수준을 넘는 공포심에 혹시라도 중도 포기하는 상황이 발생하지 않을까 걱정되었다. 두 평도 채 안되어 보이는 작은 방에 차가운 마룻바닥의 느낌. 그리고 칸막이도 없는 변기에 세면시설이 전부인 독거실의 모습을 보니 이들이 보낼 하룻밤이 얼마나 길까 안쓰러운 마음이 들었다. 사법연수원생들도 갑작스러운 환경 변화에 당황했는지 몇몇이 교도관을 부르며 독거실 안의 궁금한 사항들을 물어댔다. 물은 어떻게 나오는 거냐, 난방은 되는 것이냐, 휴지는 어디 있느냐 등등의 질문이 연속되자, 교도관은 단호한 어조로 "하나씩 차례로 설명할 테니까 조용히 하고 잘 듣습니다!"라고 이들의 군기(?)를 잡았다. 구치소 측의 양해를 구해 방송 기자들이 독거실에 들어앉아 있는 사법연수원생들을 인터뷰했다. 물론 사법연수원생들의 동의도 받았는데, 방송할 때는 혹여 이들이 오해받는 일이 없도록 나는 방송기자들에게 반드시 얼굴 아래 '사법연수원생 ○○○' 자막을 넣도록 몇 번이나 다짐을 받았다. 인터뷰를 하는 사법연수원생들은 하나같이 수형자가 된 기분으로 나지막이 말했다. "여기에 앉아 있으니 수감된 사람의 심정을 알 것 같습니다. 법조인이 되면 피고인이 혹여 억울하게 옥살이를 하는 일이 없도록 업무를 잘 처리해야겠다는 생각이 듭니다."

다음날 아침 일생에서 가장 길었을 하룻밤을 구치소에서 보내고 '출소'하는 이들을 맞으러 여자 연수원생들과 나는 다시 구치소를 찾았다. 출소절차를 마치고 구치소 문을 나오는 이들의 표정은 진짜 형기를 마치고 출소하는 사람처럼 상쾌한 표정들이었다. 여자 연수원생들은 미리 준비한 두부를 건네며 이들을 반겼다. 영락없이 출소하는 죄인들과 이를 반겨주는 친구들의 모습이었다. 몇몇은 구치소 체험 프로그램에 참가한 사법연수원생들의 기사가 실린 그날 아침 신문들을 함께 살펴보기도 했다. 출소한(?) 이들도 수의를 입고 신문지상에 실린 자기들 모습이 신기했는지 키득거리면서 즐거워했다. 내 걱정과는 달리, 다행히도 큰 정신적 충격은 받지 않은 모양이다. 이런 프로그램이 처음 있었던 것으로 당시 언론에도 보도가 되었고, 그 이후에도 이런 기사를 본 적이 없으니 이들은 아마도 거의 유일하게

"아무런 죄를 지은 것도 없이 하루 옥살이를 한" 사법연수원생들이 아닐까 생각된다.

　당시의 신문기사 스크랩을 다시 보면, 교도관 앞에서 '쫄아 있던' 당시의 사법연수원생들 얼굴이 떠올라 웃음을 짓곤 한다. 몇 년이 지나 당시 이 프로그램에 참가했던 사법연수원생들이 지금은 어디서 무엇을 하는지 검색을 해 보았는데, 모두 현직 변호사로 활발히 활동하고 있었다. 내가 사법연수원생들에 대한 교육 과정을 돌아보면 이때의 일이 가장 먼저 떠오르듯, 이들도 자신들의 사법연수원생 시절을 돌아보면 아마도 이때의 체험이 가장 인상 깊게 남아 있을 것이다. 그때의 경험이 변호사 업무를 하는 데 조금이나마 도움이 되었으면 하는 바람이다.

27 고향의 봄

검사가 된 지 10년 만에 부모님과 함께 살면서 출퇴근하는 소중한 경험을 맛보았다. 아침이면 꼭 엘리베이터 앞까지 나오셔서 막둥이의 등을 토닥이시며 대견해 하시던 어머니. 관사에 있는 것 보다는 출퇴근에 많은 시간이 소요되었지만, "너 대학 보낼 때까지 나눴던 대화보다 요새 나눈 대화가 훨씬 많은 거 같아 좋다. 부산에 오길 잘했다."며 좋아하시는 아버지. 긴 출퇴근 시간에 대한 보상은 이것으로 충분했다.

부산지검 기획검사로 있으면서 5월을 맞았다. 다른 지역의 검찰청도 그러하듯 부산지검도 부산지역 출신 검사들이 비교적 많이 근무하고 있었다. 나는 '청소년의 달'인 5월을 맞아 검사들이 지역 사회와 함께 할 수 있는 기획 아이템으로 검사들의 모교 방문 행사를 준비했다. 부산에서 고등학교를 마치고 부산지검에서 근무하고 있는 검사들이 스승의 날을 즈음하여 모교를 방문, 은사들에게 인사를 드리고 후배들과 대화를 나누는 시간으로 구성했다. 10여 명의 검사들이 대상이었는데, 이들도 검사가 되어 오랜만에 모교를 방문한다는 생각에 흔쾌히 동의했다. 학교들의 반응도 좋았다. 지역 검찰청에 근무하는 모교 출신 현직 검사가 있다는 것을 선생님들과 후배들이 자랑스러워하고 있는데, 직접 모교를 찾아온다고 하니 학생들에게 좋은 자극제가 될 수 있을 것이라며 반겼다. 후배 검사들이 모교를 방문할 때 나도 나의 출신 고등학교인 혜광고등학교를 방문했다. 사립학교인 탓에 오랜 세월이 지났어도 여전히 근무하고 계신 은사들이 많이 계셨다. 몇 차례 전화는 드렸지만 졸업한 지 20년 만에 직접 학교를 찾아 선생님들에게 인사를 드리는 것은 그 자체로 큰 보람이 되었다. 후배들과 함께한 대화 시간에서는 20년 전 나의 학창 시절이 떠올라 즐거웠다. 모교를 다녀온 검사들도 모두 만족해하면서 진작 모교를 한번 찾아가 봐야지 하고 생각만 갖고 있었는데 마침 좋은 기회가 되었다고 즐거워했다. 학교들의 반응이 좋았던 것은 물론이고, 지역 언론에서도 '검사들도 함께하는 스승의 날'이라는 박스 기사를 내면서 뜻깊은 행사였다고 칭찬해 주었다. 고향인 부산에 근무하면서 작지만 지역 사회에 도움이 될 수 있었던 것 같아 보람이 있었다.

고향인 부산에서 근무하면서 얻은 또 다른 보람 중 하나는, 서울로 대학을 오면서 떠나야 했던 부모님 품으로 돌아가 함께 생활하는 시간을 갖게 된 것이었다. 나에게도 관사가 주어졌지만 나는 관사를 후배 검사들에게 돌리고 부모님과 함께 생활했다. 어쩌면 성인이 되어 부모님을 모시고 살아볼 수 있는 마지막 기회가 될지도 모른다는 생각이 들었고, 또 어머님이 해 주시는 밥을 먹고 출근하는 시간도 언제 다시 주어질지 모른다는 생각이 들었기 때문이다. 세 남매를 두고 있었지만 영화감독이 되고 검사가 된 두 아들과 시집간 딸이 모두 곁을 떠나 생활하고 있으니 두 분은 자식과의 대화가 그리우셨던 모양이다. 아버지는 노인병원에 의사로 나가시면서, 어머니는 늦은 나이에 새로 시작한 방송통신대학교를 열심히 다니시면서 같은 연배의 다른 분들과는 달리 나름 바쁜 생활을 하시고 계신 것 같아 다행이었지만, 장성한 자식과의 대화가 그리웠을 정도로 외롭기도 하셨던 것 같다. 젊은 시절의 주량을 아쉬워하시며 이젠 겨우 반주 정도만 즐기시게 된 아버지지만, 아들과 함께 저녁을 할 때에는 아들이 소주 한 병 정도는 비워야 흡족해하시면서 대화를 이어나가셨다. 어머니는 늘 같은 대답을 듣게 되면서도 아들의 일과를 궁금해 하셨고, 어느덧 중년이 된 막내아들의 건강을 일일이 걱정해 주셨다. 20년 만에 부모님과 함께 생활해보니, 늘 나의 큰 울타리로만 여겨졌던 부모님의 20년 전 모습은 잘 떠오르지 않고, 어느덧 내가 울타리가 되어 드려야 할 두 분의 쓸쓸한 모습만 보여 죄송한 마음도 들었다. 주말에는 부모님과 함께 암남공원이나 태종대공원, 구덕산 등을 오랜만에 다시 들러보기도 했는데, 어렸을 때 당신들을 따라 자주 들렀던 그곳들은 예전과 같은 모습을 하고 있어 더없이 반가웠다.

부산에서 즐겁게 검사 생활을 보내던 중, 대검에서 수사를 받고 있던 노무현 전 대통령의 서거로 나라가 발칵 뒤집히는 일이 생겼다. 검찰총장이 사태의 책임을 지고 사퇴하였고 뒤이어 대규모 검찰 인사가 단행되었다. 1년 정도 부산에서의 근무를 예상하고 있던 차에 7개월 만에 다시 인사 대상이 되었다. 나는 10년 만에 처음인 고향에서의 근무 시간치고는 너무 짧다는 생각이 들었다. 오랜만에 함께

한 부모님과 그리고 다시 연락이 닿은 고향 친구들과 보낸 시간이 아쉬워 다시 부산지검 동부지청 형사3부장을 지망했다. 다행히 지망대로 발령이 나 고향에서 1년을 더 보낼 수 있는 기회를 얻었다. 해운대에 위치한 동부지청까지는 출퇴근 시간이 더 길어졌지만, 부모님과 함께 1년을 더 지낼 수 있다는 생각에 길어진 출퇴근 거리는 문제가 되지 않았다. 부산 동부지청 형사3부는 공안, 특수, 강력, 마약 사건 등 흔히 말하는 '검사 인지 사건'만을 전담하는 곳으로, '경찰 송치 사건'을 주로 다루는 다른 부 보다는 재미있는 사건들을 많이 접할 수 있었다. 고향 땅에서 부장검사로서 첫발을 내딛는다는 보람에, 인지 사건만을 주로 다루는 부에서 부장검사로 '데뷔'한다는 의욕이 더해졌다. 직접 사건을 파헤치고 수사해 나가는 맛은 이제 더 누릴 수 없는 부장검사가 되었지만, 소속 검사들과 함께 '될 만한 사건'을 잘 추려 수사 역량을 집중함으로써 꽤 굵직한 사건을 만들어 나가는 재미를 맛볼 수 있었다.

세무조사 무마 명목으로 뇌물을 챙긴 전직 세무공무원을 적발하여 구속한 것을 시작으로, 연구비를 횡령한 국립 연구원 소속 공무원들도 적발해서 구속했다. 국가지정 문화재인 동래패총 인근에 아파트를 건축할 수 있도록 허가를 받아주겠다며 억대의 로비자금을 받아 챙긴 현직 대학 강사도 구속하는 등 지청 규모에 비하여 활발한 수사 활동을 해 나갔다. 마약 수사에서도 꽤 성과가 있었다. 인천국제공항을 통하여 마약을 밀반입한다는 첩보를 미리 입수하여 콘돔 속에 마약을 가득 채우고 자기 항문 속에 넣어 입국하려던 범죄자를 공항에서 체포하기도 하고, 히로뽕을 구두 밑창 안에 넣어 밀수하려던 폭력조직 조직원도 적발했다. 또 휴대전화 충전기 속에 마약을 넣어 입국하려던 밀수사범도 구속했다. 2010년 상반기에는 마약사범에 대한 집중 단속 결과 히로뽕 밀수사범과 히로뽕 판매, 투약사범 등 모두 29명을 검거했고, 마약 밀수사범 6명 등 13명을 구속 기소했다. 2009년 같은 기간에 검거한 마약사범에 비해 대폭 증가한 수치였고, 압수한 마약 양은 부산지검의 실적보다 동부지청의 실적이 더 많았다. 검찰 내 '마약통'으로 유명한 당시 지청장도 마약사범 단속 실적에 매우 흡족해했다.

수사 활동에 가속이 붙게 되자 지역 사회의 고질적인 비리들에 대한 제보도 잇따랐다. 기억에 남는 사건으로 소방공무원 인사 관련 비리 사건과 사립중학교 교사채용 비리 사건이 있었다. 지역 소방공무원들 사이에서 승진 인사를 대가로 금품을 수수하는 관행이 퍼져 있다는 진정이 접수되었는데, 관련자들에 대한 계좌추적 및 압수수색 등을 통해 승진을 앞둔 부하 직원들로부터 승진에 유리하게 해 주겠다는 명목으로 수시로 돈을 받아 챙긴 현직 소방 간부를 적발하여 구속했다. 금액은 크지 않았으나 용돈 받아 쓰듯이 수시로 부하 직원들의 고혈을 짜내고 있었는데, 심지어 자신이 부업으로 차茶 판매점을 차려 두고 승진에 목마른 부하들에게 중국산 보이차를 강매하다시피 떠맡기는 행태도 보이고 있었다. 소방공무원 인사비리 사건을 적발해 내자, 부산시에서는 소방공무원 인사에 투명성을 제고하겠다는 대책을 내놓기도 했다. 사립학교의 교사채용 비리 실태는 더 심각했다. 기간제로 고용한 강사에게 정식 교사로 채용해 주겠다며 수천만 원씩 받아 챙긴 사립학교 교장을 구속했는데, 이 교장은 미리 교사채용 시험문제를 빼돌려 시험응시자에게 제공하는 대담한 방법으로 십여 명에 달하는 교사들로부터 돈을 받아 챙겼다. 익명의 편지한 통에서 시작된 제보를 바탕으로 최근에 이 학교에 채용된 교사들의 채용 과정을 전수조사하다시피 들여다보니, 교사채용과 관련된 비리는 만성적이고 고질적인 것임을 확인할 수 있었다. 교장은 구속을 했지만 기간제 교사에서 정식 교사로 채용되고 싶은 선생님들을 이용하여 갈취하다시피 돈을 받은 사건이라 채용된 교사들은 자백을 받는 선에서 불구속 기소로 마무리했다. 1년 전 모교를 방문하여 은사들에게 인사드렸던 일을 기억하니, 비록 학교는 다르지만, 지역 사회의 사립학교에서 교사들이 어떻게 채용되고 있는지를 확인한 뒷맛은 더욱 씁쓸했다. 이들로부터 교육을 받고 있는 학생들과 다른 선생님들의 입장을 고려하여 이 사건만큼은 보도자료를 내지 않고 조용히 마무리 지었다.

부부장검사로, 그리고 부장검사로 승진하면서 1년 6개월간 고향인 부산에서 보낸 시간은 그야말로 꿈처럼 지나갔다. 후배 검사들과 함께 사직 야구장을 찾아 목청껏 응원하던 순간도 즐거웠고, 거의 30년 만에 초등학교 동창들을 만나 옛 추억을 되살려보는 순간도 즐거웠다. 짧은 순간이나마 고향에 근무하면서 지역의 교육계, 학계, 공직사회에 퍼져 있던 고질적 비리들을 찾아내어 단죄했던 순간들도 초임 부장으로서 보람 있는 경험이었다. 부산 근무를 마치고 떠날 때쯤, 늦게 귀가하는 아들을 기다리며 어머니가 쓰신 시조가 책 한 권이 될 정도가 되었다는 것을 알게 되었다. 부산을 떠난 다음 해, 어머니의 칠순 생일을 맞아 나는 어머니의 시조들을 모아 시조집 『사모곡思母曲』을 책으로 내드렸다. 어머니가 칠십의 나이에 방송통신대학교 국어국문학과를 졸업하시면서 하나둘씩 지어두신 시조들을 모은 것이 80여 편에 달했다. 지금도 이 시조집을 읽고 있으면, 술 한 잔 걸치고 들어오는 부장검사 막내아들을 기다리시면서 글을 쓰고 계시던 어머니의 모습이 떠오른다.

『그리움 - 막내 규택이에게』

들 때는 어서와요
아침저녁 보면서

이것저것 챙기고
매만져 털어주고

출근길
배웅 나가면
대견했던 뒷모습

좋아라 지낸 세월
곁에서 부디끼니

살갑고 행복했던
꿈같은 시간들이

세월에
이기지 못해
떠나가네 부모 품

어쩌나 노부부는
빈 둥지만 남았네

제 갈길 가야하니
붙잡지 못할 형편

보낸 후
빈자리 밟혀
아려오네 이 가슴

부러진 칼

2011년 12월 열린 야당 최고위원 예비경선 현장에서 돈봉투가 살포되었다는 혐의에 대해 검찰에서 수사를 펼쳤으나 돈봉투가 아닌 출판기념회 초청장인 것이 확인되어 검찰은 스스로 돈봉투 살포 혐의에 대한 내사를 종결한다고 발표하였다. 야당과 언론은 일제히 검찰에 대해 '부러진 칼', '오발탄', '헛발질'이라는 용어를 써가며 비판하고 나섰다.

2012년 1월 '부러진 화살'이라는 영화가 관심을 끌었다. 판결 결과에 불만을 품은 전직 대학 교수가 담당 재판부 부장판사의 아파트로 찾아가 귀가하는 부장판사에게 석궁을 쏜 이른바 '석궁테러 사건'을 묘사한 영화였다. 석궁테러 사건은 2007년 1월에 발생했는데, 당시만 해도 '현직 판사에 대한 초유의 테러사건'으로 세간을 떠들썩하게 했었다. 이 사건이 다시 영화로 5년 만에 세상에 부활하게 되었는데, 사건이 발생했던 5년 전보다 오히려 더 사법부에 대한 불신을 자극하는 계기가 되었다. 사건이 발생했을 당시에는 아무리 자신의 판결에 불만이 있다 하더라도 판사에게 석궁을 쏠 수 있느냐는 행위자의 불법성에 여론의 초점이 맞춰졌으나 이것이 영화로 바뀌어 세상에 나왔을 때는 당시의 판결이 얼마나 문제가 있었기에 전직 교수가 석궁을 쏘았겠느냐 하는 사법부에 대한 불신 문제로 부각되었던 것이다. 이렇게 같은 사건에 대한 시각이 5년 만에 뒤바뀐 이유는, 물론 행위자인 전직 교수의 입장에서 영화를 만들었다는 기본적인 이유가 있겠으나, 2007년으로부터 5년 동안에 사법부에 대한 불신이 그만큼 국민들의 정서에 자리 잡았기 때문이라고 보아야 할 것이다.

이 영화가 인기를 끌고 있던 비슷한 무렵, 검찰의 실패한 수사를 두고 야당은 '부러진 화살'에 빗대어 '부러진 칼'로 비판하고 있었다. 당시 여당의 당대표 경선 과정에서 돈봉투가 살포되었다는 혐의로 현직 국회의장과 그 보좌관들에 대한 수사가 진행될 무렵, 야당의 최고위원 경선 과정에서도 비슷한 일이 있었다는 혐의가 검찰에 포착된 것이다. 검찰이 입수한 단서는 야당 경선이 열렸던 교육문화회관의 CCTV 동영상. 참가자로 보이는 사람이 다른 사람들에게 봉투를 돌리고 있는 모습이 포착되었는데, 검찰은 이를 근거로 돈봉투를 돌린 것으로 의심된 사람을 확인하여 소환 조사하였다. 그런데, 이것이 '부러진 칼'이 되었다. 당시에 배포된 것은 돈봉투가 아니라 출판기념회 초청장이었던 것이 확인된 것이다. 소환되었던 야당 인사는 당시 배포했던 출판기념회 초청장을 흔들어대며 검찰에서 야당을 탄압하기 위해 사실관계를 확인하지 않고 돈봉투 혐의로 몰아붙인다며 기자회견까지 하였다. 같은 검사로서 씁쓸하기 짝이 없었다. 당시 현장에서 돈봉투가 살포되었다는 일부 언론의 보도까지 있었던 상황에서 검찰은 이를 수사하지 않을 수 없었고, 당시 현장의 CCTV까지 운좋게(?) 확보하여 돈봉투 살포라고 의심되는 현장까지 딱 잡았는데, 보기 좋게 물을 먹고 만 것이다. 하필이면 검찰에 날을 세우고 있던 야당의 최고위원 경선 과정과 관련된 것이니, 야당은 한 건 했다는 듯이 검찰을 몰아붙일 좋은 구실을 잡은 셈이었다.

검찰 입장에서야 흐릿하게 동영상에 등장하는 하얀 색 봉투가 돈봉투인지 출판기념회 초청장인지 알 수가 없는 노릇이다. 처음부터 당시 출판기념회 초청장이 배포가 되고 있었다는 사실을 알지 못했던 이상, 어떻게 수사도 해 보지 않고 그러한 사실을 알 수 있었겠는가? 말뿐인 돈봉투 살포사건에서 부지런히 당시의 현장 상황을 확인하여 CCTV 자료까지 확보하고, 그 동영상에 등장했던 사람까지 특정하여 소환까지 했으니 검찰로서는 신속하고, 성실하게 수사에 임한 것이었지만, 결과가 이를 뒷받침해주지 않으니 야당으로부터 욕을 먹어도 할 말이 없는 상황이 된 것이다. 그러나 수사란 것이 사실관계를 확인해 나가는 절차라는 점을 생각하면 수사 결과 원래 예상했던 것과 다른 결과가 나왔다는 사실만으로 검찰을 욕하거나 나무랄 것은 아니다. 어떤 편견을 갖고 사건을 몰아가면서 그 사이에 확인된 혐의 내용이 무분별하게 언론에 보도됨으로써 관계자의 명예가 훼손되는 경우에는 비판을 받아도 마땅할 것이나, 정해진 절차에 따라 사실관계를 확인해 나가는 과정에서 처음의 혐의가 사실이 아닌 것으로 확인된 경우는 당연히 수사절차의 특성으로 이해되어야 할 것이고, 오히려 신속하게 수사하여 빨리 혐의를 벗을 수 있었다고 하는 데에서 긍정적 의미를 찾아야 할 것이다.

 경찰에서는 가끔 고과 점수에 높이 반영되는 범죄단체, 이른바 조폭사건으로 처리하기 위해 조직폭력배가 아닌 사건도 조직폭력 사건으로 수사하여 검찰에 송치하는 경우가 있다. 동네 건달들끼리의 단순한 폭행 사건도 조직폭력 관련 사건이 되면 인지 점수가 많이 올라가기 때문이다. 종종 경찰 단계에서는 "○○파 일망 타진"이라는 거창한 기사가 났던 조직폭력 사건도 검찰에 송치되면 단순한 폭행사건으로 마무리되는 일이 벌어진다. 사실 '○○파'라는 이름도 담당 경찰관이 동네 건달들이 주로 모이는 지역이나 식당의 이름을 따서 붙이고, 여기에 '계보도'까지 손수 그려 건달들에게 "너희는 지금부터 ○○파가 된 거야."라는 식으로 이름을 붙여 주는 경우도 가끔 있다. 그런데, 막상 검찰에서 기소를 위해 조사를 해 보면, 조직으로 구성되었다고 보기도 어렵고, 이를 뒷받침할 돈줄이나 위계질서란 것도 없이 그냥 자기들끼리 친하게 지내온 것만으로 조직폭력배로 둔갑해 있는 것이 가끔 확인된다. 이런 사건을 수사해서 '얘들은 조폭이 아니라 그냥 동네 양아치들일 뿐입니다.'라고 정리해 주는 것도, 꽤 품이 많이 들긴 하지만, 검사로서는 범죄단체로 의율되어 무거운 형을 받게 되는 '억울한' 일이 없도록 해 줘야 하는 의무에 포함된다.

 천안지청에 근무하던 시절, 20대 초반의 두 청년이 경찰에서 조직폭력배로 수사되어 검찰로 송치된 사건을 맡았다. 사건 내용은 별다른 것이 없었다. 그냥 둘이서 피해자 한 명을 폭행한 사건이었는데, 사안도 중하지 않았다. 경찰의 수사 내용인즉슨, 피의자들은 고등학교 폭력서클에서 친하게 된 친구들 사이로 일정한 직업이 없던 중에 '○○파'를 결성하기로 하고 세를 규합해 가는 과정에 있었고, 그 과정에서 피해자를 폭행하였던 것으로 정리되어 있었다. 조직원이 둘만 있는 조직이라? 일견 보아도 '조직'으로 인정해 주기엔 좀 가벼워 보이는 사안이었고, 조직폭력배로 몰린 피의자들도 폭행 사실은 인정하면서도 조직폭력배는 아니라고 완강히 버티고 있었다. 피의자들을 불러 조사하기 전에 그래도 '조직'임을 뒷받침해 줄 뭔가가 기록에 있지 않을까 해서 기록을 유심히 살펴보았다. 조직폭력배 사건이 의례 그러하듯, 피의자들이 문신을 하고 있는 것을 나타내기 위해 피의자들의 몸에 새겨진 조잡한 그림들을 찍은 사진이 기록에 첨부되어 있었다. '응, 문신들은 하고 있네.' 찬찬히 사진을 보던 나의 눈은 피의자들이 입고 있는 팬티로 쏠리게 되었다. 특이하게도 경찰에서 피의자들을 따로따로 세워 두고 찍은 사진을 비교해 보니, 피의자들은 호랑이 무늬의 팬티, 속칭 '호피 빤쓰'를 둘 다 착용하고 있었다. 이것 봐라… 녀석들이 같은 종류의 팬티를 입고 있다고 하면 합숙 생활을 하고 있다는 이야기인데, '조직' 생활에 필수적인 합숙 생활이 입증되고, 그 과정에서 피의자들이 '조직'임을 나타내기 위해 같은 모양의 속옷까지 입고 있다는 것이 확인되면, 어느 정도 '조직'으로 봐줄 여지도 있지 않을까. 나는 수사관에게 말했다. "녀석들 사진을 자세히 보니, 같은 모양의 호피 빤쓰를 입고 있네요. 합숙한 것은 아닌지, 왜 같은 종류의 팬티를 입고 있는지 확인해 보시지요."

나는 경찰들이 눈여겨보지 못한 '조직'의 단서를 잡은 것처럼 수사관에게 지시했고, 수사관도 사진을 유심히 보고 피의자들의 신문을 준비했다. 두 놈 중 먼저 소환된 놈에게 수사관은 이런 저런 질문을 던지다 마치 의표를 찌르듯이 "이것 봐라. 너네 합숙도 했지. 그리고 이거. 빤쓰. 너네 같은 조직이니까 같은 모양으로 맞춰 입은 거 아니냐. 너희들이 무슨 조직이라고 이런 거까지 맞춰 입냐. 그것도 호랑이 가죽 모양으로." 나는 숨을 죽이고 피의자의 대답 소리에 귀를 기울였다. 잠시 머뭇거리던 피의자의 입에서 나온 대답은 전혀 예상하지 못한 것이었다. "계장님, 사실대로 말씀드리면… 경찰에서 둘을 불러서 조사를 한 다음에 문신을 보자고 해서 옷을 벗었어요. 경찰관이 아랫도리도 벗으라고 했는데, 하필이면… 에이, 제가 그날 팬티를 입지 않고 있었어요. 제 사진 찍을 때 할 수 없이 그 놈 팬티를 살짝 빌려 입고 찍은 겁니다." 순간 나는 튀어나오는 웃음을 억지로 참았다. 조서를 받던 수사관도, 피의자 등 뒤에서 조사 광경을 지켜보던 여직원도 웃음을 참느라 고역인 눈치였다. "이놈아… 팬티는 좀 입고 다녀라. 더럽게시리…." 수사관은 슬금 나를 보더니 쓴웃음을 지었고, 나는 그냥 그대로 조서에 정리하라고 신호해 주었다. 더 이상 나올 것이 없었으므로, 이 놈들은 '조직폭력배'라는 누명은 벗을 수 있었다.

　수사를 하다 보면, 처음에 의심했던 것이 전혀 예상하지 못한 증거로 뒤집어지는 경우는 흔히 있다. 그렇다고 의심이 가는 것을 수사해 보지도 않고 그 결과를 알 수는 없다. 이쪽에서 보면 혐의에 딱 들어맞는 증거도 다른 시각으로 보면 그 의심이 틀렸다는 쪽에 오히려 들어맞는 증거일 때도 있다. 수사나 재판으로 '실체적 진실'을 발견할 수 있으면 더없이 좋을 것이다. 그러나 수사나 재판은 정해진 법적 절차에 따라 현출된 증거에 의해 밝혀지는 '절차적 진실'을 발견해 가는 과정이다. 그 과정에서 발견된 절차적 진실이 실체적 진실에 근접하는 것이라면 더할 나위 없겠으나, 간혹 당사자가 알고 있는 실체적 진실에 못 미친, 때로는 실체적 진실과 반대되는 결과가 나올 수도 있다. 그것을 '부러진 화살'이라느니 '부러진 칼'이라느니 하고 비판할 수는 있을 것이다. 수사나 재판을 신이 아닌 인간이 하는 것인 이상, 그리고 실제 사건에서 한참이 지나 흐릿해진 기억에 근거한 다른 사람의 이야기를 듣고, 그나마 그런 이야기도 할 수 없는 물건에 불과한 증거들을 놓고 판단할 수밖에 없는 검사나 판사의 입장에서는 숙명적인 비판일 것이다.

인연

"금마가 혹시 금마 아이가?" 통영 출신인 속초지원장이 경상도 사람만 알아들을 수 있는 소리로 나에게 물어보았다. 내가 이야기해 준 낙산사 주지스님과 나와의 인연을 듣고 혼자 곰곰 생각해 보니, 그 주지스님이 자기와 같은 하숙집에 있었던 대학 후배가 아닌가 생각이 들더란다. "허허. 이제 금마라고 하시면 안 되지요. 유명한 고찰의 주지스님이신데요. 금마가 금마가 맞는지 같이 뵈러 가십시다." 나를 사이에 두고 마주한 속초지원장과 낙산사 주지스님은 20년 만의 해후를 반가워하며 부둥켜안았다.

2011년 9월 초, 늦여름의 햇살을 받으며 동해바다를 바라보는 울산바위는 장엄함 그 자체였다. 머리 아팠던 법무부를 떠나 첫 기관장으로 부임한다는 설렘에 부임 하루 전 일요일 아침 일찌감치 속초로 향했다. 미시령 관통 도로가 개통되면서 미시령 터널을 막 빠져 나오는 지점, 울산바위가 가장 잘 바라보이는 자리에 울산바위 전망대를 설치해 두었다. 나는 울산바위의 조망도 즐길 겸 속초에 부임하는 마음도 다잡을 겸 전망대에 차를 세웠다. 금강산을 멋있게 만들려고 전국의 빼어난 바위들에게 금강산으로 모이도록 한 산신령의 부름을 받고 울산에 있던 멋있는 바위가 금강산으로 가다가 설악산이 금강산인줄 알고 주저앉은 것이 지금의 울산바위라는 전설. 그 전설에 걸맞게, 울산바위는 언제 보아도 멋있는 자태를 뽐내고 있었다. 규모로 봐서는 하나의 산봉우리라고 보아야 할 것이나 이를 '울산봉'이나 '울산암'이라 부르지 않고 '울산바위'라고 부르는 것이 훨씬 정감이 가고 뭔가 전설이 깃든 듯한 느낌을 더해 주는, 선조들의 훌륭한 작명이라고 생각된다. 전망대에서 바라보는 설악산의 웅장함과 멀리 동해 바다의 푸르름을 접하면서 앞으로 1년 동안 내가 몸담을 산해山海의 아름다움을 첫날부터 만끽할 수 있었다.

속초지청에 부임하여 이런저런 업무들을 파악한 다음 짬을 내어 양양에 위치한 낙산사를 찾아갔다. 속초에 부임하기 며칠 전, 업무 인수인계차 나에게 연락을 준 전임 지청장이 묘한 인연의 실타래를 던져 주었다. 전임 지청장이 속초 재직 시절 친하게 지냈던 낙산사 주지스님이 계신데, 스님께서 전임 지청장에게 연락이 와 이번에 부임하는 신임 지청장이 본인의 고등학교, 대학교 후배라고 하더라는 것이다. 고등학교와 대학교 선배라면 내가 모를 리가 없는데, 내가 알고 있는 선배 중에 출가했다는 소식을 들은 적도 없었고, 더군다나 낙산사라고 하는 유명한 절의 주지스님으로 계실 만한 선배가 도저히 생각이 나지 않았다. 속초에 부임하면서 고등학교 선후배 인맥을 총동원하여 수소문한 끝에, 대학 시절 나와도 친하게 지냈던 선배 중에 대학 졸업 후 갑자기 동문들과 연락이 끊겼던 선배가 있었는데 그 선배가 바로 지금의 낙산사 주지스님이라는 사실을 확인했다.

대학 시절부터 우리나라의 전통 무예에 심취했던 다소 독특한 그 선배가 스님이 되어 있었다니! 나는 반가운 마음에 부임하자마자 연락을 넣었고, 주지스님은 내가 속초지청장으로 부임하게 된 것을 신문을 통해 보았다며 만남을 기다리고 있는 중이라고 반겨주었다. 꿈 많았던 학창 시절을 함께했던 내 기억 속의 대학생 선배는 20년이 지나 전혀 예상치 못한 모습으로 변하여 또 다른 꿈을 이뤄가는 수도자로 변모해 있었다. 고향인 부산도 아니고 함께 대학을 다닌 서울도 아니었다. 서로가 아무런 연고가 없었던 강원도 양양 땅에서, 한 명은 낙산사 주지스님으로, 또 한 명은 속초지청장으로 20년 만에 해후하게 된 것은, 불가에서 말하는 '연緣'의 힘이 아니고서는 설명하기가 어려웠다.

낙산사 주지스님과의 감격적인 해후를 마친 후, 나는 속초지원장을 만난 자리에서 이런 재미있는 인연을 설명해 주었다. 속초지원장도 나와는 오랜 친분이 있는 사이였다. 연수원 같은 기수이자 군법무관 훈련 시절 같은 내무반을 사용했던 관계로 서로 형님, 동생하면서 가깝게 지냈었다. 군법무관 근무 후 각자 검찰과 법원에 몸담게 되면서 연락은 자주 못하게 되었지만 다시 속초에서 10여 년 만에 지청장과 지원장으로 만났으니 그 인연도 만만치 않은 인연이었다. 그런데, 내가 설명해 주는 낙산사 주지스님과의 관계를 들어본 지원장은 며칠 후 나에게 다시 연락이 와서 낙산사 주지스님의 속명을 물어보았다. 내가 이야기해 준 속명을 들은 지원장은 무릎을 치면서 그 주지스님이 대학 시절 자기와 같은 하숙집에서 생활했던 후배가 틀림없다고 하며 빨리 만남을 주선해 달라고 하였다. 나의 주선으로 세 명이 함께 만났을 때 비로소 서로가 아는 사이임을 확인한 지원장과 주지스님은 부둥켜안으면서 반가워했다. 셋은 낙산사 요사체에 함께 앉아 차를 나누며 오랜 학창 시절의 추억을 되살리며 즐거워했다. 지원장 왈, 두 사람이 같은 하숙집에 있을 당시 주지스님은 전통무예에 심취해 운동량이 많았던 관계로 식사도 많이 하고 빨랫감도 많이 나왔었는데, 이를 못마땅하게 여긴 하숙집 아주머니에게 지원장이 주지스님 편을 들었다가 함께 싸잡아 미움을 받았던 사이라고 했다. 주지스님은 출가한 이후 속세에 있던 친구나 선후배들과 연락을 끊다

시피 하고 살았는데, 서로 아무 인연이 없던 속초에서 지원장, 지청장이 된 선후배들을 만났으니 보통 인연이 아니라며 연신 차를 따라 주었다. 우리 세 사람은 그 이후로도 종종 모임을 가졌는데, 지원장으로부터 이런 특이한 인연을 전해들은 지역신문 기자가 우리 셋의 이야기를 기사화까지 하는 바람에 셋의 얼굴이 나란히 신문에 게재되는 특이한(?) 인연도 함께 누렸다.

속초지청은 전체 직원이 40명 정도밖에 안 되는 조그마한 규모였다. 모든 직원이 한 가족처럼 지내기에 딱 좋은 규모로 보였다. 그런데 직원들의 구성은 다소 복잡했다. 관할지역인 속초나 고성, 양양 출신 토박이들이 절반 정도였고, 이 지역과 전혀 연고가 없는 직원도 절반 정도 되었다. '2학년 검사'로서 이 지역이 두 번째 임지인 검사들, 기존 연고가 있던 검찰청에서 장기근속기간을 채워 잠시 이쪽으로 옮겨 온 수사관들, 또 타 지역에서 징계를 받아 인사 조치를 이유로 온 직원 등, 이곳과 연고가 없는 이들에게는 속초지청이 '생소하고 낯선' 직장이었다. 나를 포함하여, 속초에서 타향살이를 해야 하는 직원들에게는 가급적 빨리 이곳에 정을 붙이고 다른 직원들과 융합하는 계기를 마련해 주는 것이 청 운영에 필수적이라고 생각되었다. 당시 한창 유행이던 '행복경영'이니, '감성경영'이니 하는 전문적인 용어를 빌리지 않더라도, 모든 직원들이 직장에 정을 붙이고 직장생활이 즐거워야 업무의 효율성도 높아질 것이고 검찰청을 찾는 고객인 민원인에게도 만족을 줄 수 있을 것임은 분명했다.

나는 부임 첫날 취임사부터 직원들 사이의 미소, 인사, 대화, 칭찬을 강조하며 가족 같은 분위기의 청을 만들자고 인사했다. 각 단어의 첫 글자를 따 "미인대칭"이라는 용어로 정리하고 탤런트 김태희 씨의 환하게 웃는 얼굴 사진을 보여주며 모든 직원이 얼굴 대칭이 잘 맞는 미인이 되어보자고 제안했다. 그리고 당시 개봉 중이던 형님 곽경택 감독의 영화 '통증'을 단체 관람하는 것으로 나의 환영 회식 시간을 가졌다. 새로 부임한 지청장이 어떤 타입일지 긴장했던 직원들도 첫 회식 시간 이후 긴장을 풀며 나를 반겨주는 얼굴이었다. 그 이후로도 직원들과 족구, 등산, 탁구 등 각종 동호회를 개최하며 서로 몸으로 부딪힐 수 있는 시간을 마련했고, 독거노인 급식봉사, 사랑의 연탄배달 등 지역사회 불우이웃을 돕는 기회를 직원들과 함께하면서 정을 나누었다. 또 금요일 점심시간을 활용하여 검사들과 함께 속초 인근의 숨은 명소를 찾아다니는 '금요 문화탐방' 시간을 가지면서 검사들이 자신이 근무하는 지역에 애착을 가질 수 있는 기회도 만들어 나갔다.

해가 바뀌면서 2012년 시무식을 갖게 되었다. 나는 딱딱하고 형식적인 시무식보다는 우리 청 모든 직원이 한 가족 같은 기분으로 새해를 맞이하자는 취지로 '속초지청 가족사진 전시회' 형식으로 시무식을 가졌다. 연말에 미리 직원들에게 공지하여 지난 1년간 가족과 함께 찍은 사진 중 가장 좋았던 사진 2장씩을 제출하도록 하고, 그 사진들을 다른 직원들이 함께 돌려보면서 더 좋다고 생각되는 사진 1장씩을 액자에 넣어 시무식이 열리는 회의실에 전시하였다. 비록 가족들과 떨어져 속초라는 생소한 곳에서 근무하는 직원들이 많았지만 모든 직원들의 가족사진을 한자리에 전시하면서 함께 감상하니 가족들의 훈훈한 정이 느껴지는 기분이었다. 새해를 가족과 함께 시작한다는 기분도 들었고, 다른 직원들의 가족과도 인사를 나누는 기분이 들었다. 나는 직원들이 가족과 함께 보낸 즐거운 순간을 사진으로 보면서 이 직원들이 모두 가정에서 존경과 사랑을 받는 사람들인 만큼 나 또한 이들을 존중하면서 함께 청을 운영해 나가야겠다는 다짐의 시간으로 삼았다. 아마 다른 직원들도 자기와 함께 지내는 직장 동료들의 가족사진을 보면서 그런 감정을 느꼈으리라 짐작한다. 2월에는 직원들이 궁금해 하는 나의 형님, 곽경택 감독을 청으로 초청하여 '한국 영화에 대한 이해'를 제목으로 직장교육 시간도 가졌다. 직원들은

이곳 속초에서 유명한 영화감독으로부터 직접 영화에 대한 강의를 듣는다는 것을 생각도 못해봤다며 가족들까지 초청해서 함께 강의를 들었다. 한 수사관은 자기 딸이 소속된 어린이 관현악단까지 초청해서 강의 시작 전 환영 연주도 해 주었다. 나의 형님이 강의를 하고 직원들이 가족들과 함께 강의를 듣고, 또 사인을 받으면서 함께 사진을 찍는 모습을 보고 나도 이제 이들과 한 가족이 된 것 같은 느낌을 받았다.

검사 생활을 하다 보면 수많은 인연으로 얽히고설키게 마련이다. 검사와 죄인으로 마주하는 인연이 있는가 하면 가슴 아픈 사연을 함께 나눠야 하는 검사와 피해자와의 인연도 있다. 또 동료나 선후배 검사들과의 인연, 가족보다도 더 많은 시간을 함께 보내는 같은 방의 수사관, 여직원과의 인연도 있다. 6개월 단위로 부部가 바뀌고 1년 단위로 검사실 구성원이 바뀌며, 또 2년 단위로 근무하는 지역이 바뀌니 검사가 쌓는 인연은 어느 직역보다도 많고 다양하다. 지금도 천안지청에서 함께 근무했던 검사들끼리의 모임, 법무부에서 함께 했던 직원들과의 모임 등 각종 모임에 참석했다가 늦게 귀가하는 나를 보고, "검사들은 모임을 만드는 데 천재들"이라고 말하는 집사람의 푸념이 이해가 갈 정도로 검사들은 수많은 인연을 갖게 된다. 이런 인연들 중에는 간혹 '스폰서 검사 사건'이라느니 '벤츠 여검사 사건'이라느니 하는 황당한 악연으로 변질되는 경우도 있지만, 대부분 검사들이 갖는 인연은 십수 년이 지난 다음에도 술잔을 기울이며 과거의 정을 나눌 정도로 즐겁고 소중한 인연이 대부분이다. 나도 검사생활을 돌이켜보면 그때로 다시 돌아가고 싶은 정다운 인연들이 많이 떠오른다. 특히, 속초에서의 생활은 인연의 소중함을 많이 느끼게 해 준 아름다운 시절이었다.

박수 칠 때 떠나라

"나보고 나가라고? 그럴거면 너희들도 사표 써!! 안 쓸거면 나보고 나가란 말도 하지 마!!" 대검찰청 회의실에서 우리들과 마주한 검찰총장은 회의실이 들썩일 정도로 고함을 쳐댔다. 불과 며칠 전 '총장님을 중심으로 어려움을 헤쳐 나가자.'는 결의를 다지며 박수를 보냈던 우리들은 아무 말도 할 수 없었다. 그렇게 상황은 급변해 있었던 것이다.

2012년 11월이 되었다. 5년이란 세월은 참 빨리도 흘렀다. 2007년 11월, 그러니까 정확히 5년 전, 대통령 선거를 앞두고 BBK 김경준 송환 문제로 정국이 요동쳤던 그때. 김경준 극비 송환 작전을 앞두고 머리를 쥐어짜고 있었던 그때로부터 어느덧 5년이 지나 다시 대선 정국을 맞이한 것이다. '이번에는 좀 조용히 지나가겠지?' 5년 전 대선에서는 대선 정국의 모든 이슈가 검찰로 쏠렸고, 검찰은 좋든 싫든 대선 정국의 키를 쥐고 있는 모양새가 되었다. 그해 11월은 나로서도 정신이 없이 보냈던 시기였고, 검찰로서도 온갖 공정성 시비에 시달리고 있던 시기였다. 2012년에는 나를 포함하여 검찰 구성원 모두가 '금년에는 다시는 그런 상황이 오면 안 된다. 무조건 조용히 지나가야

해.'라는 소망(?)을 품고 12월에 있을 대선이 하루 빨리, 그리고 무사히 지나가길 고대하는 심정이었다.

2012년 7월 말 대검찰청 범죄정보1담당관으로 부임하여 이제 3개월 정도 지나갈 무렵이었다. 그동안 업무를 파악하느라, 또 10월에 있었던 국정감사를 준비하느라 나름 바빴던 시기를 뒤로 하고, '이제부터는 대선 정국으로 접어드니 별다른 문제만 없으면 연말까진 조용하겠지.'라는 기대를 갖기 시작한 시기였다. 친한 기자들 몇 명과 점심을 함께한 자리에서도 요즘 검찰 기사거리 참 없다는 것이 화제가 될 정도의 분위기였다. 특별히 재미있는 이야깃거리 없느냐고 묻는 몇몇 기자들에게, 나는 "어휴, 우리도 좀 조용할 때가 있어야지. 대선 앞두고 검찰 이야기 나오면 좋을 거 하나 없어요. 지난번 2007년에 김경준이니 뭐니 해서 얼마나 골치 아팠어. 그저 조용히 있는 게 최고지요. 이번에도 또 검찰 때문에 시끄러우면, 아이고, 생각만 해도 끔찍하네요. 하하."라고 너스레를 떨었다.

"입이 보살"이라더니…! 기자들과 한가한 점심을 한 지 2, 3일이 지나서부터 검찰에는 희한한 일들이 연이어 생기기 시작했다. 11월 8일부터 언론에 중견 부장검사가 다수 기업인 등으로부터 억대의 뇌물을 받은 혐의가 있다는 보도가 나기 시작했다. 경찰에서 다른 사건을 수사하던 중 이 부장검사의 혐의를 잡고 일부러 언론에 흘린 것이라는 정황이 보였지만, 대선 정국을 앞둔 검찰로서는 기다릴 틈이 없었다. 검사의 비리 문제가 대선 정국의 화젯거리가 되지 않도록 하기 위해서는 어느 때보다 신속하게 대응하지 않을 수 없었다. 경찰에서 수사 의사를 밝혔음에도 검찰에서는 자체 특임검사를 지명하여 이 사건을 신속히 파헤치도록 했고, 수사 착수 10일 만에 특임검사는 이 뇌물수수 의혹 부장검사를 전격 구속하였다. 구속 시점에서 밝혀진 이 부장검사의 비리행각은 그야말로 '전대미문'의 행태였다. 부임지를 옮겨 다니면서 서로 다른 사람들로부터, 각각 다른 이유로 10억 원대에 이르는 뇌물을 챙겨왔다는 것이다. 문제가 된 부장검사 개인으로서도 '막장 비리'라는 말을 들을 정도의 황당한 사건이었지만, 검찰의 자체 감찰 기능도 전혀 작동하지 않았음을 보여주는 사건이었다. 검찰총장은 대국민사과를 하지 않을 수 없었다. 대선 정국에서 '검찰개혁'이 화두가 될 것이 분명한 판에, 부장검사의 대형 비리사건은 크나큰 악재가 아닐 수 없었다. 그런데, '엎친데 제대로 덮친' 격이랄까! 검찰총장의 대국민사과가 있은 지 이틀 만에 더 엽기적인 사건이 터지고 말았다. 로스쿨을 졸업하고 검사로 임관하여 실무수습을 받고 있는 초임 검사가 여자 피의자와 성관계를 가졌다는 것. 그것도 자기보다 나이도 훨씬 많은 여자 피의자와 검사실 안에서 관계를 가졌다는, 상상을 초월한 사건이 터지고 말았다. '뇌물 검사'에 '성추문 검사'! 부장검사나 초임검사나 가릴 것 없이 연속으로, 검찰로서는 뭐라 설명하기도, 변명하기도 어려운 사건들이 터져 나온 것이다.

문재인 후보와 안철수 후보의 단일화 여부가 지루하게 시간을 끌고 있을 무렵. 대선 정국 치고는 별다른 이슈도 떠오르지 않던 당시 상황에서, 언론은 온통 이 '검찰발 엽기사건들'로 도배가 되기 시작했다. 연일 계속되는 검사들의 황당한 모습들. 대선 정국에서 여야 후보 가릴 것 없이 검찰개혁 문제는 최고의 이슈가 되었고, 검찰은 뭐라 변명도, 대응도 할 수 없는 상황이 전개되었다. 여야 정치권과 여론으로부터의 비난이 쏟아지는 상황에서, 검찰로서도 어떻게든 사태를 마무리해 나갈 필요가 있었다. '성추문 검사'에 대해서도 신속한 수사가 이어졌고, 관리감독 관계에 있던 검찰 간부가 스스로 책임을 지고 사임했다. 몇몇 지검에서는 평검사들이 회의를 갖고, 이번 사태에 대해 검찰로서는 어떤 자세를 갖는 것이 맞는지에 대한 논의가 일기 시작했다. 대검찰청에서도 혼란을 수습하기 위한 대응책을 세우기 위해 다양한 종류의 회의가 열리기 시작했다. 검찰총장은 '뇌물 검사'와 '성추문 검사'를 신속히 구속 기소하고, 그 시기에 맞춰 검찰총장으로서의 사과와 검찰개혁에 대한 입장을 신속히 밝히는 것이 사태를 마무리할 수 있는 수순이라고 생각한 듯했다. 수사에 착수한 지 얼마 되지 않았던 '성추문 검사' 사건에서도 해당 검사를 신속히 구속하도록 지시했고, 어떻게든 두 사건의 기소와 수사결과 발표를 함께 마무리하려는 것으로 보였다. 그러면서 국민들이, 그리고 언론과 정치권이 어느 정도 납득할 수 있는 개혁안을 발표해야만, 대선 정국에서 더 이상 검찰개혁이 화두가 되는 것을 막을 수 있다는 판단을 한 듯했다. 11월 25일 일요일에 긴급 간부회의를 소집한 것도, 검찰총장의 이런 입장을 간부들과 신속히 공유하고 검찰총장의 결단에 힘을 싣기 위한 것으로 보였다.

일요일 대검찰청 비상 간부회의를 앞두고, 검사 임관 이후 해마다 거듭된 '검찰의 위기상황'들이 떠올랐다. 내가 검사로 부임한 1999년 이래 2012년까지 11명의 검찰총장이 있었다. 검찰총장 임기가 2년인 점을 고려하면 7명 정도의 검찰총장이 취임할 수 있는 기간이었지만, 바람 잘 날 없었던 검찰에서는 13년간 무려 10번이나 검찰총장이 바뀌었고, 임기가 보장된 검찰총장 11명 중에 단 3명만 2년 임기를 채웠을 뿐이었다. 임기를 채우지 못한 8명의 검찰총장 중에는, 본인이 '게이트'에 휘말려 자진 사퇴한 경우도 있었지만, 정권 핵심과의 갈등이나 또는 검찰 내부의 '사건'으로 인하여 스스로 책임을 지고 물러난 경우들이 더 많았다. 어느 경우나 검찰 전체가 맞은 위기 상황에서 검찰총장이 사퇴함으로써 책임지는 모습을 보이고, 또 새로운 지휘부로 분위기를 일신하면서 각종 개혁 방안도 내놓는 것이 위기 타개의 정석으로 자리 잡았다. 2002년에 발생한 '서울지검 피의자 구타 사망사건' 때도 그랬고, 2005년 '법무부장관의 강정구 교수 불구속 지휘 사건' 때나, 2008년 '노무현 전 대통령 서거' 때도 똑같은 수순을 밟았다. 비록 임기가 정해진 검찰총장이지만, 총장이 책임져야할 정도의 사태가 발생하면 논란의 여지없이 사직을 하는 것이 관례로 굳어졌다. 문제는, 과연 어떤 시점에서 검찰총장이 사직하는 것이 적절하냐, 즉 '좋은 타이밍'을 잘 잡는 것이었다. 본인 스스로 책임을 지는 명분 면에서나, 또 검찰 조직 전체의 안정 면에서나 모두 만족스러운 사퇴 타이밍을 잡기가 쉬운 것이 아니라는 것이다. 어지간해서는 임기가 보장된 검찰총장의 사퇴 문제가 내부에서 먼저 시작되는 경우가 없지만, 일단 내부에서 먼저 사퇴 요구가 조금이라도 나오기 시작한다면 그 이후에는 걷잡을 수 없이 사퇴 요구가 조직 전체로 빠르게 퍼져 나간다는 것을 나는 여러 차례 경험을 통해 알고 터득해 왔던 터였다.

일요일 회의를 앞두고 일선의 몇몇 부장과 통화를 했다. 일선 분위기가 어떤지 파악해 보기 위해서였다. 부장검사의 거액 뇌물수수나 초임검사의 성추문이나 황당한 사건임에는 틀림없으나, 그렇다고 검찰총장이 책임을 지기에는 너무 그 성격상 '사건'과 '책임'을 연결시키기가 어려운 면도 있었다. 그래서 대검찰청 내부에서는 전혀 검찰총장의 사퇴 문제는 논의가 된 바 없으나, 일선에서는 분위기가 틀렸다. 특히 현 검찰총장 부임 이후 홀대를 받았다고 생각해 온 서울중앙지검 형사부 소속 검사들 사이에서는, 이번 기회에 검찰총장이 스스로 물러나고 분위기를 쇄신해야 한다는 요구가 이미 나오기 시작하고 있었다. 내 경험상 검찰총장의 책임 문제가 거론되기 시작하면, 그것은 이미 굉장히 위험한 신호였다. 검찰총장이 책임지고 물러나야 한다는 주장이 뜬금없고 시기상조로 보이는 순간이 있지만, 그 순간이 지나면 순식간에 '검찰총장이 자리에 연연하고 있다.'는 사퇴 불가피론이 검찰 전체에 퍼져 나간다. 검찰총장이 제때에 뚜렷한 돌파구를 제시하지 못한다면, 결국 사태의 책임은 모두 검찰총장에게로 순식간에 돌아가고 마는 것이다. 검찰총장은 사퇴 타이밍을 놓쳐 버리고 졸지에 자리에 연연한다는 비난에 직면하게 된다. 나는 이런 순간을 여러 차례 목격했고, 이번에도 이럴 가능성은 충분하다고 생각했다.

검찰총장 주관의 일요일 대검찰청 간부회의. 서울중앙지검을 중심으로 검찰총장이 책임을 지고 사퇴의사를 밝히는 것이 순리가 아니냐는 논의가 시작되었지만, 대검에서는 전혀 이런 논의가 이뤄지지 않았다. 아니, 누구 하나 이런 논의가 있다는 것조차 언급하지 못하는 분위기였다. 문제가 된 검사들을 신속히 처리하고, 국민에게 깊이 사죄하고, 어떠한 비난도 달게 받겠다는 자세를 취하고… 그런 정도의 논의들만 오가고 있었다. 내가 보기엔 지금 검찰총장의 거취 문제에 대해 확실하게 대검 간부들의 의견을 통일시켜 두는 게 반드시 필요하다고 생각되었다. 아직은 사퇴 주장이 뜬금없이 보이는 시점에 차라리 검찰총장의 거취문제에 대해 공개적으로 논의한 다음, 검찰총장의 사퇴는 사태 해결에 도움이 되지 않으며 검찰총장이 오히려 책임을 지고 검찰개혁을 주도해 나가겠다는 입장을 밝히는 것이 필요하다고 보았다. 몇몇 간부들의 발언이 이어졌고, 검찰총장은 참석한 모든 사람의 이야기를 들어보자며 순서대로 의견을 말해보라고 하였다. 그런저런 이야기들이 오갔으나, 검찰총장의 거취 표명에 관한 의견은 나오지 않았다. 나의 발언 순서가 되었다. 나는 그날 회의에서 참석자 중 유일하게 검찰총장의 사퇴 문제를 논의해야 한다는 의견을 냈다. "총장님의 사퇴 문제를 언급하는 것이 불충으로 보일지 모르나, 그 문제를 언급하지 않고 넘어간다는 것도 불충으로 생각됩니다. 지금의 사태가 중한 만큼 총장님의 거취 문제도 논의를 해봐야 하겠습니다." 순간 장내는 침묵이 흘렀다. 이후 몇몇 간부들이 검찰총장의 책임 문제를 언급하는 것은 적절하지 않다는 간단한 언급을 하고 넘어갔고, 누구 하나 진지하게 논의를 이어가 보자는 제의를 하지 않았다. 회의를 마무리하면서 마지막으로 검찰총장은 "지금 당장 국민들이 납득할 수 있는 개혁안을 내놔야 한다. 중수부(대검찰청 중앙수사부) 폐지 문제도 포함된다. 나는 지금 사퇴하지 않는다. 나는 내년 새로운 정부가 들어서고 본격적으로 검찰개혁 논의가 있을 때, 그때 직을 걸어야 한다고 생각한다. 이번 비위검사들에 대한 사건을 처리할 때, 우리가 내려놔야 할 것은 함께 내려놓을 것이다."라고 언급하였다. 그리고 참석자들의 박수로 이날 회의는 마무리되었다. 검찰총장에 대한 신임을 의미하는 박수였지만, 왠지 제대로 못을 박은 느낌이 들지 않았다. 특히, 검찰총장 스스로 물러날 시기가 아니라고 밝히면서도 마지막으로 중수부 문제를 언급한 것은 불안한 마무리였다. 너무 예민한 문제를 너무 대수롭지 않게 언급한 것은 아닌가. 검찰총장의 거취 문제도 그랬고, 중수부 폐지 문제도 그랬다. 회의에 참석했던 간부들은 검찰총장이 사퇴할 시기는 아니라는 데에 공감은 하면서도, 왜 하필 지금 검찰총장이 중수부 폐지 문제를 비롯한 개혁안을 저렇게 시급하게 내놓으려고 하는가라는 문제에 대해 의문을 가진 채로 회의장을 나오게 되었다. 불안한 마음이 들었다. '이거 잘못하다가는 검찰총장이 자기 자리와 중수부를 맞바꾸려고 한다는 말이 나올 수도 있겠는데….'

일요일 비상회의 바로 다음 날, 11월 26일부터 이러한 불안은 하나둘씩 현실로 나타나기 시작했다. 일부 언론에 SK 회장의 공판 과정에서, 검찰총장의 부당한 압력으로 SK 회장에 대한 검찰의 구형이 낮아졌다는 내용이 보도되었다. 검찰총장의 취임 당시부터 SK 회장과의 친분이 문제가 되었기 때문에, 보도의 사실 여부를 떠나 검찰총장에게는 도발적인 보도가 아닐 수 없었다. 이때부터 대검찰청 내부에서 미묘한 분위기가 흐르기 시작했다. 일요일 회의를 기점으로, 비리검사들에 대한 수사를 신속히 마무리하면서 중수부 폐지를 포함한 검찰 개혁안을 서둘러 발표하려는 검찰총장과, 지금은 중수부 폐지 문제를 언급할 시기가 아니라는 중수부 라인 간의 의견 대립이 점차 수면 위로 떠오르는 상황이 되었다. 여기에 이날 보도된 SK 회장 구형 배경을 둘러싸고 서울중앙지검 특수부 라인, 그리고 그 배후의 대검 중수부가 마치 검찰총장의 약점을 잡아 언론에 흘린 것이 아니냐는 추측까지 나오기 시작했다. 대검 내부에서도 점점 중수부 폐지 문제에 대해 적극적으로 나오는 검찰총장의 행보에 대해 찬반 양론이 갈리기 시작했다. 대선 정국에서 잇따른 검찰의 악재 속에 결국 중수부 폐지는 피해갈 수 없는 수순이 될 것이라는 입장에서는 지금 중수부 폐지를 공개적으로 언급하고 검찰 개혁에 선제적으로 나서야만 국민에게 진정성을 보일 수 있다는 입장이었다. 또 다른 편은 중수부 폐지를 피할 수 없다고 해도, 그 시기는 새로운 정부가 들어서고 검찰 개혁이 본격화될 때 다른 개혁 방안들과 함께 논의를 해야 한다는 입장이었다. 검사의 비리사건이 잇따른 시점에서 검찰로서는 무엇을 내놓고 안 내놓고의 입장을 취할 시기가 아니라고 주장하면서, 오히려 검찰총장이 자신의 거취 때문에 중수부 문제를 조기에 이슈화하려고 한다는 것이었다. 나는 중수부 폐지 문제에 대해서는 후자의 입장을 취하는 편이었으나, 당시 검찰총장이 단지 자신의 남은 임기를 무사히 채우기 위해 중수부 문제를 언급한 것은 아니라고 생각했다.

몇 개월 남지 않은 임기 때문에 검찰총장이 중수부 폐지 문제를 들고 나왔겠는가. 다만 연이은 검사들의 비리사건으로 모두가 너무나 예민해져 있는 상황에서 갈등 조정 능력이 마비된 것이 아닌가 생각될 뿐이었다.

결국 조정 능력의 부재 속에 양측 사이의 갈등은 점차 파국으로 치달았다. 11월 28일 수요일 퇴근 시간 무렵, 검찰총장은 갑작스럽게 중수부장에 대해 감찰조사를 실시할 것임을 언론에 공표하고 나섰다. 후에 징계 혐의가 없는 것으로 판가름 난 것이지만, 당시 검찰총장은 중수부장이 비리혐의를 받고 있는 부장검사에게 적절치 못한 조언을 해 주었다는 것을 구실로 삼아 중수부장을 징계 조사하겠다고 나선 것이었다. 누가 봐도 구실을 잘못 잡은 것이었지만 검찰총장은 단호했다. 반대하는 대검 간부들을 물리치고 감찰본부장을 통해 언론에 중수부장에 대한 징계조사에 착수했다는 사실을 공표하고 말았고, 바로 그때부터 대검 간부들과 중수부, 서울중앙지검 특수부 소속 간부들과는 돌이킬 수 없는 선을 넘게 되고 말았다. 다음날인 11월 29일 대검찰청은 지도력 부재의 상황 속에 빠졌다. 검찰총장이 소집한 간부급 회의에서 대검 간부들은 중수부장에 대한 징계 발표를 철회할 것을 요구하면서 검찰총장의 사퇴를 요구하고 나섰다. 검찰총장의 거취 문제를 언급할 단계가 아니라던 대검 분위기는 사흘 만에 검찰총장의 사퇴가 불가피하다는 분위기로 바뀌어 있었던 것이다. 연이어 열린 과장급 회의에서도 검찰총장의 거취 문제가 언급되자 검찰총장은 흥분을 감추지 못했다. 오전 내내 검찰총장의 흥분된 목소리가 대검찰청에 울려 퍼졌다. "너희들이 나보고 나가라고 할 자격이 있어? 나 보고 나가라는 사람은 같이 사표를 써!! 사표 안 쓸 사람은 나가라는 말도 하지 마! 책임질 생각은 하지도 않는 놈들이!!" 그렇게 오전 내내 검찰총장에게 사퇴를 요구하는 간부들과 내가 왜 물러나야 하냐고 고함을 치는 검찰총장 간의 볼썽사나운 장면이 연출되었다. 검찰총장을 믿고 따르던 간부들도 검찰총장이 자제력을 상실했다고 판단하게 되었고, 이제 결국 검찰총장의 자진 사퇴 외에는 상황을 타개할 방안이 없다고 공감하게 되었다. 언론에서는 이를 두고 "검찰 초유의 하극상"이니 "검란檢亂"이니 하면서 불난 집에 부채질을 해댔다. 불과 며칠 전 회의에서 모두들 시기상조라던 검찰총장의 사퇴 문제가, 이제는 너무 늦어버린 문제로 돌변해 있었다. 검찰총장은 이런 대내외의 상황을 극복할 수 없었고, 11월 30일 금요일 스스로 물러나고 말았다. 취임 때 다짐했던 종북좌파와의 전쟁, 부정부패와의 전쟁, 검찰 내부의 교만함과의 전쟁에서, 앞의 두 전쟁에서는 상당한 성과를 올렸으나 결국 우리 내부의 교만함과의 전쟁에서는 지고 말았다는 퇴임사는 그 후로도 화제가 되었다.

과연 당시 검찰총장이 물러나야 할 상황이었는가? 나는 지금 생각해 보아도 그때에는, 특히 초기에는 검찰총장이 물러날 아무런 이유도 없었고, 그런 상황도 아니라고 생각한다. 다만, 검찰총장의 거취 문제를 두고 대검찰청 구성원 간에 진지한 논의를 하지 못한 것이 실수였다고 본다. 검찰총장이 대검찰청의 다른 구성원들과 거취 문제를 논의하고 스스로 물러난 사례들은 여러 번 있었다. 2003년 노무현 대통령의 '검사와의 대화'에서 현 지휘부를 믿지 못한다는 대통령의 발언이 있자, 당시 검찰총장은 구성원들의 건의를 받아들여 미련 없이 사표를 던졌다. 2005년 당시 노무현 대통령의 지시를 받은 천정배 법무장관이 검찰총장에게 유례없이 강정구 교수에 대한 불구속 수사지휘를 내리자 당시 검찰총장은 역시 대검찰청 간부들과 논의 끝에 법무장관의 지휘는 수용하면서도 검찰총장 직에서는 물러나는 결정을 했다. 당시 검찰총장의 사퇴는 내부 구성원들로부터 환영을 받았고, 대외적으로도 왜 검찰총장이 물러나야 하는지에 대한 명분도 충분했다. 반대로 2002년 '이용호 게이트'에 연루되어 물러나야 했던 검찰총장이나 2011년 검찰과 경찰과의 형사소송법 개정을 둘러싼 갈등 속에서 사퇴 타이밍을 잠시 놓쳤던 검찰총장은 조직 구성원들로부터도 '왜 빨리 물러나지 않느냐'는 평을 들어가며 불명예스럽게 물러나고 말았다. 이른바 '검란' 당시 검찰총장이 이런 사례들을 참고하여 언제 물러나야 할 것인지에 대해 구성원들과 진지한 이야기를 나누었더라면, 불과 며칠 사이에 신뢰가 불신으로 돌변하는 상황은 피할 수 있지 않았을까. 당시 검찰총장은 검찰에 대한 국민 불신이 극에 달한 상황에서 중수부 폐지 문제는 받아들일 수밖에 없다고 판단했을 것이다. 그리고 중수부 폐지 문제와 같은 큰 것을 내놔야 검찰 개혁에 대한 정치권과 국민의 요구를 어느 정도 충족시킬 수 있다고 판단했을 것이다. 반면, 중수부 폐지 문제를 언급해서는 안 된다고 판단한 쪽에서는, 연말에 있을 대선을 통해 정부가 바뀌면 다른 검찰 개혁 주제들과 함께 중수부 폐지 문제도 논의해야 한다는 입장이었다. 어떻게 보면 양쪽 주장 사이에 큰 차이도 없었고, 충분히 타협적인 문제해결도 가능했다고 생각된다. 검찰총장이 검찰개혁에 대한 입장을 밝히면서 "중수부 폐지 문제를 포함한 모든 검찰개혁 주제들에 대해, 새로운 정부에서 국민들의 요구를 잘 판단하여 추진하면 검찰도 적극 따르겠다."는 정도로 마무리를 했어도 충분했다. 당장 중수부 폐지를 다짐할 필요도 없었지만, 중수부 폐지가 언급조차 될 수 없는 문제도 아니었다. 결과적으로도 2013년 신정부 출범과 함께 중수부를 폐지한다고 했을 때 검찰 내부에서는 아무런 문제제기를 하지 못한 채 그대로 받아들이는 분위기였다. 불과 몇 달 사이에 이런 상황이 될 것임에도, 검찰에서는 하극상이니, 검란이니 하면서 자기들끼리 그 난리를 쳤던 것이다. 지금 생각해봐도 씁쓸할 따름이다.

검사라면 누구든지 '언제 검사직을 그만두게 될까.'라는 생각을 해보게 된다. 마치 사람이 태어남과 동시에 죽음이란 결론이 정해져 있듯, 검사라면 언젠가는 검사직을 떠날 날을 맞을 수밖에 없다. 사람이 모두 명예롭고 행복한 죽음을 기대하듯, 검사들도 모두 명예롭고 행복한 사직을 기대한다. 검찰총장이 된 검사든, 검사로서의 경험이 일천한 검사든 자신이 명예롭게 검사직을 떠나는 날을 기대하며 검사생활을 해 나가는 것이다. 부장검사 승진이나 검사장으로의 승진 시기에 승진하지 못한 검사들이 사직하는 것을 두고 외부에서는 특이한 '기수문화' 탓이라고 말하기도 하지만, 개인으로 봐서는 자신이 그나마 명예롭게 퇴직할 수 있는 시기를 선택한 것으로 볼 수도 있다. 각자 검사로서 기대했던 삶과 검사를 떠나 새로운 도전을 할 수 있는 기회를 비교해 봤을 때, 기대했던 검사로서의 삶을 마무리하고 이제는 새로운 도전을 해 보아야 할 시기라고 결단을 하는 것이기 때문이다. 이러한 결단을 스스로의 판단에 따라 할 수 있는 것도 검사로서 갖는 큰 '락' 중에 하나라고 할 것이다. 승진이나 인사에서 밀려 자신이 기대했던 것보다 빨리 검사직에서 물러나는 경우가 아니라면 더욱 명예로울 것이다. 자신이 그려왔던 검사로서의 삶을 충분히, 그리고 만족하게 해냈다고 생각하면 언제든지 명예롭게 떠날 수 있는 것 또한 검사라는 직업이 가진 장점이 아닐까 생각된다. 검사들은 동료 검사가 검사직을 떠나 변호사로 개업하거나, 대학 교수로 가거나 또는 기업체로 옮기는 경우, 어떤 경우에도 '축하한다'는 말을 건넨다. 그만큼 검사라는 자리는 명예로우면서도 개인적으로 봐서는 고생스러운 자리이다. 어디에서 무엇을 하든 검사로 있을 때보다는 경제적으로나 시간적으로 여유로운 생활을 할 수 있을 것이라는 기대가 가능하기 때문에 떠나가는 선후배나 동료들에게 박수를 보낼 수 있는 것이다.

그래서 검사는 웬만하면 '박수 칠 때 떠날 수 있는 기회'가 보장된 직업이다. 다만 순간적인 판단 착오가, 순간적인 욕심이 이 '박수 칠 때 떠날 수 있는 기회'를 가로막는 경우가 있다. 안타까운 일이다. 검사로서의 직분을 망각하는 실수를 저질러 명예롭지 못하게 검사직을 떠나야 하는 경우, 또 자신과는 어울리지 않는 자리에 욕심을 내다가 주변의 욕을 먹는 경우 모두 '박수 칠 때 떠날 수 있는 기회'를 놓치는 안타까운 경우이다. 하물며 모든 검사들이 다 꿈꿔보는 검찰총장 자리에까지 올랐으면서도 이 기회를 놓쳐 버린다면 얼마나 안타까운 일이겠는가. '박수 칠 때'라는 타이밍을 잘 잡고 '떠날' 수 있는 용기를 갖추면, 검찰총장이든 검사든 자기의 직분에 충실하면서도 언제든지 명예롭게 물러날 수 있는데 말이다. 이 타이밍을 잡지 못해 본인에게나 조직에 돌이킬 수 없는 상처를 안긴 일은 그 후에도 또 일어나 나를 슬프게 했다.

슬픈 수사

"부장님, 사진이 나왔습니다! 이 사진 어떻게 할까요? 압수할까요?" 압수 현장에 나가 있던 검사로부터 다급한 전화가 왔다. '아, 이렇게 되는 것인가?' 검사의 전화를 받은 나는 올 것이 왔다는 생각이 들었다. "압수하게. 현장에 나간 다른 수사관들도 눈치채지 못하게 주의하고."

대검에서 한바탕 홍역을 치르고, 2013년 4월 서울중앙지검 부장검사로 부임하였다. 그렇게 혼란스럽던 2012년 11월 대검찰청 상황도 연말 대통령 선거와 연이은 신정부 출범, 신임 검찰총장의 취임으로 먼 옛날 이야기처럼 아득해져 갔다. 나도 새로운 마음으로 '검사 생활의 꽃'이라 불리는 서울중앙지검 부장검사로 자리를 옮겼다. 검사들은 검사장으로 승진할 때 못지않게 서울중앙지검 부장검사로 부임하는 인사를 가슴 졸이며 기다린다. 중간 관리자로서 자신의 역량을 인정받느냐 여부가 보통 서울중앙지검 부장검사로 발령 받을 수 있느냐로 결정된다고 생각하기 때문이다. 서울중앙지검은 규모가 가장 큰 지검일 뿐만 아니라 서울에서 생활할 수 있고, 유능한 검사들을 부원으로 두고 전문적인 영역에서 큰 사건들을 담당할 수 있다는 장점 때문에 서울중앙지검 부장검사 시절은 검사 생활의 한 정점이라 이야기되곤 한다.

어느 정도 부 업무를 파악하고 검사들이 담당하고 있는 사건들을 대체로 파악하게 된 무렵, 인터넷에 남양유업 영업직원이 자기보다 훨씬 나이가 많은 대리점 점주에게 사례비, 이른바 '떡값'을 주지 않는다며 폭언을 하는 내용의 녹음 파일이 공개되어 사회적 파장을 일으키게 되었다. 대리점 영업에 대해 생사여탈권을 쥐고 있는 대기업 직원이 대리점 점주에게 안하무인으로 대하는 이 녹음 파일은 당시 사회적으로 이슈가 되고 있던 '갑甲의 횡포' 논란에 기름을 부었다. 비행기에서 라면을 끓여 주지 않는다며 승무원을 폭행한 대기업 상무, 주차 문제로 호텔 직원을 폭행한 제과회사 회장이 각각 "라면 상무", "빵회장"이라 불리며 사회적으로 지탄을 받고 있을 무렵, 이 남양유업 사건은 "욕우유"라는 말을 만들어내며 '갑의 횡포, 을의 눈물' 이슈에 합류하게 되었다. 상거래 계약 관계에 있어서 계약서의 당사자란을 '갑'과 '을'로 표시하게 되는데, 통상 '갑'에 표시되는 계약 당사자가 강자의 지위에서 그 계약 내용을 좌우하며, '을'에 표시되는 당사자는 약자의 지위에서 불리한 계약 내용에도 할 수 없이 따라야 한다는 의미에서 '갑'과 '을'은 사회적 강자와 약자를 표현하는 말로 유행하였다.

남양유업 사건은 대기업에서 '갑의 지위'를 이용하여 '을의 지위'

에 있는 대리점에 물품을 강매하고 그 대금을 지급하지 않을 경우 대리점 계약을 파기할 것처럼 위협하기도 하고, 또 명절이나 직원 회식 때에 대리점주들로부터 '떡값'을 갈취하다시피 하는 행태를 보여 참다못한 대리점주들이 본사 간부들과 직원들을 고소한 사건이었다. 내가 부장으로 근무하던 서울중앙지검 형사6부는 공정거래와 지식재산권을 전담하는 부서로, 이 남양유업 사건도 공정거래 사건으로 보아 형사6부에 배당되어 있었는데 폭언 녹음파일이 공개된 이후 '남양유업 강매사건'으로 언론의 관심이 집중되었다. 내가 형사6부장으로 부임하자마자 주임검사가 우리 부의 중요사건인데 시급히 남양유업 본사를 압수수색해야 할 사건이라고 보고하여 언론의 집중 조명을 받기 전에 본사를 이미 압수수색해 둔 상태였다. 언론에서 폭언 녹음이 공개된 후, 우리가 이미 압수수색을 하는 등 신속한 수사를 하고 있다는 것이 확인되어 '발 빠른 수사'로 인정받을 수 있었고, 언론에 부각되기 전에 압수수색을 한 터라 필요한 자료들도 많이 확보할 수 있었다. 남양유업에서는 판매량 확대와 시장점유율 제고를 위해 대리점에게 무리한 '밀어내기식' 영업을 하고 있었는데, 대리점의 주문과는 상관없이 유효기간이 얼마 남지 않은 유류제품들을 강제로 할당한 후 대리점에 납품해 버리고, 대리점에서는 이 물량을 모두 판매하지 못한 경우에도 대금을 본사에 납부해야만 대리점 계약이 유지되는 상태였다. 남양유업은 그 전에도 이와 유사한 영업행태를 보여 공정거래위원회에서 제재를 받은 적이 있었는데, 그 이후에는 적발을 피하기 위해 교묘하게 대리점이 주문한 물량과 본사에서 실제 대리점에 '밀어내기'한 물량이 확인되지 않도록 전산 프로그램까지

만들어 둔 상태였고, 대리점들로 하여금 특정 신용카드를 만들도록 한 다음 대리점의 결제의사와 무관하게 본사에서 신용카드 결제로 대금을 먼저 지급받는 방식으로 바꿔 일방적인 '밀어내기'가 계속 가능하도록 만들어 둔 상태였다.

대리점주들은 무리한 본사의 밀어내기식 영업으로 인해 계속 빚이 늘어만 갔고, 대리점 계약을 해지하고 싶어도 미리 계약서에 '갑'인 본사의 승낙이 없으면 계약 해지나 대리점 양도가 불가능하도록 규정되어 있어 이 또한 자유롭지 못한 상황이었다. 여기에 본사 직원들은 수시로 회식비다, 명절 떡값이다, 지점장 환송 선물비다 하면서 돈을 받아가니, 그야말로 '갑의 횡포, 을의 눈물' 그 자체였다. 남양유업 사건이 사회에 알려지자 대리점 형식으로 영업을 하는 많은 회사들에서 유사한 형태의 밀어내기식 관행이 존재하고, 이로 인해 대리점 업주들이 지속적인 피해를 입고 있다는 실태가 계속 확인되기 시작했다. 나는 이번에야말로 잘못된 관행을 제대로 처벌하여 악습을 바로잡아야겠다는 생각이 들었다. 검사 2명, 수사관 4명으로 수사팀을 확대하고 가급적 많은 수의 피해자들을 조사하여 피해 실태를 확인토록 하였다. 추가 자료 확보를 위한 압수수색도 실시하였고, 자신들은 영업 현장의 실태를 알지 못하였다고 주장하는 회사의 대표이사와 임원, 그리고 소유주인 회장까지 소환하여 조사하였다. 예상외로 검찰에서 강하게 수사를 진행하고 사회적으로도 비난이 거세지자, 남양유업측은 서둘러 피해 대리점주들과 합의에 나섰고, 잘못된 관행을 반복하지 않기로 약속했다. 위법이 확인된 피의자들에 대해 구속까지 검토하면서 수사 막바지에 이르자, 남양유업은 피해 대리점주들의 피해를 보상하기로 하는 전격적인 합의서를 제출하여 구속은 피할 수 있었다.

피해자들의 고소장이 접수된 후 약 100일간 90여 차례에 걸쳐 연인원 180여 명을 조사한 결과, 대표이사와 영업총괄본부장, 팀장급 간부 등 책임이 중한 6명을 정식 기소하고, 지점 직원들 23명을 약식기소하는 선에서 조사를 마무리하였다. 밀어내기식 강매와 같은 불공정한 거래관행, 이른바 '갑의 횡포'에 대해 최초로 형사처벌을 한 사례였고, 대리점 계약상 구조적 문제점이 확인되어 공정거래위원회 등에서 실태를 파악, 제도개선에 나서는 계기도 되었다. 무엇보다 피해 대리점주들에 대한 적절한 보상을 이끌어내어 조금이나마 '을의 눈물'을 닦아 줄 수 있는 기회가 되었다. 고생의 보람을 느낄 수 있는 수사였다.

당시 형사6부에는 불공정 거래관행을 대표하는 또 하나의 사건이 있었는데, 바로 신세계그룹의 계열사 부당지원 사건이었다. 계열사는 회장 일가가 지분 대부분을 보유한 회사로 이마트에 입점해 베이커리 코너를 운영하고 있는 신세계그룹 계열 회사였다. 이 회사가 영업 실적이 부진하자 신세계그룹 차원에서 지원 방안을 논의한 끝에, 이마트 안에서 피자를 독점 판매하도록 하고, 이마트가 받아야 할 판매수수료를 대폭 인하해 주어 영업 이익이 나도록 지원해 줬다. 이마트의 지원 덕분에 이 계열사는 이마트 점포 내에서 시중 피자 가격보다 저렴한 피자를 대량 판매할 수 있었고 이를 속칭 '착한 피자'로 홍보하였는데, 이 때문에 군소 피자 판매점들은 골목 상권을 다 죽인다며 피해를 호소하였고 2012년 말에 사회적 논란 거리가 되었다. 공정거래위원회에서는 과징금만 부과하고 형사 고발은 하지 않은 상태였으나, 시민단체에서 고발하여 수사에 착수하게 되었고 내가 형사6부장으로 부임했을 때에도 종결이 되지 않은 상태였다. 나는 불공정 거래관행에 대해서는 회사에 대한 과징금뿐만 아니라 개인에 대한 형사처벌이 중요하다고 보고, 공정거래위원회에 공정거래법 위반 혐의로 신세계 임직원들 개인에 대한 고발을 요청하였다. 부당 지원에 가담한 대표이사급 간부와 임원들 개인을 정식 기소하여 형사 처벌함으로써 오너 일가가 대주주인 계열사에 수익을 몰아주는 관행에 경종을 울릴 수 있었다. 이 또한 보람찬 수사였다.

'이런 것이 서울중앙지검 부장검사 하는 맛이구나.' 2013년 4월에 서울중앙지검 형사6부장으로 부임하여 사회적 이목을 끌었던 굵직한 불공정거래 사건 2건을 처리하고 나니 그 무덥던 여름도 어느새 다 지나갔다. 경험이 많고 사명감이 투철한 검사들과 함께 일하니 어려워 보이던 사건도 잘 마무리되었고, 검찰에서 불공정 거래관행을 형사적으로 단죄한 사례로 만들 수 있었다. 이 사건들 모두 언론에서 '잘된 수사'로 평가받았고, 연말에 모 신문사에서 선정한 2013년 주요 기업 수사에 포함되기도 하였다. 부임 이후 약 4개월간, 큰 사건들과 밀렸던 사건들을 정신없이 처리하고 9월을 맞이하였다. 개인적으로는 법무부의 지원을 받아 '서울대학교 공정거래법 전문가 과정'

을 다니면서 전문적인 지식을 좀 더 쌓아가야겠다고 한숨 돌릴 무렵이었고, 검찰 전체로서도 신임 총장 부임 이후 5개월 정도가 지나면서 '대검 중수부 폐지', '국정원 댓글사건' 등 굵은 현안들을 처리해 나가며 어느 정도 안정감을 찾아갈 무렵이었다. 그런데 그야말로 '아닌 밤중에 홍두깨' 같은 사건이 터지고 말았다. 바로 9월 6일 한 조간신문에 '검찰총장의 혼외자 의혹'이 특종 보도된 것이었다.

혼외자라? 이 무슨 뚱딴지같은 소리인가? 그 험난하다는 검찰총장 청문회를 거치는 동안 아무런 이야기가 없었고, 그 이후에도 전혀 소문조차 없었는데? 느닷없이 유력 신문 1면을 장식한 검찰총장 혼외자 의혹 보도는 그야말로 뒤통수를 세게 얻어맞고 별을 보는 기분이 들게 했다. 그때부터 온 나라가 또 다시 검찰발 황당 기사로 들끓기 시작했다. 당시는 국정원 댓글사건 처리를 둘러싸고 여야와 보수-진보 세력이 첨예하게 논쟁을 하던 시기로, 검찰총장을 둘러싼 혼외자 의혹 보도와 이에 대한 검찰총장의 '저의가 의심스럽다'는 반응은 온 나라를 '혼외자 진실게임'으로 몰고 가기에 충분했다. 검찰은 다시 조직 전체가 뿌리째 흔들리기 시작했다.

9월 13일. 법무부의 검찰총장에 대한 감찰 착수 발표와 검찰총장의 사의 표명이 이어졌다. 검찰총장의 사표를 수리하지 않고 감찰 조사를 계속 진행할 것인지 논란이 이어졌고, 검찰총장의 혼외자가 맞느냐, 혼외자가 있다는 사실이 어떻게 확인되었느냐, 언론에서는 어떻게 혼외자라는 사실을 알게 되었느냐를 두고 온 나라가 갑론을박

하는 상황이 되었다. 검찰은, 처음부터 전면 부인하고 나온 검찰총장의 개인사에 관한 문제였기에, 이러지도 저러지도 못하는 난감한 상황이었다. 그 와중에 이런 논란들은 결국 형사 고발로 이어져 검찰도 발을 뺄 수 없는 상황으로 빠져들었다. '혼외자가 맞느냐.'라는 측면을 중요시하는 측에서는 혼외자의 어머니로 지목된 사람을 명예훼손으로 고발하였고, '어떻게 혼외자가 있다는 것을 알게 되었느냐.'를 중시하는 측에서는 신문 기자 등을 상대로 개인정보 불법유출 혐의로 고발하게 되었다. 모든 사회적 이슈를 형사 고발과 수사를 통해 풀어보겠다는 사회적 요구가 검찰총장의 혼외자 문제까지 어김없이 이어진 것이다. 9월 말에 양측의 고발장이 서울중앙지검에 접수되었는데, 사의 표명 이후 출근하지 않았던 검찰총장은 결국 9월 30일 퇴임식을 끝으로 검찰을 떠났고, '뜨거운 감자'를 입에 물게 된 검찰은 난감할 수밖에 없었다.

이 '뜨거운 감자'를 어디서 맡을 것인가? 한 사실을 두고 명예훼손으로 고발된 사건과 개인정보 유출 혐의로 고발된 사건은 성격이 전혀 달랐다. 전자가 검찰총장의 혼외자라는 것이 맞느냐라는 사실관계에 관한 것이라면, 후자는 왜, 그리고 누구에 의해 검찰총장 혼외자 의혹이 불거졌느냐에 관한 것이었다. 앞의 사건이 검찰총장에게 난감한 사건이라면, 뒤의 사건은 언론사와 정부에 난감한 사건이었다. 이 두 사건은 이처럼 성격과 보는 시각이 전혀 다른 사건이었으므로 다른 부서에 배당이 되었는데, 앞의 사건이 형사6부에 배당되었다. '서울중앙지검 부장검사가 좋기만 한 것은 아니구나.' 사회적

이목이 집중된 사건, 특히 사건 처리에 있어 논란이 많은 사건을 한 두 건쯤은 계속 머리에 이고 있어야 하는 것이 서울중앙지검 부장검사의 운명이라더니 나도 그런 신세가 되고 말았다. 내가 맡은 사건은 검찰총장의 혼외자라고 의심을 받는 아이의 어머니, 이른바 '임 모 여인'이 검찰총장의 혼외자가 있다는 사실을 주위에 알려 검찰총장과 검찰 전체의 명예를 훼손했다는 내용이었다. 표면적으로는 '임 모 여인'을 대상으로 한 것이지만, 사건 처리를 위해서는 과연 검찰총장의 혼외자가 맞는지를 밝혀야 하는, 즉 '검찰총장'을 대상으로 한 수사였다.

사안이 사안이니만큼 신중에 신중을 거듭해야 하는 수사였다. 우선 고발한 당사자를 불러 고발 취지에 대해 조사를 하고, 어떻게 수사를 진행해 나갈 것인지 고민하고 있을 무렵, 설상가상으로 한 방송사에서는 혼외자가 살던 집에서 가정부로 일했던 사람이 혼외자 모친으로부터 공갈, 협박을 당하였다는 사실이 특종으로 보도되었다. 그 가정부라는 사람은 혼외자가 살고 있는 집에서 전 검찰총장을 직접 봤다고 주장했고, 집에는 세 사람, 즉 전 검찰총장과 임 모 여인, 혼외자가 함께 찍은 가족사진까지 있다고 주장했다. 이 사건도 역시 형사 고발로 이어졌고 명예훼손 사건을 담당하고 있는 형사6부에 관련 사건으로 배당이 되었다. 명예훼손 사건은 정작 피해자라 할 수 있는 전 검찰총장의 입장 표명이 있어야 본격적인 수사를 할 수 있는 사안이지만, 공갈 사건은 피해자들이 언론에서 구체적인 인터뷰까지 한 이상 신속한 수사가 필요한 사안이었다. 이제는 정공법을 택하지 않을 수 없었다.

앞으로 어떻게 수사를 진행할 것인지 고민하고 있던 10월 21일. 국정감사가 열리던 서울중앙지검에서는 또 한바탕 난리가 났다. 국정원 댓글 사건 수사를 두고 수사 책임자인 서울중앙지검장과 수사팀장 사이에 국회의원들 앞에서 설전을 벌이는 '사상 초유'의 상황이 벌어지고 만 것이다. 검찰 생활 15년 동안 워낙 '사상 초유'를 많이 경험해 봐서 이제는 면역이 된 나였지만, 이 날의 상황은 생중계되는 국정감사 현장에서 상급자와 하급자가 수사 결과를 두고 네 탓 공방을 벌이는, 황당하기 짝이 없는 슬픈 장면이었다. 누가 잘했고 잘못했는지를 떠나, 국정원 댓글 사건이라는 민감하고 중요한 사건을 앞에 두고 '적진분열'하는 오합지졸 같은 모습을 드러내고 만 것이다. 나는 벌거벗은 차림으로 거리로 뛰어나온 것처럼 부끄러웠다. '이 꼴이 뭔가.' 다른 검사들도 느낌은 마찬가지였을 것이다. 결국 서울중앙지검장은 사직하고 말았고 실무책임자들은 징계를 받는 수순이 이어졌다.

혼외자 의혹을 둘러싼 사건들도 이제 '수사의 수장首長'이 없이 진행되어야 했다. 서울중앙지검장이 사직하기 전, 전 검찰총장은 변호인을 통해 명예훼손 사건에 대해서는 처벌불원서를 제출했다. 남은 것은 가정부에 대한 공갈 사건. 고발인 조사에 이어 피해 당사자인 가정부와, 공갈 현장에 함께 있었다는 가정부의 아들을 찾아내어 피해자 조사를 했다. 피해자들 진술은 명확했다. 임 모 여인과 가정부가 돈거래를 하다가 가정부가 일을 그만두고 돈을 갚으라고 요구하자 임 모 여인이 '어깨'들을 동원하여 가정부와 아들을 협박해서 채무를 면제받았다는 내용이었다. 등장인물이 다른 사건이라면 '깜'도 안 되는 사건이었지만, 워낙 사회적 이슈가 되고 있는 사건이라 신중하면서도 속도감 있는 수사가 필요했다. 임 모 여인에 대해 출국금지 조치를 취하고, 관련자들의 통화 내역을 조회하고, 돈거래를 들여다보기 위해 계좌 추적을 실시했다. 피해자들 진술대로 공갈 사건의 모습은 어느 정도 맞춰져 갔다. 공갈 사건에 속도가 붙을 무렵, 임 모 여인이 자신과 법조인들의 친분을 이용해서 사건 청탁 명목으로 돈을 받아 챙겼다는 첩보가 입수되었다. 관련자들의 계좌를 들여다보고 있던 중이라 이 첩보를 바탕으로 한 임 모 여인의 비리 내용도 자연스럽게 확인이 가능했다. 공갈 혐의에 대해 완강하게 부인하고 있던 임 모 여인은 이 비리 첩보에 대해서도 단순한 차용금 거래였을 뿐 어떤 청탁을 받은 사실이 없다고 부인했다. 전 검찰총장의 혼외자를 두고 있다는 것도 물론 전혀 사실무근이라는 입장이었다.

혼외자 의혹에서부터 시작된 사건은, 가정부에 대한 공갈 사건으로, 다시 다른 사람의 형사사건에 대한 청탁 명목으로 돈을 받은 사건으로 퍼져 나갔다. 당연히 수사팀에 대한 관심이나 주문도 실로 다양하게 확대되어 갔다. 사건을 보는 자신의 입장과 시각에 따라 수사과정에 대한 평가도 제각각이었다. 혼외자가 맞는지부터 밝혀야 하지 않느냐는 입장이 있는가 하면, 수사와 직접 관련이 없다면 혼외자인지 여부는 사생활이 아니냐는 입장이 있었다. 혼외자 문제를 떠나 임 모 여인과 전 검찰총장의 비리 전반을 파헤쳐야 한다는 시각이 있는가 하면, 피해자가 명백한 공갈 사건 외에는 특정인을 겨냥한 '표적 수사'에 해당한다는 시각이 존재했다. 감찰 문제로 곤혹을 치른 법무부의 입장이 달랐고, 얼마 전까지 검찰총장을 모시고 있던 대검찰청의 입장이 달랐다. 검찰총장 찍어내기의 배후라고 의심된 청와대의 입장이 달랐고, 혼외자 의혹과 개인정보 유출 두 사건을 함께 진행해야 하는 서울중앙지검 내부의 입장이 달랐다. 전 검찰총장에 대한 의혹을 제기한 언론사들의 입장이 달랐고, 제2의 민간인 사찰이라고 주장하는 언론사들의 입장이 달랐다. 수사상황이 조금이라도 보도가 되면, 왜 그런 상황이 유출되느냐를 탓하는 입장이 있고, 왜 수사상황 전체를 속 시원히 밝히지 못하느냐는 입장이 있었다.

한 사건을 두고 이렇게 시각과 입장차가 클 수 있을까? 수사팀이 아무리 원리 원칙대로 수사를 진행한다 해도 결국엔 수사를 둘러싼 모든 사람으로부터 불만과 의심을 받지 않을 수 없는 사건이었다. 이럴 때일수록 피의자가 부인하는 상황에서는 좀 더 객관적인 증거가 필요했다. 돈거래를 입증하는 계좌 내역이나 관련자들의 관계를 뒷받침해 줄 통화내역은 어느 정도 확보가 된 상태였으므로, 이제 임 모 여인으로부터 피해를 입었다고 주장하는 피해자들의 진술이 진실성이 있는 것인지, 다른 사람의 형사사건에 대해 청탁을 받을 정도로 법조인들과 친분이 있는 것인지 뒷받침해 줄 증거들이 필요한 상황. 더군다나 나중에라도 수사가 부실하지 않았느냐는 비난을 피하기 위해서라도 임 모 여인의 집에 대한 압수수색 조치가 필요했다.

법원의 압수수색 영장을 발부받아 불시에 압수수색을 실시했다. 압수수색으로 결정적인 증거를 확보하는 경우가 흔하지 않고, 더욱이 언론에서 대서특필된 사건일 경우 이미 증거물들은 깨끗이 치워진 경우가 많아, 압수수색으로 과연 어떤 자료를 확보할 수 있을지 회의가 들기도 했다. 사무실에서 초조하게 기다리고 있던 나에게 현장에 나가 압수수색을 실시하던 검사로부터 다급한 전화가 걸려왔다. 사진을 하나 찾았다는 것이다. 전 검찰총장과 임 모 여인, 그리고 혼외자로 보이는 아동이 편안한 모습으로 함께 찍은 '가족 사진'을 찾았다는 것. 합판에 사진을 붙여 둔 것으로 원래는 액자에 넣어 두었을 것으로 보이는데, 이를 숨기려고 했는지 책꽂이에 끼워져 있던 것을 압수수색팀이 찾아낸 것이다.

이보다 더 '말이 필요없는' 증거가 있을까. 복귀한 검사로부터 사진을 건네받은 나는 나도 모르게 한숨이 나왔다. '이랬구나.' 사진을 봉투에 넣어 상부 보고를 마쳤다. 보고를 받는 입장에서도 똑같은 반응이었다. 긴 한숨을 내뱉으며 "그랬구만."

수사 중에 '기쁜 수사'는 없다. 수사를 당하는 입장에서는 일생의 명예와 재산이 걸린 사건이니만큼, 수사를 하는 입장에서는 그런 상대방을 궁지로 몰아붙여야 하는 상황이니만큼 수사는 기본적으로 어렵고 고된 작업이다. 간혹 그 결과를 두고 보람이 있었다, 성공했다, 혹은 실패했다 정도의 평가는 할 수 있어도, 수사를 두고 '기뻤다.'고 표현하는 검사는 없을 것이다. 반면에 '슬픈 수사'였다는 표현도 들어본 적은 없다. 그러나 이 사건만큼은 참으로 슬픈 수사였다. 내 귓전에서는 수사에 대한 온갖 평가와 요구 사항이 맴돌고 맴돌았지만 별로 들리지 않았다. 슬픈 수사를 계속 해 나가야 하는 입장에서 그런 것들은 공허하게 울리는 메아리처럼 들릴 뿐이었다.

15년 검사 생활을 마무리하면서 나는 아무런 후회가 없다. 이제 내 스스로의 판단에 따라 자유롭게, 그리고 명예롭게 검사직을 떠나면서 새로운 재미있는 일에 도전해 볼 수 있게 되었기 때문이다. 검사 시절을 돌이켜보면, 보람찬 일도 많았고, 가슴 아픈 일도 많았다. 잔혹한 범죄인에게 울분도 느껴봤고, 불쌍한 피해자에게 연민도 느껴봤다. 나의 의도대로 일이 풀리면 희열을 느끼기도 했고, 때론 벽에 가로막혀 좌절감을 맛보기도 했다. 이런 느낌들을 가슴에 담고 일해야 한다는 것, 검사란 직업은 힘든 직업일 수도 있으나 오히려 그런 것이 검사로서만 얻을 수 있는 행운이었다고 생각된다. 바로 검사로서의 '락樂'이었다. 이 모든 것을 뒤로하고 이제 새로운 길에 섰다. 자꾸 뒤돌아보고 싶지만, 그래 이제 떠나자. 새로운 '락樂'을 찾아서!

출간 후기

지지자 불여호지자 호지자 불여락지자
知之者 不如好之者 好之者 不如樂之者

권선복
도서출판 행복에너지 대표이사

하루에도 책을 만들어 달라며 몇 편의 새로운 원고가 접수되지만 눈에 띄는 원고를 찾기가 쉽지 않은 일입니다. 곽규택 검사님의 원고를 처음 읽을 때도 '직업 자체의 중압감과 격한 업무에 시달리는 검사님이 쓴 글이 흥미가 있을까?'라는 걱정이 들었지만 한 장 한 장 원고를 읽으며 역시 대한민국을 지키는 위풍당당한 애국자임을 느낄 수 있었습니다. 담당 검사의 시선으로 바라본 대한민국을 떠들썩하게 했던 사건들, 검사로서 느꼈던 희로애락 등을 담은 원고는 전문 작가들과 비교하여도 손색이 없을 만큼 알찬 내용으로 가득했고 책으로 출간한다면 독자들에게 힘찬 행복에너지를 전파할 수 있으리라 믿어 의심치 않았습니다.

서울대 법대 재학 중이던 23살 때 사법고시에 합격하고 이후 15년간의 검사 생활을 늘 즐거운 마음으로 임했던 저자의 열정은 사회적으로 큰 귀감이 될 만합니다. 만인이 행복한 대한민국, 정의롭고 공정한 대한민국을 위해 전심전력을 다하는 곽규택 검사님의 모습에서 진정한 애국자의 표상이 무엇인가를 깨달았습니다.

일찍이 공자는 지지자 불여호지자 호지자 불여락지자知之者 不如好之者 好之者 不如樂之者라 했습니다. 그렇듯 자신이 정한 인생의 행로를 어떤 두려움 없이 그저 즐기는 것보다 행복한 일은 없을 것입니다. 이제 변호사로서 새로이 사회생활을 시작하는 곽규택 검사님의 행보에 힘찬 응원의 박수를 보내오며 이 책을 읽는 독자들에게 행복에너지, 긍정에너지가 샘솟아 앞으로 '낙樂'만 가득하시기를 기원드립니다.

『긍정이 멘토다』 2탄 공저자를 모집합니다!

개요

1. 공동 저자: 총 36명
2. 책 전체 분량: 380쪽 내외(1인당 10쪽 내외)
3. 원고 분량: A4용지 5장(글자크기 10포인트, 줄 간격 160%)
4. 경력(프로필): 10줄 이내
5. 사진: 자료사진 3매, 사진 설명 20자 미만
6. 신청 마감일: 2014년 9월 30일
7. 원고 접수 마감일: 2014년 10월 31일
8. 출간 예정일: 2014년 12월 31일

긍정, 행복, 성공에 관한 이야기를 독자들에게 전하고 나눌 수 있는 내용의 원고를 자유로운 형식으로 작성하여 제출해 주시면 행복에너지 소속 전문작가가 독자들이 읽기 편하도록 전반적인 윤문과 교정교열을 할 예정입니다.(원고는 ksbdata@daum.net 으로 송부해 주시기 바랍니다.)

책 발행비용은 100만 원이며 저자에게 발행 즉시 100부를 증정합니다. 발행비용은 신청 시 50만 원, 편집완료 시 50만원을 '국민은행 884-21-0024-204 도서출판 행복에너지 권선복'으로 입금해 주시면 되겠습니다.

자세한 문의는 언제든지 하단의 전화, 이메일을 통해 연락을 주시면 성실히 답변을 드리오며 원고 내용이나 책에 관해 궁금하신 분들은 도서 『긍정이 멘토다』를 직접 참조해 주시기 바랍니다.

도서출판 행복에너지 www.happybook.or.kr
대표이사 권선복
HP: 010-8287-6277   Tel: 0505-613-6133   E-mail: ksbdata@daum.net

함께 보면 좋은 책들

소리 (전 8권)
정상래 지음 | 각 권 13,500원

쏟아져 나오는 책은 많지만 읽을거리가 없다고 탄식하는 독자들이 많다. 그렇다면 근대 한국사에 담긴 우리 한(恨)의 정서에 관심이 있다면, 대하소설의 참맛에 대해 잘 알고 있다면, 정말 제대로 된 작품을 읽어볼 요량이라면 이 소설은 독자를 위한 더할 나위 없는 선물이자 생을 관통할 화두가 되어 줄 것이다.

조영탁의 행복한 경영이야기 세트 (전 10권)
조영탁 지음 | 각 권 15,000원

행복한 성공을 위한 7가지 가치, 그 모든 이야기를 담은 『조영탁의 행복한 경영이야기』 전집은 자신은 물론 타인의 삶까지 행복으로 이끄는 '행복 CEO'가 되는 길을 제시한다. 다양한 분야에서 칭송을 받아온 인물들의 저서에서 핵심 구절만을 선별하여 담았다. 저자는 이를 '촌철활인(寸鐵活人, 한 치의 혀로 사람을 살린다)'으로 재해석하여 현대인이 지향해야 할 삶의 태도와 마음에 꼭 새겨야 할 가치를 제시한다.

명세지재들과 함께한 여정
강 형(康洞) 지음 | 432쪽 | 값 25,000원

이 책은 평생을 교육자로 살아온 강형 교수의 회고록이다. 1부는 오직 교육자의 길만을 걸어온 저자의 지난날에 대한 회상을 중심으로, 제자들과 함께한 그 열정의 여정에 대해 이야기한다. 2부는 저자에게 가르침을 받은 명세지재들의 옥고(玉稿)를 담고 있다. 이 책은 진정한 교육자의 길은 무엇인지 알려주고 대한민국 교육계의 미래를 위해 우리가 해야 할 일은 무엇인지에 대해 명쾌히 전하고 있다.

공부의 모든 것
방용찬 지음 | 서한샘 추천감수 | 304쪽 | 15,000원

30년 동안 유수의 명문 학원에서 강사와 원장으로 활동하며, 학원 교육 분야에서 일가를 이뤄온 방용찬 원장의 책 『공부의 모든 것』은 학생들이 자신의 공부법에 대한 문제점을 객관적으로 진단할 수 있도록 구성되어 있다. 교육을 매개로 저자와 한 가족과 다름없는 친분을 맺어온 학원가의 대부, 한샘학원 설립자 서한샘 박사의 감수와 적극적인 추천은 그 신뢰성을 더한다.

한설
장한성 지음 | 372쪽 | 값 15,000원

시대를 대표하는 문인 '김승옥 소설가'가 추천하는, 장한성 공인회계사의 첫 소설! 한 번도 전문적으로 글을 배운 적 없는 저자가 백 일 만에 써낸 작품이라고는 믿기지 않을 만큼 거침없는 전개로 독자의 시선을 사로잡는다.
"한 시대를 살아온 청년들의 고뇌와 사랑을 담았다는 것만으로도 가치 있는 소설이다." - 김승옥(소설가)

이것을 알면 부자된다
이정암 지음 | 416쪽 | 값 25,000원

풍수대가 '운정도인 이정암'이 전하는, 학문에 근거한 '부자 되는 비결'을 담은 『이것을 알면 부자 된다』는 일상생활 중 아파트, 주택, 일터, 사무실 등에서 출입문과 침실, 주방, 책상의 각 방위가 상생하는지 여부와 본인의 명궁을 비교하여 생기복덕궁을 통한 왕기로써 부자가 되는 비법을 전한다. 경영자는 물론 일반인도 부자의 꿈을 실현할 수 있는 방안을 제시한다.

결국 그들은 당신을 따른다
정태영 지음 | 316쪽 | 값 15,000원

극심한 경쟁 속에서도 우뚝 서고 탁월하게 빛나는 '브릴리언트 리더'가 되고 싶은가. 21세기 리더가 갖춰야 할 덕목이 무엇인지, 앞으로 무엇을 해야 하는지 궁금한가. 그렇다면 이 책에 담긴 '심리경영 핵심스킬 34가지'를 확인하고 학습해 보자. 상하 모두에게 인정을 받는, 능력 있는 리더로 거듭나는 자신을 발견할 수 있을 것이다.

학교가는 공무원
김영석 지음 | 304쪽 | 15,000원

『학교가는 공무원』은 교육행정공무원으로서 사명을 다해 온 저자가 현직 공무원의 열정과 철학을 담은 책이다. 인생역정을 에세이 형식으로 풀어나가는 초반부를 통해 자신의 교육관, 직업관, 인생관이 어떠한 과정을 통해 형성되었는지를 설득력 있게 제시하고 이를 통해 교육행정공무원으로서의 올바른 표상이 무엇인가를 보여준다.